21世纪高等院校公共基础课规划教材

演讲与口才

主　编　廖超慧
副主编　刘　晶
编　委　卢云芳　都昕蕾
　　　　陈　骁

华中科技大学出版社
http://www.hustp.com
中国·武汉

图书在版编目(CIP)数据

演讲与口才/廖超慧主编. —武汉：华中科技大学出版社，2011.3（2021.8重印）
ISBN 978-7-5609-6951-0

Ⅰ.①演…　Ⅱ.②廖…　Ⅲ.③演讲-语言艺术-高等学校-教材　Ⅳ.④H019

中国版本图书馆 CIP 数据核字(2011)第 034708 号

演讲与口才　　　　　　　　　　　　　　　　　　　　　　廖超慧　主编

策划编辑：曾　光　肖海欧
责任编辑：狄宝珠
封面设计：刘　卉
责任校对：何　欢
责任监印：徐　露
出版发行：华中科技大学出版社（中国•武汉）　　电话：(027)81321913
　　　　　武汉市东湖新技术开发区华工科技园　　邮编：430223
录　　排：武汉兴明图文信息有限公司
印　　刷：广东虎彩云印刷有限公司
开　　本：710mm×1000mm　1/16
印　　张：15
字　　数：302 千字
版　　次：2021 年 8 月第 1 版第 10 次印刷
定　　价：36.00 元

　　本书若有印装质量问题，请向出版社营销中心调换
　　全国免费服务热线：400-6679-118　　竭诚为您服务
　　版权所有　侵权必究

前言

"说话"是人的一种本能,自然不包括那些先天患有心理和生理疾病的人。但是,"会说话"也就是通常所说的"口才好"则是需要后天训练的。《演讲与口才》正是一门理论与实践结合且注重实训的课程。

现代人,尤其是开拓性人才,他们都力求拥有一个左右逢源、广结人缘的"气场",因为他们深知:借助"气场"能开启成功之路的大门。所谓"气场",简单地说,是指人们生活的情景。实际上,这与通常所说的举办各种活动的交际场所相似,如研讨会、新闻发布会、辩论会,甚至茶话会等,又如喝咖啡、共进午餐及散步、春游等活动,人们往往借助这些活动场所,通过语言交际途径,来营造自己的"气场"。人们在追求真理的辩驳中,在闲适轻松的交流中,离不了说话、聊天等语言交际。很多时候,在这种理性的交谈论辩中,在这种习以为常的闲聊中,就有可能获得意想不到的惊喜,获得道破迷津的启示,获得解决难题的方法。可见,"说话"在走向成功的路上,宛如一只无形的手,会时时助自己一臂之力。自然,这也正是"气场"为"说话"提供的语言交际场所起到的作用。

大凡"气场"的真正拥有者不大可能属于那些谈吐木讷、言不及义的人。"气场"的拥有者往往是那些能言善辩、幽默风趣、谈吐得体的人。这一事实已被中外教育家、学者所证实。他们跟踪调查了不少成功人士,探寻他们成功的秘诀,结果发现"口才好"几乎是他们共同具有的特质。

时代期待成功人士,成功需要口才超群的人。毋庸置疑,任何成果的取得都与研究者的学识、才智及他们永不止步的探索精神密切相关。然而,我们也不可忽视口语交际"气场"为他们提供了互相切磋、议论辩说的平台和结识的机缘,起到了想象不到的启迪思维、开启想象空间的作用。一些美国公民无不惊诧地相信"共进午餐可以获得科学奖"的奇迹,这一奇迹是由美籍华裔科学家李政道、杨振宁创造的。他们正是在共进午餐时相互交谈,质疑辩说中迸发出了思想火花,产生了灵感,开启了智慧之门,提出了创新的理论,并经过反复的实验,终于获得了诺贝尔奖。诸多伟人如马克思、爱因斯坦、爱迪生等都具有"口才好"的特质,他们取得的令人瞩目的成就也都与他们在社交场合的善于"说话"是分不开的。

由此可见,大多有成就的人,他们的成功无不与"口才好"有着直接的关系。21世纪的世界已跨入知识经济时代,高新技术和信息成为人们关注的焦点、追逐的热点。现代文明社会倡导资源共享、信息互通的协作互助的团队精神。在强调团队精神的现代社会里如何发挥集体的智慧攻克科学难题,口语交际同样起着不可低估的力量。

人们在捕捉、研发、传递、交流高新技术和信息的过程中,随着范围、形式、类型和对象的日益发展变化,自然会形成一个个研究中心或课题组,从某种意义上说,这种形式与我们所说的"气场"有几分相似。谁能驰骋之中,独领风骚,获得科研课题,形成研究中心,其影响因素是多方面的。那些能言善辩、出口成章、口才超群的人,他们通过流利的语言表达、精彩的演说、不可辩驳的逻辑力量便能一展风采,显示出基础扎实、思维敏捷、能力出众的内在底蕴。在同等条件下,人们往往为那些满腹经纶却口才笨拙的人扼腕叹息,总是乐意把赞许、信任的目光投向那些满腹经纶而口才又好的人。这样,在激烈的竞争中,口才好的人便获得机遇,如鱼得水,脱颖而出,迈出成功的第一步。

科研领域尚且如此,其他如管理、营销、谈判等领域,竞聘、求职、交际、演讲等场合也都会如此。也许与下属的一次平等温馨的谈话,就能激发员工的敬业爱岗精神,赢得事业的如日中天;也许以平实诚恳的话语推销产品,就能获得消费者的信赖,赢得老百姓信得过产品称号的机会;也许在竞聘、求职中,恰到好处地运用重音、轻声和停顿等语言表达,或适时地运用一个微笑、一个眼神、一个得体的手势、坐姿等非语言表达,就能产生意想不到的效果,获得招聘者的青睐,赢得心仪的职位;也许以温情体贴、端庄大方的语言和非语言表达,就能获得心与心的交流,赢得交往的开始;也许以富含哲理、充满机智幽默的语言参与演讲辩论,就能获得人们的喝彩,赢得胜利者的桂冠;也许成功之路就始于"会说话"。

从广义上说,演讲属于说话的范畴,两者又存在着差异。演讲是说话的更高层次,它与人们日常生活中说话的不同之处在于它是经过精心策划和准备的,备有演讲稿,具有明确的目的性、鼓动和感染意识及严格的规定性——规定论题,规定参与人数和进程,规定时空场地。而日常的说话,尤其是休闲中的语言交流,并非有确定的议题,常常是在你一言我一语的闲聊中,获得灵感,互相启发而受益,表现出自由散淡,具有随意性和散漫性的特点。

"会说话"是演讲成功最重要的元素,但不是所有"会说话"的人都能获得比赛的成功。因此,要使自己获得成功,就必须长期坚持语音、诵读、倾听及素质修养等方面的严格训练,掌握语言、非语言的使用技巧和演讲、辩论的技巧。除此之外,具有广博精深的知识、机敏灵巧的应变能力及镇定自若、处变不惊的心理素质也是必不可少的。

俗话说:"巧妇难为无米之炊。"一个能言善辩的人,他不一定学富五车,但他一定是一个博学多才的人,熟悉文学、历史、哲学、宗教,了解风土人情乃至逸闻趣事,甚至知晓一些天文地理知识,并将这些烂熟于心,需要时信手拈来,时而出现在演讲中,似一颗颗光彩夺目的明珠,熠熠发光,引发听众的共鸣,博得阵阵掌声;时而出现在辩论中,似一把把锋利的刀剑,犀利有力,震慑回荡,扣人心弦,引起阵阵喝彩声。这一切都意味着离成功越来越近。

生活就像万花筒,变幻莫测。许多意想不到的变故,常常就发生在人们的不经意之中。因此,机敏灵巧的应变能力、处变不惊的心理素质是演讲者不可忽视的训练课程。大多演讲者事前都会熟背演讲稿,对语言、非语言的使用技巧和演讲、辩论的技巧也会精心设计,于是稳坐钓鱼台的侥幸心理便会由此而生。但是演讲的成功实际上是由多种因素决定的,因为它是生活,所以同样变幻莫测,难以预料。稍有疏忽或出现意外,都会直接影响到演讲者,使其语言表达失控。例如,演讲场所环境的突变,听众的喧哗和挑衅式的发问,自我表述的失误及对方刁难的诘问等。面对这些突如其来的变故该如何应对?

苏轼在《留侯论》中说:"天下大勇者,猝然临之而不惊。"其意是说,一个胸襟广阔、志向高远的人,当他面临突然大变时,能做到临危不惧、沉着镇定,"忍小忿而就大谋"。同样,当演讲者面对突如其来的变故时,也应具有处变不惊的心态,快速果决的应变能力,及时调动眼、耳、心、脑各个器官,迅速进入眼观六路、耳听八方、心静脑动的状态,作出准确的分析判断。或调整内容形式,或改变局部话题,或放慢节奏,或变换语气姿态,或引导听众情绪,尽快防止矛盾激化,避免形成对立局面。针对辩论中出现的难以控制的"魔方",更要审时度势,保持头脑清醒,灵活机智地应对各种失控场面,避免焦躁紧张。一般而言,或避开"魔方",提问作答,以守为攻;或绕开话题,另辟蹊径,以退为进;或侧面应答,暗示告诫,以攻为守。不过无论突变多蹊跷,应变手段多灵活,处理时都切忌偏离题旨和预期的目标,始终坚持"全局不动,局部调整"的原则,杜绝丧失原则的迁就和媚俗,才有可能化险为夷,扭转失控局势,变被动为主动,稳操胜券,取得演讲的成功,完美地展现演讲与口才的魅力。

这本教材力求达到理论性、实践性和可操作性相结合的目的,主张严谨简明,易学易用的科学性、实用性原则。坚持贴近现实,追逐新意的理念。全书由理论和实践两部分组成,理论部分力图实现观点鲜明、言简意赅、轻松记忆、了然于心的特色;实践部分践行课内外相结合的思想,课内设有"案例分析",以配合理论教学,达到在实训中深入浅出地消化理论、掌握理论的目的;课外设有"思考与练习",由

"知识点复习"和"实训练习"两部分组成,意在突出实践环节,体现理论和实践相结合的意图及全书理论性、实践性和可操作性相结合的思考。无论理论还是实践部分,我们均坚持创新理念,同时引进最新思想、最新观点、最新案例,形成具有特色的体例。在编写中,我们学习参考了多种教材,获益匪浅,在此表示诚挚的谢意。由于学识有限、时间仓促,难免出现疏误,敬请读者批评指正。

萌发编写一套适合独立学院的人文素质教育的教材已是几年前的事了。我们陆续编写出版了《社交礼仪》、《应用文写作》、《大学语文》(含必修课和选修课两种)、《大学语文习题集》。《演讲与口才》的资料收集、体例构想、大纲拟订早已完成,因条件尚不成熟,无奈之下,只好搁置下来。近几年,华中科技大学文华学院进一步加大了教师队伍和课程建设的力度,为教师队伍注入了新的活力,为教材建设提供了更多机遇,这才得以了却编写《演讲与口才》的心愿,实现了由我们中文系承担的全院选修课全部使用自编教材的夙愿。在此,我们还要特别感谢华中科技大学出版社的大力支持。

这本教材的编写团队在繁重的教学之余,放弃法定的节假日休息,兢兢业业,全身心地投入,和谐相助,表现出极大的教学科研热情和求实的奉献精神。这本教材总体上经历了三易其稿的艰苦过程,局部修改的工作量更是无法计算。全书由主编确立编写体例,拟定编写大纲。编委会据此讨论,分工撰写。在编写过程中,讨论切磋,不断增删完善,形成最后的体例。全书经主编审读、修正并提出修改意见,最后审定成书。副主编协助主编做了一些编务工作。

具体分工如下。

前言:廖超慧;

第一章,第二章第一节"二、诵读训练","三、倾听训练":卢云芳;

第二章第一节"一、语音训练",第二、三节,附录 A~F:都昕蕾;

第三章第一、三、四节,附录 G,第三章第二节"四、锤炼语言(七)":刘晶;

第三章第二节:陈骁。

廖超慧
二○一一年一月三日于喻家山山麓寓所

目 录

第一章 概 论 .... (1)

第一节　口才——交际场合的说话才能 .... (3)
第二节　演讲——公众场合的说话表演 .... (12)
第三节　演讲能力及口才的训练 .... (23)

第二章 口才——舌灿莲花的秘诀 .... (35)

第一节　口才的基本训练 .... (37)
第二节　口才表达的技巧 .... (64)
第三节　口才表达的几种类型 .... (95)

第三章 演讲——妙语连珠的背后 .... (103)

第一节　演讲的类型——用理论武装自己 .... (105)
第二节　演讲稿的写作——腹有诗出气自华 .... (120)
第三节　演讲的技巧——秀出真我的风采 .... (131)
第四节　概说辩论——纵横捭阖的舌战之美 .... (159)

附录 A　声母表 .... (181)

附录 B　韵母表 .... (182)

附录 C　n、l 辨音字表 …………………………………………………… (183)

附录 D　普通话异读词审音表 ……………………………………………… (184)

附录 E　演讲的速度 ………………………………………………………… (215)

附录 F　演讲的节奏 ………………………………………………………… (216)

附录 G　"创想青春——2010 全国高校世博辩论大赛"北京分赛区决赛(第二场)
　　　　………………………………………………………………………… (217)

参考文献 …………………………………………………………………… (232)

第一章
概 论

第一节　口才——交际场合的说话才能

一、口才的含义

口才是指在交际场合中运用口语表达的才能。

每个人都是群居者,生活在社会当中,寻求着生理、安全、归属与爱、尊重及自我实现等方面的满足,在这个过程中,无时无刻不需要与他人交流和沟通,而沟通的两大基本类型是言语沟通和非言语沟通。

言语是语言的具体运用,是在一定的生活情境中由一定的人发出的具有一定意义的话语,是人们交流信息的主要手段,它由语音、词汇、语法、逻辑和语境等五种基本要素构成,分为口头语和书面语两大类。评价一个人的口才好不好,其实就是看他能不能技巧性、艺术性地将言语的这五种要素组合成最适宜的口头语,其中,关键之处在于他善不善于处理逻辑和语境这两大言语要素。

【案例分析 1-1】

英国女王维多利亚和她的丈夫阿尔伯特亲王伉俪情深,可谓是一对模范夫妇,不过再好的夫妻也会争吵。这天,女王和丈夫吵架了,阿尔伯特独自回卧室,将门反锁。女王回卧室时,只好敲门。

阿尔伯特问:"谁?"

维多利亚生硬地回答:"女王。"

门没开,再敲。

阿尔伯特问:"谁?"

维多利亚平静地回答:"维多利亚。"

门内依旧没有动静,继续敲。

阿尔伯特问:"谁?"

维多利亚温柔地回答:"你的妻子。"

门开了。

一个问题,三种回答,两种结果。在处理家庭纠纷时,维多利亚首先端出自己的社会身份——女王,以势压人,这样显然会继续激怒阿尔伯特,门自然不会打开。维多利亚意识到这点,所以第二次隐去了公众身份,亮出的是个人身份,只称名字,这种姿态的变化门内的阿尔伯特应该觉察到了,只因自尊心的坚持才仍然没有开门。维多利亚的第三次回答则显示出自己的家庭身份,给予丈夫充分的尊重,以亲情去软化他的情绪,因而阿尔伯特的心结解开了,门也随之打开了。

(选编自《好故事　金道理》,王峰编著,中国华侨出版社,2010)

总而言之,口才是指在交谈、演讲、辩论等口头交际活动中,说话人根据特定的交际场合,准确、得体、生动地运用言语沟通方式,辅以适当的表情、手势、身姿等非言语沟通方式,以达到特定交际目的的口头表达才能。

二、口才的特征

口才是一种口头表达能力,那么,它和一般说话的能力有什么不同呢?

说话的能力是先天赋予的,也是后天习得的,从牙牙学语起,每个人都在不停地训练如何正确地使用言语表达,但即使成年了,有的人到了社交场合还是很沉痛地发现"我不会说话"。其实,他不是不会说话——开口发声,而是不会得体地运用口头语言与他人沟通,即口才不足。

口才和一般说话的能力相比较,具有以下几种特征。

(一)明确的目的性

一般闲聊、攀谈并无明确的目的,而口才的发挥,则离不开明确的交际意图,即谈话目的。交际目的明确,说话人才能明白自己应该准备什么话题,采取何种态度,选择什么风格,运用哪些技巧,从而做到临场应变,有的放矢,否则难免东扯西拉,叫人不知所云,无所适从。交际意图各种各样,概括起来不外乎以下五大方面。

(1)明了,即让对方懂得说话人所传递的信息和意义。比如,在课堂教学过程中,老师向学生传授知识;在学术讲座过程中,演讲者向听众阐释专业学术观点;在新闻报道过程中,记者或主持人向观众报道新近发生的事件;在产品介绍过程中,推销员向顾客说明产品的功用;在展览解说过程中,导览员向参观者解释展品的价值等。

(2)说服,即让对方接受并信服说话人的观点,同时产生相应的行动。比如,批评是为了对方改正错误;建议是为了对方采纳自己的意见;谈判是为了通过对方的妥协更多地争取自身的利益;辩论是为了对方认同自己的观念;推销是为了让对方购买自己的产品等。

(3)感染和鼓动,即让对方随着说话人的表达而产生情感和心境的变化,同悲同喜,同忧同乐,达到精神共鸣的效应。比如,各种纪念活动和庆祝活动中的演讲一般旨在引发听众精神上的兴奋,使听众更加坚持与演讲者一致的理念,进一步坚定信心,有时还能鼓励和推动听众采取相应行动。

(4)认同或反对,即当对方表述观点或提出要求时,说话人对其想法和意见表示支持,加以称赞,或者指出其观点和要求的不合理乃至荒谬之处,拒绝按其提议采取行动。

(5)引起注意和兴趣,争取了解和信任,即通过打招呼、寒暄和应酬等途径让对方意识到自己的存在,通过聊天、交谈和叙旧等方法让对方接受自己并能成为朋友,以利于加深感情,进一步交换观点,交流思想。

【案例分析1-2】

1961年,英国陆军元帅蒙哥马利第二次来华,周恩来安排熊向晖参加接待小组,陪蒙哥马利去外地访问。在洛阳,蒙哥马利晚饭后与陪同人员上街散步,随意走进一家剧场参观。剧场正在上演豫剧《穆桂英挂帅》,蒙哥马利从翻译那儿了解到剧情,幕间休息时就退场了,他说:"这出戏不好,怎么能让女人当元帅呢?"

熊向晖解释说:"这是中国的民间传奇,群众很喜欢看。"

蒙哥马利则表示:"爱看女人当元帅的男人不是真正的男人,爱看女人当元帅的女人不是真正的女人。"

熊向晖反驳说:"中国红军就有女战士,现在解放军里还有位女少将。"

蒙哥马利却说:"我对红军、解放军一向很尊敬、钦佩,不知道还有女少将,这有损解放军的声誉。"

熊向晖反驳说:"英国的女王不也是女的吗?按照你们的体制,女王是英国的国家元首和全国武装部队的总司令。"

蒙哥马利不吭声了。

回到北京后,熊向晖将这场争论向周恩来作了汇报。不料,周恩来批评他说:"你讲得太过分了。你说这是民间传奇就够了,他有看法,何必驳他。你搞了这么多年的外交工作,难道还不懂得求同存异?你弄得人家无话可说,就算你胜利了?但鲁迅讲过,'辱骂和恐吓决不是战斗',引申一下,讽刺和挖苦决不是我们的外交。"

在关于《穆桂英挂帅》这一剧目的争论中,熊向晖思维敏捷,应答流畅,驳得蒙哥马利无言以对,看似口才了得,取得了胜利,但他忽略了自己作为外事接待人员的任务和目的。在外事活动中,政治是放在第一位的,蒙哥马利在此前发表了"和平三原则"的讲话,一定程度上表示了对中国的友善态度,而周恩来安排接待人员陪同蒙哥马利四处参观也是一种友善的回馈。如果因为文化观点的差异而发生的争执影响到蒙哥马利对中国的观感,促使他改变态度,发表不利的政治言论,则有违接待的初衷,实在是因小失大,得不偿失。

随后,周恩来查看了为蒙哥马利安排的文艺晚会节目单,发现上面有一出折子戏《木兰从军》,他笑了笑,对熊向晖说:"又是一个女元帅,幸亏问了你,不然蒙哥马利还以为我们是在故意刺他。"于是,该节目调换成口技和抢椅子的杂技表演。后来,蒙哥马利出书回忆了中国之行,特别提到了中国口技和杂技,认为"他们表演很妙,非常有趣"。

(选编自《大智周恩来》,胡长明著,中共党史出版社,2008)

交际目的明确,才能把握住谈话的中心,获得良好的交流效果。每次开口之前,不妨想一想:我为什么要说?预先考虑清楚说话的目的,预期一下说话的效果,向着目标努力,这是锻炼口才的必由之路,因为,能否实现说话目的是衡量是否具有好口才的重要标志。

(二)丰富的技巧性

口才是人的素养、能力和智慧的一种综合反映,是人的观察力、思维力、决断力、记忆力、表达力、交际力和应变力的综合体现,其中充满着各种各样的技巧运用。

【案例分析1-3】

传说,美国有个叫乔治·拜伦的人,想介绍一个加利福尼亚老农夫的小儿子进城,但那老人只有这一个儿子留在身边,所以断然拒绝。不过拜伦对老人说:"假如把你的小儿子介绍给石油大王洛克菲勒做女婿,你是否同意我把你的小儿子介绍进城呢?"老人终于点头了。然后,拜伦找到石油大王洛克菲勒,对他说:"如果我能让你女儿嫁给世界银行的副总裁,你会同意吗?"洛克菲勒同意了。最后,拜伦找到世界银行的总裁,对他说:"如果我把石油大王洛克菲勒的女婿介绍给你做副总裁,你是否会考虑再设置一个位置?"结果,该总裁也同意了。于是,在这样的巧言设计下,一个普通农夫的儿子当上了世界银行的副总裁,并且娶了石油大王洛克菲勒的女儿。

乔治·拜伦在这件事情上表现出高超的运筹帷幄的能力,他洞察交际对象的心理,以资源整合的方式最终取得了多方共赢的结果。

(选编自《一切从微笑开始》,汪洋著,陕西师范大学出版社,2009)

(三)高度的灵活性

言语交际是一个信息交换的过程,说话人应该从始至终关注交际对象,关注信息的输出和反馈情况,控制自己的言语表达。交际场合的情形往往复杂多变,说话人在因人、因事、因物、因景而进行的交谈或演讲中,必须能够灵活机智地选用特定的表达方式和技巧,以切合交流的内容,切合特定的语境,切合自己的身份和交际对象的特点,以实现最终的交际目的。

【案例分析1-4】

美国前总统艾森豪威尔在一次宴会上被安排为最后一位发言者,要讲的话别人已经讲了,而且时间已经拖得太久,当他站起来讲话时,他说:"每一篇演说不论写成书面的或其他的形式,都应该有标点符号,今天晚上,我就是标点符号中的句号!"

无独有偶,林语堂20世纪60年代在台北一所学校参加学生的毕业典礼,轮到他上台时,已经到午餐的时间,学生们早被之前诸人冗长的演讲弄得按捺不住,因此,他只说了一句话:"绅士的演讲,应该像女士的裙子,越短越好。"大家听了先是一愣,随后哄堂大笑。

这两场演讲显然都是根据当时的环境和听众的状态进行了即时的调整,其简短的表达既委婉地调侃了之前演讲的低效率,使听众暗自涌生的不满情绪得以宣泄,又形成整个发言和演讲活动的"豹尾",幽默而有力,令人印象深刻,流传至今。

(选编自《幽默大师林语堂》,朱艳丽著,湖北人民出版社,2005)

古语云:"君子之言寡而实,小人之言多而虚。"可见,话多并不一定意味着口才好,如果不顾及交流对象的情绪和心理而滔滔不绝,反不如言简意赅,一语中的。在交际过程中,说话人一旦发现目的偏离,或目标中途转换,就应该对言语内容和表达方式加以调控,从而保证交际任务的完成。只有具有高度灵活性的表达,才能创造出效果良好的口才佳作来,否则将会适得其反。

三、口才的意义

在 20 世纪 40 年代,美国人总结过在世界上赖以生存和竞争的三大法宝,分别是口才、美元和原子弹,到了 20 世纪 60 年代,他们又将这三大法宝进行了微调,将"原子弹"变为"计算机",但"口才"仍然摆在第一位。从古至今,人们都非常重视口才,尤其在当下资讯发达的信息时代,口才作为表情达意、传递信息、辩论是非的重要工具和能力,其作用和价值更不容小觑。

(一)卓越的口才是安邦定国的利器

中国古人云:"一言兴邦,一言丧邦。"又云:"一人之辩重于九鼎之宝,三寸之舌强于百万之师。"先秦时有烛之武雄辩退秦师的史实,三国时流传下诸葛亮舌战群儒的故事,及至近代很多老人回忆当年参加辛亥革命的原因之一便是受到孙中山革命演说的鼓舞。

【案例分析 1-5】

晏婴是春秋后期齐国的政治家和外交家。其时,楚灵王在位,仗着国势的强大,处处想逞威风,于是当晏婴出使楚国时,楚人想尽办法刁难他。

第一次,楚国人欺负晏婴长得矮,专门在大门的旁边开了一扇小门让他走。晏婴说:"出使狗国的人才从狗门进入,现在我出使的是楚国,不应当从这扇门进入。"迎宾者只好更变通道,请他从大门进入。

第二次,楚灵王会见晏婴,问他:"齐国没有人了吗?派你出使。"晏子回答道:"齐国首都临淄有三百闾之众的人口,张袂成阴,挥汗成雨,比肩继踵,怎么说没人呢?"楚灵王不罢休,继续追问:"但是为什么会派你来呢?"晏子从容回答:"齐国派遣使节,是有讲究的。贤能的人出使贤能的国家,无能的人出使无能的国家。晏婴最无能,当然被派到楚国了。"

第三次,楚灵王赐宴,其间两名差役绑着一个人来到楚王面前。楚灵王故意问:"绑着的是什么人?"差役回禀:"他是齐国人,犯了盗窃罪。"楚灵王看着晏婴说:"齐国人本来就善于偷东西吗?"晏婴郑重地回答道:"晏婴听说,橘生淮南则为橘,生于淮北则为枳,只是叶子相似罢了,味道是不同的。为什么呢?水土不一样嘛。现在这个人生长在齐国不偷东西,一到了楚国就偷起来了,莫非楚国的水土使百姓喜欢偷东西吗?"

外交无小事,外交官的荣辱也深系着国家的荣辱。面对楚人的三度刁难,晏婴从容应对,以四两拨千斤的口才化解了难堪的局面,维护了自身和国家的尊严,反而将尴尬丢还给别有用心者,怪不得楚灵王感叹:"圣人都没法跟他开玩笑的,寡人自取其辱了。"

(选编自《晏子春秋》,张景贤注译,中州古籍出版社,2010)

(二)优秀的口才是事业发展的阶梯

能言善辩是具有领袖气质和才能的人的基本素质,不但政治家、军事家、外交家需要优秀的口才,教师、律师、营业员、推销员等各行各业的从业人员也都需要有较好的口才。

【案例分析 1-6】

中央电视台《东方时空》做过一期"杨利伟怎样成为我国进入太空第一人"的节目,其间,航天局领导透露了这样一个细节:在最终确定三名宇航员为首飞候选人之时,三人在各方面都十分优秀,旗鼓相当,难分高下,最后考虑到作为我国第一个进入太空的宇航员,将要受到全世界的瞩目,接受新闻媒体的采访,进行巡回演讲,才决定让口才更胜一筹的杨利伟首飞。

口才竟然能决定一个人的命运,可见"莫以善小而不为"的古训是多么富有人生哲理。节目中还介绍,杨利伟认为航天无小事,所以不管做什么事情,都尽自己的最大努力做好。学技术、学政治是如此,训练后的总结会、训练小结也是如此。在总结会上,杨利伟准备充分,积极发言,发言条理清晰,逻辑性强,再加上他发言时不慌不忙,故而给领导留下了深刻的印象。所以,当口头表达能力作为选择的一个重要条件时,天平就偏向了杨利伟。

(选编自《我受欢迎——让自己变得人见人爱》,三木著,中国纺织出版社,2007)

有句老话说:"酒香不怕巷子深。"但在信息爆炸的现代社会,酒香也需要大力宣传才能被更多的人认识,才可能获得进一步的赏识,同样,对于立身处世的个人而言,自我宣传也是非常重要的。

口才是否优秀,会极大影响到一个人的境遇,比如在求职面试的时候,如果求职者口才好,能针对不同的问题有礼有节、不卑不亢地回答面试官的问题,善于推销自己,充分地展现自己的才华,那么,他获得这份工作的可能性会很大;反之,他获得这份工作会变得很困难。

美国普林斯顿大学曾对万人档案做过研究,得出这样一个结论:智慧、专业技术和经验只占成功因素的25%,其余75%决定于良好的人际沟通。而人际沟通很重要的方面就是言语沟通。如果一个人懂得言语沟通艺术,办事往往圆满、成功,进而一步步走向人生的辉煌;反之,如果他不懂言语沟通艺术,时常会使自己陷入困境,甚至会给自己所在的单位造成无法估量的损失。所以,在职场上流行着这样的说法:人才不一定有口才,但有口才的一定是人才。一个人能否获得事业的成功,在很大程度上取决于他的口才。

(三)良好的口才是家庭幸福的基石

家是个人的归宿,家的温暖取决于家人彼此间所给予的行动和言语上的关怀。家又是最让人放松的地方,当人们从外面的职场、社交场合、公共场合回到家庭怀抱的时候,会解开自我约束的绳索,呈现自己最自由、最自然的状态。有时候,随着外在压力的松懈,人们也会向家庭其他成员倾泄一些不良的情绪,或者在跟家人交流想法、商量事情时,发生摩擦,甚而吵架,而此时如何应对家庭中出现的不快,也是对人们经营家庭能力的一种考验。

【案例分析1-7】

古希腊哲学家苏格拉底的妻子是一个远近闻名的河东狮,性格强悍,脾气很大,终日对着丈夫唠唠叨叨,动辄破口大骂。有次他的妻子骂骂咧咧仍不解气,一盆水劈头浇到丈夫身上,而苏格拉底只是抖抖弄湿的衣服,自我解嘲道:"我知道,雷霆之后,必有大雨。"别人问苏格拉底当初为什么娶悍妇为妻,他说:"擅长马术的人总要挑烈马骑,骑惯了烈马,驾驭其他的马就不在话下。我如果能忍受得了这样的女人的话,恐怕天下就再也没有难于相处的人了。"

但苏格拉底夫妇的感情并非像人们想象得那么坏,当苏格拉底被判死刑的消息传到他妻子的耳朵里时,她痛哭不已,说:"苏格拉底,你是冤枉的!你不能无罪而死啊!"而苏格拉底回答说:"我无罪而死,死得光明磊落!难道要我有罪而死吗?"

苏格拉底在他的口才中体现出的幽默、宽容和大度应是他维系家庭、赢得悍妻感念的一大法宝吧。

(选编自《苏格拉底与妻子如何相处》,铁血社区之世界历史,2009.11.10,http://bbs.tiexue.net/post2_3931473_1.html)

"一句良言三冬暖,一句恶语六月寒。"这句话也适用于家人之间。营造温馨的家庭氛围,化解家庭生活中时常发生的或大或小的纠纷,离不开一颗体贴的心和一张灵巧的嘴。

(四)出色的口才是个人幸福的温床

幸福是一种心灵状态,它以身体的健康为基础,人只有身体良好,才能真实地体会到身心的愉悦。世界卫生组织将"睡得快、吃得快、说得快、走得快、便得快"定为判断身体健康的标志,这"五快"集中反映了人体各系统器官的正常功能状态。其中"说得快"是大脑思维敏捷的反映,因为言语功能是人类特有的生理和心理功能,它是在大脑支配下由多个器官共同完成的。

幸福是一种自我满足,它以个性的舒展为羽翼,人在自信中最容易获得快乐,而自信从某种程度上来源于他人的认同。言语和善,如春风化雨,会使人感觉亲切,乐于交往;言语幽默,妙语连珠,会使人感觉愉悦,开怀捧腹;言语直率,有一说一,会使人感觉胸怀坦荡,诚实能干。口才出色的人拥有亲近人心的魅力。

【案例分析 1-8】

1923年,冯玉祥将军率领军队讨伐张勋复辟,意气风发,名扬全国,而头一年他的原配夫人刚刚因病辞世,于是很多达官贵人帮他张罗着续弦,连北洋政府大总统曹锟的女儿都想嫁给这位不抽烟不喝酒品行正派的政治新星,但冯玉祥并未将那些不会洗衣做饭、不会管家、不会照顾孩子的官宦小姐放在眼里。

这年年末,时任北京陆军检阅使的冯玉祥在北京参加一个由基督教女青年会举行的聚会。会上,女青年会学生部干事李德全发表演讲。她那出众的口才,生动悦耳的演说,特别是演说时流露出的直爽帅气的神情和气质,给冯玉祥留下了极为深刻的印象,使他顿生爱慕之情。在旁人的撮合下,冯玉祥和李德全喜结连理。

年方27岁的李德全不喜修饰打扮,自认容貌平常,于是她问丈夫:"你怎么会喜欢上我?"冯玉祥回忆起演讲台上的女子,答道:"我看你天真率真。"冯玉祥反问李德全为何同意嫁给他。李德全笑说:"是上帝怕你不为民做事,派我来监督你的。"

(选编自《将军夫人李德全》,凤凰卫视之《我的中国心》,2010.06.19)

幸福源自相互的关怀,当你以善言待人时,他人也会以同样的方式回报你。为受窘的人说一句解围的话,为沮丧的人说一句鼓励的话,为疑惑的人说一句点醒的话,为无助的人说一些支持的话,当你身陷窘迫、沮丧、疑惑和无助的时候,他人也会来到你身边,为你解围,为你加油,帮你解惑,给你帮助。

好口才有助于带来更多的支持、欣赏和赞誉;好口才有助于实现邻里的亲善、家庭的和睦;好口才有助于在个人的生活和工作等诸方面如虎添翼、锦上添花。总而言之,大到国家的安定,小至事业的成功、家庭的温暖和个人的幸福都离不开好口才。

【思考与练习】

1. 知识点复习

(1)口才的含义是什么?

(2)口才的特征有哪些?

(3)为什么要练好口才?

2. 实训练习

(1)下面设计了几组生活场景,在各场景中,如何表达才能更好地达到目的?每组场景各给出五种口头交际的选择项,请做出你认为最佳的选择,并说明理由。

①假设你租住一套年久失修的公寓,想请公寓的房东粉刷墙壁。

A. 我们已经住了1年了,多少照顾一下我们吧。

B. 比起我们付的房租,这点费用真是微不足道。

C. 我们也会帮忙的。

D. 最近我有几个朋友来做客,他们也考虑到这里租房子,如果喜欢就住下来了。

E. 如果我是你的话,一定二话不说,立刻粉刷,又不是你一个人的房子。

②假设你在宴会中,想使一个醉鬼安静下来。

A. 明天一清醒,你会后悔的。

B. 那边有一个漂亮的小姐在看呢,安静一点吧,我给你介绍一下。

C. 你还不知道,大家都在看你呢。

D. 安静一点,不要那么大声好不好?

E. 刚才听说你在最近的乒乓球大赛中获得优胜,可以说下详细情况吗?

③假设你超速行使,想请警察通融通融。

A. 仅此一次,请高抬贵手吧。

B. 我给你200元,就算了吧,别记录了。

C. 也许你不相信,我一直都是很规矩的。

D. 可能是稍稍开快了一些,我一时糊涂,没有觉察啊。

E. 实在是迫不得已,我有个急事非赶快不行啊。

④假设你升职了,需要老资格的同事携手合作。

A. 这份工作只有靠你的协助才能进展下去。

B. 上司快要退休了,我接了他的缺后,就提拔你。

C. 真惭愧,他们提升了我,其实你才是最合适的人选。

D. 现在我是上司,今后请听我的命令行事。

E. 这是你新的机会,可要表现你的才能哟。

⑤假设你有个秘书,她有一个约会,你却不得不请她加班工作。

A. 把约会取消吧,打完这份报告,我请你吃饭。
B. 上头吩咐,今天一定要将报告发出去。
C. 我明知这是不情之请,可是事非办不可,拜托拜托吧。
D. 必须打完这个报告,否则你还是回到过去的打字部。
E. 我相信这项工作只有你才可以做好。

⑥假设你结婚了,你想劝你的妻子(或丈夫)一起去度假。
A. 今天我见了王大夫,他说你得休息休息。
B. 你常常为工作出差旅行,我想你也该为自己旅行一次了。
C. 你说,到风景宜人的九寨沟休息十天,不是很好吗?
D. 亲爱的,我好想去度假,想死了。
E. 这不是很妙吗?只有我们两个一起去度假。

⑦假设你有个儿子,他想看电视,你却想要他练钢琴。
A. 你弹得好,爸(或妈)会多开心呢。
B. 好孩子该听话的,每个人都不得不做一些不喜欢做的事情呀。
C. 我们来约好吧,我让你看完这个节目,你就乖乖练琴。
D. 你把琴练好了,会很讨人喜欢的。
E. 不练琴,那学费不是白交了。

⑧假设暴徒拿枪顶着你的背,你不想让他抢你的钱。
A. 你真倒霉,我恰好没有带钱包。
B. 小心点,我是空手道高手。
C. 老天爷,这可是我一个月的血汗钱哪。
D. 拜托拜托,没有钱,回家如何向老婆交待?
E. 我的钱包在后面裤子的口袋里,尽管拿去吧。

(2)假设某人遭遇某种人生困境而心情低落(比如因厌学而烦躁,或者因前途渺茫而茫然,或者因失恋而伤心,或者因失业而沮丧,等等),分小组讨论劝慰和激励的方式,写成五分钟以内的情景对话短剧剧本,分角色表演。

第二节 演讲——公众场合的说话表演

一、演讲的含义

演讲,又称为演说、讲演,它是一种面对公众的言语表演,是指在一定的时空环境中,以有声语言为主,辅以体态语言,向听众传递信息、表达观点、阐明事理、抒发感情的语言艺术,是一种富于艺术性和说服力的社会活动。

演讲是人类的一种社会实践活动，由演讲者、听众、演讲信息及演讲双方共处的时空等四大部分组成，演讲者是主体，听众是客体，演讲信息是沟通主体和客体的媒介，而演讲者和听众共处的时空则是左右演讲方式、决定演讲效果的环境。作为一种带有艺术性的社会实践活动，演讲具有独特的信息传达方式，演讲者是一人面对多人，当他要想通过发表见解、陈述观点、宣扬主张，以达到影响、说服、感染他人的目的时，就必须运用与其演讲内容相匹配的传达方式。演讲的传达方式主要有有声语言、体态语言和主体形象三种类型。

（一）有声语言

有声语言即口头表达语言，区别于书面语，它是由言语和声音两种要素组合而成的。在演讲活动中，有声语言是演讲者传递信息、表情达意最主要的媒介和物质表达手段，它承载着演讲者的思想感情，以流动的方式将其主张、见解、态度和感情传达给演讲的客体对象——听众，以其说服力和感召力，使听众受到教育和鼓舞。

在演讲活动中，有声语言中的言语是指演讲内容本身，它的基本要求是言之有物和言之有理。"物"是内涵，"理"是条理，"物"和"理"相结合，即将话题、观点和材料纳入一定的演讲思路之中，加以选择和调整，用一条逻辑思维的彩带将各个环节串在一起。这项工作做得好，演讲者在登台发声之前就已成功了一半。

在演讲活动中，有声语言中的声音是指音量、音色、音调、重音、节奏、气息、停顿等由人发出的无固定意义的副语言（又称为类语言）。副语言的使用能够透露演讲者的地位，表现他的性格，流露演讲时的情绪，同时传达、强调或暗示特定的语义。它的基本要求是吐字清晰、准确，更高的标准则是音量适中，音色沉稳，音调悦耳，节奏富有变化，重音、气息和停顿等方面根据演讲的内容进行合理安排和控制，尽量营造一种音乐美，让听众的情绪随着演讲者的声音波动起伏，为之感染，获得享受。

【案例分析 1-9】

卓别林是举世公认的无声电影大师，他擅长运用标志性的装扮和诙谐夸张的形体表演塑造令人难忘的银幕艺术形象。在他活跃于电影舞台的 20 世纪 30 年代正是电影技术从无声走向有声的阶段，卓别林曾经担心有声时代的到来会伤害到无声时代已成熟的电影表演艺术，一度坚持无声电影的创作，拍出了《城市之光》等名作。

但时代的潮流即使是最卓越的大师也无法抵挡。20 世纪 30 年代末卓别林终于放下对有声电影的疑虑，放下对自己声音不好的担忧，开拍他的第一部有声电影《大独裁者》。《大独裁者》于 1940 年公映，片尾有一段长达七分钟的个人演讲，由卓别林本人一气呵成，音调、节奏和气息等方面颇有讲究，这篇名为《为自由而战斗》的演说被公认为卓别林一生中最精彩的演讲。

(选编自《卓别林自传》,查理·卓别林著,叶冬心译,国际文化出版公司,2010)

(二)体态语言

体态语言由非言语符号组成,包括说话人的表情、手势、身姿等方面的形体动作。在演讲中,如果说有声语言是"讲",那么体态语言就是"演",它与有声语言同步发生着,和有声语言一起共同承载着演讲者的思想感情,作用于听众的视觉器官,丰富有声语言的表达效果。

在演讲活动中,体态语言作为一种形体表演,它富有艺术性,如舞蹈一样随着时间而流动,引发听众的视觉美感。但体态语言不能喧宾夺主,它的功能是辅助性的,有助于增强有声语言的感染力和表现力,弥补有声语言的不足。同时,体态语言也是依附性的,如果离开了有声语言,它无法独立地表达思想感情,从而失去了存在的意义。

尽管体态语言具有依附性,但它的作用不可轻视。心理学家研究发现,一条信息的传递效果只有7%源自言语本身,而有38%源自声音表达,55%源自表情、手势和身姿等形体动作与外部形象。可见,人们获得的信息大部分来源于视觉印象,因而体态语言的有形性和可视性对演讲具有巨大的价值。

(三)主体形象

主体形象是指说话人在面对交流对象所呈现出来的整体面貌,包括形体、仪表、服饰、发型和举止神态等视觉形象。在演讲活动中,主体形象的美、丑一方面会直接影响到演讲者本人的心境和情绪,影响演讲信息发送的效果,另一方面也会直接影响到听众的心情和审美感受。因此,自然的举止、得体的装扮、挺拔的形体及优美的仪表是成功演讲的重要组成部分。

在演讲活动中,有声语言、体态语言和主体形象作为主要的演讲信息传达方式,跟一般说话时的有声语言、体态语言和主体形象有所不同,它们带有一定的设计性、表演性和艺术性。不过,有声语言、体态语言和主体形象作为主要的演讲信息传达方式,跟舞台艺术中的有声语言、体态语言和主体形象也不一样,它们以传达演讲信息为核心目的,围绕它进行的设计和表演都是辅助性的。

其中,主体形象的艺术美是在演讲者本人的现实美的基础上的有限修饰,不能过于风格化和装饰化。演讲者在演讲活动中,应遵守自然、得体、适度、和谐的原则,做到举止优雅、神态大方、风度潇洒,与演讲的环境气氛和主客体的心态情绪相吻合,这样才有利于思想感情的表达,取得最佳的演讲效果。

二、演讲的特征

演讲作为一种言语表演性质的社会活动,既与一般说话有一定关系,又有别于一般说话,其特征如下。

(一)现实性与艺术性的结合

演讲与一般说话一样具有现实性。演讲是在社会实践的直接需求下产生的,具有公共活动的性质,它是演讲者在政治、经济、科学文化及其他各种社会活动中,通过对社会现实的判断和评价,面向听众发表见解、提出主张、解疑释惑、抒发感情的现实活动。在演讲活动中,演讲者和听众具有各自的心理定式和目标期待,演讲者希望听众当场接受自己的见解和主张,听众则希望当场收获知识和启示,每个参与者都希望从中得到最大的现实收益。

同时,与一般说话不同,演讲具有一定的艺术性。演讲的艺术性是帮助演讲者和听众双方获得最大现实收益的必要途径。演讲为了达到启迪心智、感人肺腑的目的,需要借助戏剧、诗歌、音乐、绘画、雕塑、舞蹈等文学艺术的表现手段,创造艺术感染力。演讲的艺术性是文本的文学性、朗诵的技巧性及体态的表演性的综合,从而形成统一的整体感和协调感,即调动演讲活动中的各项组成部分——言语、声音、体态、形象、时间、环境等因素,将之组合成一种相互依存、相互协调的美感世界。

(二)工具性和鼓动性的结合

演讲与一般说话一样具有工具性。演讲是一门科学,更是人们用来交流思想的工具,任何思想、任何学识、任何发明和创造都可以借助演讲这个工具来传播。可以说,演讲是最经济、最实用、最方便的传播工具,人们都可以使用它。

同时,与一般说话不同,演讲具有强烈的鼓动性。演讲活动一向被喻为是进行宣传教育、政治斗争的有力武器,同时它也是进行情感沟通的有效手段。演讲的范围非常广泛,其种类也多种多样,比如即兴演讲中的宴会祝辞;婚嫁酒宴上的贺词;学术会议上的发言等,所有演讲的目标都是要对听众晓之以理、动之以情、喻之以理、导之以行,所以说,没有鼓动性就不能成为演讲。

【案例分析 1-10】

1965 年 9 月,亚洲地区的局势变得紧张起来,中国的对外关系也出现了一些问题,时任外交部长的陈毅奉命回京召开大型的中外记者招待会。会议当天,会场被三四百人挤得水泄不通,外国记者们提出了五花八门的国际问题和对外关系问题,陈毅镇定自若,侃侃而谈,对答如流,滴水不漏,会场几乎成了他个人即兴演讲的舞台。

在将近两个半小时的记者招待会上,陈毅的讲话淋漓尽致地表现了"陈式演讲风格"。面对美国人的战争威胁言论,老元帅横眉怒目,发出阵阵吼声。他时而指着自己的头发道:"我们等候美帝国主义打进来,已经等了 16 年!我的头发都等白了!或许我没有这种'幸运'能看到美帝国主义打进中国,但我儿子会看到。他们会坚决打下去的!"他时而挥舞着胳膊道:"请记者不要以为我陈某人是个好战分子,是美帝国主义穷凶极恶,欺人太甚!"他时而敲击着桌子道:"我们中国有一句老话,叫做:善有善报,恶有恶报,不是不报,时候未到。时候一到,一——切——都——报——销!"

陈毅外长的话音还未落,一旁的乔冠华已经笑得前俯后仰,不能自禁,当他的话音一落,在场的所有中国人立刻报以雷鸣般的掌声,经久不息,尽情地表达自己的激动和振奋之情。

这场记者招待会时间之长,声势之大,涉及问题之多,答问之精彩,影响之深广,在共和国历史上可谓绝无仅有。而陈毅这位诗人外长的上述几句掷地有声的硬话大长中国人志气,传颂了将近半个世纪,被誉为"铁铸的诗句"。

(选编自《陈毅:元帅外长的风采》,李景贤著,中青在线之焦点,2010.06.30)

演讲者以自己炽烈的热情去引发听众感情的火;演讲者以自己的意志和决心去激起听众的共鸣;演讲者运用演讲词的结构、节奏、细节等去抓住听众的心;演讲者凭借自身的言语、声音、情感、体态和形象,面对面地影响听众,直接地激励和鼓舞听众。可以说,演讲是否具有鼓动性是其是否成功的一个重要标志。

(三)针对性和适应性的结合

演讲与一般说话一样具有针对性。作为一种社会实践活动,演讲者应该根据社会实践的目的、对象和环境具体安排演讲内容和演讲方式。比如,政治类的演讲以说服和鼓动为目的,当听众为普通民众时,演讲者应该深入浅出地阐明观点,以富有感染力的修辞和情绪影响听众;法律类的演讲以获得认同为目的,当听众为专业人士时,演讲者应该注意演讲内容的事实确凿性和逻辑严密性,以增强雄辩的力量。在演讲过程中,如果演讲的环境氛围和听众的注意力和兴趣点发生变化,演讲者也应当适时地调整演讲内容。

【案例分析 1-11】

1955年春,周恩来率领的中国代表团出席有29个国家参加的万隆会议。万隆会议是第二次世界大战结束后召开的第一次没有西方国家参加的亚非国际会议,目的是讨论亚非各国之间的合作和发展,然而会议开始时气氛并不友好,有的国家对新中国怀有疑虑,甚至抱有对立情绪。

4月19日,周恩来临时调整演讲稿,决定在大会上进行补充发言,演讲中明确表示:"中国代表团是来求团结而不是来吵架的。""中国代表团是来求同而不是来立异的。"针对有关方面提出的对中国意识形态、政治制度、宗教信仰和所谓颠覆活动等问题的指责,周恩来一一作了回应,并发出邀请:"中国俗语说:'百闻不如一见。'我们欢迎所有到会的各国代表到中国去参观,你们什么时候去都可以。我们没有竹幕,倒是别人要在我们之间施放烟幕。"

周恩来应势而变的演讲巧妙地化解了万隆会议中的敌对情绪,争取和团结了一大批亚非国家,他所倡议的和平共处五项原则逐渐成为人们的共识,新中国的外交在艰难中开拓出了一片光明的道路。

(选编自《周恩来在万隆》,姚力著,上海画报出版社,2007)

同时,与一般说话不同,演讲具有广阔的适应性。从整体上说,演讲的内容包罗万象,涉及古今中外、事无巨细的社会生活,只要在同一语言系统里,它适合于男女老幼,不同背景、文化层次、职业、身份、种族和阅历的所有人。同时,它不受时空、设备等限制,可以随时随地地进行。

三、演讲的作用

演讲是一条路径,通过它可以培养能力,增强勇气;演讲是一种武器,运用它可以捍卫自己,取得竞争优势;演讲是一种智慧,应用它可以塑造自我,使自己变得机智果敢、幽默诙谐。通过演讲,人们可以得到理性上的启迪、知识上的丰富、思想上的教育、情感上的愉悦。

(一)启迪作用

演讲的首要作用是启迪人们认识真理,没有启迪作用,演讲就不能在听众的心底留下理性认识的积淀,不能对听众构成任何有意义的影响,也就没有社会价值可言。演讲重在说理,重在阐述带有某种真理性的道理,以理服人,对听众产生启迪作用。真理的启迪是多方面的,如政治真理、科学真理、道德真理及各种人生真理等。启迪的作用,也是一种理性的教育作用,它使人认识社会现实和历史状况,辨别客观事物的真与假、善与恶、美与丑,帮助人们祛邪扶正,从而陶冶听众的道德情操,净化听众的思想感情,规范听众的社会行为。

【案例分析 1-12】

18世纪中叶,北美殖民地要求脱离英帝国独立的呼声越来越高,然而在种种压力之下,独立的脚步却慢慢吞吞,尽管进入70年代,莱克星敦已打响第一枪,但有关独立与否的意见人们仍然争执不休,不能统一。

帕特里克·亨利是当时弗吉尼亚殖民地的著名律师兼议会议员,同时也是激进的独立派的成员,为争取议会中的中间派和妥协派,他于1775年3月23日发表议会演说。开始时他以委婉的态度、舒缓的语调、坚定的决心,有理有节地指出中间派和妥协派不切实际的幻想:"沉湎于希望的幻觉是人的天性,我们有闭目不愿正视痛苦现实的倾向,有倾听女海妖的惑人歌声的倾向,可那是能将人化为禽兽的惑人的歌声。这难道是在这场为获得自由而从事的艰苦卓绝的斗争中,一个聪明人所应持的态度吗?难道我们愿意做那种对这关系到是否蒙受奴役的大问题视而不见充耳不闻的人吗?就我个人而论,无论在精神上承受任何痛苦,我也愿意知道真理,知道最坏的情况,并为之做好一切准备。"

慢慢的,演讲的调子变得越来越坚决,言辞变得越来越犀利,情感变得越来越激越,演讲也逐步进入高潮:"回避现实是毫无用处的。先生们会高喊:和平!和平!但和平安在?实际上,战争已经开始,从北方刮来的大风都会将武器的铿锵回响送进我们的耳鼓。我们的同胞已身在疆场了,我们为什么还要站在这袖手旁观呢?先生们希望的是什么?想要达到什么目的?生命就那么可贵?和平就那么甜美?甚至不惜以戴锁链、受奴役的代价来换取吗?全能的上帝啊,阻止这一切吧!在这场斗争中,我不知道别人会如何行事,至于我,不自由,毋宁死!"

"不自由,毋宁死",这一警句铿锵有力,气势磅礴,当时就不胫而走,深深鼓舞了投入独立战争的群众。而且,这句名言两百多年来一直为人们所传颂,几乎家喻户晓,启迪着一代代志士仁人为争取人类的自由和解放而不懈奋斗。

(选编自《影响历史进程的著名演讲》,刘安产编,石油工业出版社,2006)

(二)激发作用

"感人心者,莫先乎情"。演讲既是信息的传递,也是情感的交流,以情动人是演讲成功的关键因素之一。美国小说家维拉·凯瑟曾说:"热情是每个艺术家的秘诀。而演说家都应当是艺术家,这是一个公开的秘诀,十分有效。"情感在演讲中就像桥梁一样,连接着演讲者和听众的心。

演讲者在表达理性的内容时,是饱含着情感的,他在演讲中表达对某一事物的看法时,既有理性认识,又有情感体验,而这种情感必然在声音、表情、姿势、动作等方面直观地表现出来,从而近距离地带动听众、激发听众,拨动听众的情感之弦,使听众无法平静,或激动欢呼,或愤愤不平,或热泪盈眶,或沉痛哀叹。

【案例分析 1-13】

梁实秋在20世纪20年代初曾在清华大学聆听过梁启超的一次演讲,题目为《中国韵文里表现的情感》,印象颇为深刻,他回忆道:"先生的讲演,到紧张处,便成为表演。他真是手之舞足之蹈,有时掩面,有时顿足,有时狂笑,有时叹息。听他讲到他最喜爱的《桃花扇》,讲到'高皇帝,在九天,不管……'那一段,他悲从中来,竟痛哭流涕而不能自已。他掏出手巾拭泪,听讲的人不知有几多也泪下沾巾了!又听他讲杜氏讲到'剑外忽传收蓟北,初闻涕泪满衣裳……'先生又真是于涕泗交流之中张口大笑了。"

梁启超自谓撰文"笔锋常带情感",而其演讲所带的情感不知要更强多少倍,难怪在维新时代及其以后他有如此多的追随者,梁实秋也不禁感慨:"听过这讲演的人,除了当时所受的感动之外,不少人从此对于中国文学发生了强烈的爱好。"

(选编自《记梁任公先生的一次演讲》,梁实秋著;《梁实秋散文选集》,徐静波编,百花文艺出版社,2009)

没有情感激发力的演讲,往往就是冷冰冰的说教,听众听了无动于衷,没有可接受性,因而不会产生多少的社会作用。在冷冰冰的说教性演讲里,演讲者处于零度情感状态,不动情感,不动声色,不表现说话人态度,也不理睬听众,仿佛纯然客观,这种"零度情感"的演讲无法与听众建立起情感联系,无法产生情感激发作用,也就不能以情感人,而不能以情感人的演讲也就很难实现以理服人。

(三) 感染作用

演讲是一种实用艺术,这种艺术能在现场对听众产生直观性的艺术感染力,使听众在精神上产生一种愉悦、激动和满足。因此,我们常说,听某人的演讲真是一种艺术享受。

【案例分析 1-14】

1948 年,丘吉尔应邀在牛津大学发表主题为"成功秘诀"的演讲。演讲那天,会场上人山人海,全世界各大新闻机构都到齐了。丘吉尔用手势止住了大家雷鸣般的掌声,说:"我的成功秘诀有三个:第一是,绝不放弃;第二是,绝不,绝不放弃;第三是,绝不,绝不,绝不能放弃!我的演讲结束了。"说完他走下了讲台。会场上沉默了将近一分钟,然后爆发出经久不息的热烈掌声。

这场演讲虽然简短,但直指主题,言简意赅,充满设计的艺术感,是一场富有感染力的成功演讲。

(选编自《丘吉尔演说的启示 决不、决不、决不能放弃》,杨树荫著,《浙江日报》,2010.07.21)

(四) 引导作用

真理的启迪,情感的激发,艺术的感染,会形成一种合力,对听众施加影响,最终引导听众产生符合演讲目的的行动。这是演讲的终极目标,也是演讲优越于任何欣赏性艺术之所在。

一般来说,越是成功的演讲,引导作用越大、越持久,它甚至不只作用于一代人,而是几代人。它不仅在一定区域内产生影响,还会超越民族和国家的界限,作用于全人类。最有名的例子莫过于美国黑人领袖马丁·路德·金的演讲《我有一个梦想》,这场演说推动美国人持久地思考历史遗存的种族问题,推动了美国社会的进步。

【案例分析 1-15】

公元前 44 年,罗马领袖恺撒遭元老院贵族布鲁图斯等人刺杀而身亡,以布鲁图斯为代表的元老院共和派和以安东尼为代表的恺撒党立即展开了针锋相对的斗争。布鲁图斯在罗马广场上发表演讲,极陈恺撒是共和制度的破坏者,刺杀行为是消灭暴君的正义行为,广场上人们的情绪渐渐被布鲁图斯所控制。而此时,恺撒党人抬着恺撒的尸体步入广场,面对不利的民众情绪,安东尼发表了力挽狂澜的著名演讲,用恳切的言辞打动民众,使民众回想起恺撒生前伟大的政绩,转而认为刺杀行为是残害英雄的暴行。由此,元老院共和派失势,布鲁图斯等人不得不逃亡,并最终自杀。演讲的引导作用如此之大,令人惊讶。

(选编自《葬礼与纪念日经典演说》,赵娜等编,时代文艺出版社,2006)

演讲的启迪作用、激发作用、感染作用和引导作用统一于一场具体的演讲之中,四个方面相互联系、相互制约。真理的启迪需要情感激发的辅助,两者作用的实现,又离不开艺术的感染力,而没有引导行动的作用,其他各种作用则不能最终落实到听众的社会实践之中。而如果没有真理的启迪、情感的激发、艺术的感染作用,行动的引导作用也不可能单独实现。

【思考与练习】

1. 知识点复习

(1)什么叫演讲?

(2)演讲与一般说话有何不同?

(3)演讲有哪些作用?

2. 实训练习

根据下面这篇演讲稿的内容,安排和设计朗诵时的有声语言(包括音量、音色、音调、重音、节奏、气息、停顿等方面)和体态语言(包括表情、手势、身姿等方面)的处理方式,在相关位置标注说明,并根据标注说明加以诵读。

Fight For Liberty(The Final Speech of *The Great Dictator*)

为自由而战斗(《大独裁者》结尾演讲词)

I'm sorry, but I don't want to be an emperor. That's not my business. I don't want to rule or conquer anyone. I should like to help everyone if possible—Jew, Gentile—black man—white.

遗憾得很,我并不想当皇帝,那不是我干的行当。我既不想统治任何人,也不想征服任何人。如果可能的话,我倒挺想帮助所有的人,不论是犹太人还是非犹太人,是黑种人还是白种人。

We all want to help one another. Human beings are like that. We want to live by each other's happiness—not by each other's misery. We don't want to hate and despise one another. In this world there's room for everyone and the good earth is rich and can provide for everyone.

我们都要互相帮助。做人就是应当如此。我们要把生活建筑在别人的幸福上,而不是建筑在别人的痛苦上。我们不要彼此仇恨,互相鄙视。这个世界上有足够的地方让所有的人生活。大地是富饶的,是可以使每一个人都丰衣足食的。

The way of life can be free and beautiful, but we have lost the way. Greed has poisoned men's souls—has barricaded the world with hate—has goose-stepped us into misery and bloodshed. We have developed speed, but we have shut ourselves in. Machinery that gives abundance has left us in want. Our knowledge has made us cynical; our cleverness, hard and unkind. We think too much and feel too little. More than machinery we need humanity. More than cleverness, we need kindness and gentleness. Without these qualities, life will be violent and all will be lost.

生活的道路可以是自由的,美丽的,只可惜我们迷失了方向。贪婪毒化了人的灵魂,在全世界筑起仇恨的壁垒,强迫我们踏着正步走向苦难,进行屠杀。我们发展了速度,但是我们隔离了自己。机器是应当创造财富的,但它们反而给我们带来了穷困。我们有了知识,反而看破一切;我们学得聪明乖巧了,反而变得冷酷无情了。我们头脑用得太多了,感情用得太少了。我们更需要的不是机器,而是人性。我们更需要的不是聪明乖巧,而是仁慈温情。缺少了这些东西,人生就会变得凶暴,一切也都完了。

The aeroplane and the radio have brought us closer together. The very nature of these inventions cries out for the goodness in man—cries for universal brotherhood—for the unity of us all. Even now my voice is reaching millions throughout the world—millions of despairing men, women, and little children—victims of a system that makes men torture and imprison innocent people. To those who can hear me, I say: "Do not despair." The misery that is now upon us is but the passing of greed—the bitterness of men who fear the way of human progress. The hate of men will pass, and dictators die, and the power they took from the people will return to the people. And so long as men die, liberty will never perish.

飞机和无线电缩短了我们之间的距离。这些东西的性质,本身就是为了发挥人类的优良品质。要求全世界的人彼此友爱,要求我们大家互相团结。现在的世界上就有千百万人彼此友爱,要求我们大家互相团结。现在的世界上就有千百万人听到我的声音——千百万失望的男人、女人、小孩——他们都是一个制度下的受害者,这个制度使人们受尽折磨,把无辜者投入监狱。我要向那些听得见我讲话的人说:"不要绝望呀。"我们现在受到苦难,这只是因为那些害怕人类进步的人在即将消逝之前发泄他们的怨毒,满足他们的贪婪。这些人的仇恨会消逝的,独裁者会死亡的,他们从人民那里夺去的权力会重新回到人民手中。只要我们不怕死,自由是永远不会消失的。

Soldiers! Don't give yourselves to brutes—men who despise you and enslave you—who regiment your lives—tell you what to do—what to think and what to feel! Who drill you—diet you—treat you like cattle, use you as cannon fodder. Don't give yourselves to these unnatural men—machine men with machine minds and machine hearts! You are not machines! You are not cattle! You are men! You have the love of humanity in your hearts. You don't hate, only the unloved hate—the unloved and the unnatural!

战士们!你们别为那些野兽去卖命呀——他们鄙视你们——奴役你们——他们统治你们——吩咐你们应该做什么——应当想什么,应该怀抱什么样的感情!他们强迫你们去操练,限定你们的伙食——把你们当牲口,用你们当炮灰。你们别去受这些丧失了理性的人摆布了——他们都是一伙机器人,长的是机器人的脑袋,有的是机器人的心肝!可是你们不是机器!你们是人!你们心里有着人类的爱!不要仇恨呀!只有那些得不到爱护的人才仇恨——那些得不到爱护和丧失了理性的人才仇恨!

Soldiers! Don't fight for slavery! Fight for liberty! In the seventeenth chapter of *St Luke*, it is written the kingdom of God is within man not one man nor a group of men, but in all men! In you! You, the people, have the power—the power to create machines. The power to create happiness! You, the people, have the power to make this life free and beautiful—to make this life a wonderful adventure. Then in the name of democracy—let us use that power—let us all unite. Let us fight for a new world—a decent world that will give men a chance to work—that will give youth a future and old age a security.

战士们!不要为奴役而战斗!要为自由而战斗!《路加福音》第十七章里写着,神的国就在人的心里——不是在一个人或者一群人的心里,而是在所有人的心里!在你们的心里!你们人民有力量——有创造机器的力量,有创造幸福的力量!你们人民有力量建立起自己美好的生活——使生活富有意义。那么,为了民主就让我们进行战斗,建设一个新的世界——一个美好的世界,它将使每一个人都有工作的机会,它将使青年人都有光明的前途,老年人都过安定的生活。

By the promise of these things, brutes have risen to power. But they lie! They do not fulfill that promise. They never will! Dictators free themselves but they enslave the people. Now let us fight to fulfill that promise! Let us fight to free the world—to do away with national barriers—to do away with greed, with hate and intolerance. Let us fight for a world of reason—a world where science and progress will lead to all men's happiness. Soldiers, in the name of democracy, let us unite!

那些野兽也就是用这些诺言窃取了权力。但是,他们是说谎!他们从来不去履行他们的诺言。他们永远不会履行他们的诺言!独裁者自己享有自由,但是他们使人民沦为奴隶。现在,就让我们进行斗争,为了解放全世界,为了消除国家的壁垒,为了消除贪婪、仇恨、顽固。让我们进行斗争,为了建立一个理智的世界——在那个世界上,科学与进步将使我们所有人获得幸福。战士们,为了民主,让我们团结在一起!

Hannah, can you hear me? Wherever you are, look up Hannah. The clouds are lifting! The sun is breaking through! We are coming out of the darkness into the light. We are coming into a new world—a kindlier world, where men will rise above their hate, their greed and their brutality. Look up, Hannah! The soul of man has been given wings and at last he is beginning to fly. He is flying into the rainbow—into the light of hope, into the future, the glorious future that belongs to you, to me, and to all of us. Look up, Hannah... look up!

汉娜,你听见我在说什么吗?不管这会儿在哪里,你抬起头来看看呀!抬起头来看呀,汉娜!乌云正在消散!阳光照射出来!我们正在离开黑暗,进入光明!我们正在进入一个新的世界——一个更可爱的世界,那里的人将克服他们的贪婪,他们的仇恨,他们的残忍。抬起头来看呀,汉娜!人的灵魂已经长了翅膀,他们终于要振翅飞翔了。他们飞到了虹霓里——飞到了希望的光辉里。抬起头来看呀,汉娜!抬起头来看呀!

第三节 演讲能力及口才的训练

一、演说者应具备的个人素质

一个优秀的演说者应当具备全方位的个人素质,分而论之,则为德、识、才、学四大素质,这四大素质奠定了演说者的口才基础,想要具备一流的口才,必须在德、识、才、学这四大方面下苦功。这四者之间,德是灵魂,识是方向,才是核心,学是基础。语言取决于学问和知识,学可以增添才能、增加见识、增益品德、增强心理素质和应变能力。

(一)德——口才的灵魂

德,即品德,它要求人顺应自然和社会的需要去行动,它是社会中人立身处世的根本,是人的内心信念和灵魂。在心为德,在行为礼,发言为声,言为心声,与德呼应。在口才表达方面,德的内涵分三大层次:第一层是理想信念和思想水平;第二层是事业心和责任感;第三层是务实作风和心理素质。口才同时受到以上三层内涵的制约,其中理想信念和思想水平的影响最大,它决定了演说者的言论立场和境界,体现着明显的倾向性,是评价演说者口才优劣的第一标准。

(二)识——口才的方向

识,即见识,它指的是正确的认识能力和明智的判断能力。优秀的演说者应当具有穿透表面、直指本质的远见卓识;作为有识之士,能见人之所未见,讲人之所未讲。识分为政治领域的识和专业领域的识两种。在口才表达方面,演说者的见识应当具有一定的政治预见性和专业前沿性,即通常所说的高瞻远瞩,如此才能产生震撼人心的力量,使人获得精神上的触动,引导人采取实际的行动。

(三)才——口才的核心

才,即才能,它是一个优秀演说者的标志。在口才表达方面,除了语言表达才能,它还包括记忆力、思维力、观察力和应变力等多种能力。多种能力的结合才能孕育出一个出色的演说家。

语言表达才能可以从以下三种途径习得:系统地学习语法、修辞和逻辑知识,系统地掌握副语言和体态语言的运用;坚持阅读大量的名家演讲和中外名著;长期留意现实生活中富有生命力的活语言,以此增强语言表达的准确性和生动性。

记忆力是识记、保持、再认识和重现信息和经验的能力,是人的智力的重要组成部分。记忆力好的人大脑储存的信息量大,演说时常常口若悬河,能言善辩。演说者平时要注意认识一些记忆规律,掌握一些记忆技巧,提高记忆能力,这样会有助于口才表达时的临场发挥。

思维力是人对客观事物间接的概括反映能力,具体分为逻辑思维能力、形象思维能力和灵感思维能力三种。语言是思维的外壳,思维能力的高低制约着语言表达的优劣,思维的内容决定着语言表达的意义,思维的质量影响着语言表达的效果。好口才的起点是思维灵活。

观察力是人对客观事物的认知能力,观察力的灵敏程度决定了人从外部世界获取信息的多寡。在口才表达中,观察力涉及对材料的感知和发现,对环境的了解,对交际对象的外部行为和心理活动的洞察等诸方面。增强观察力,就能提高运用口才时的应变力。

应变力是根据变化着的情况和环境随之变通的能力,应变力强的人常被视为聪明人。在口才表达中,应变力非常关键,它保证其他诸种能力瞬间完成,以实现最佳的演说效果。

(四)学——口才的基础

学,即学问,即知识的积累。常言道:"工欲善其事,必先利其器。"作为一种需要运用人的综合能力的口才,首先必须充实说话的材料——知识。知识积累可以丰富口才表达的内容,使口才表达更加准确、生动。知识积累是口才学习入门的

"敲门砖",要想进入口才之门,须养成勤于积累的习惯。而现实中很多时候,由于演说者知识储备的匮乏,知识底蕴的不足,演说者的思路和视野从一开始就被限制住了,演说者无法展开联想,发挥想象力和创新力,从而演说者的才情被削弱了,演说者说话的兴味丧失了,语言表现力也随之降低,说出来的话自然就显得平庸、空洞,味同嚼蜡。

人的才识建立在知识的基础上,由知识转化而来。才识是知识的产物和结晶,知识是才识的元素和细胞。一个人才识的大小和深浅取决于自身知识的多寡和完善程度。英国哲学家培根说:"知识就是力量。"古今中外的演说家无不以拥有渊博的知识而著称,口才的魅力深深扎根于知识的土壤中。只有拥有了丰富的知识,才能信手拈来,即兴发挥,使谈吐更高雅,使论辩更精彩,能够出口成章,字字珠玑。

【案例分析 1-16】

周恩来总理设宴招待外宾。上来一道汤菜,冬笋片是按照民族图案刻的,在汤里一翻身恰巧变成了法西斯的标志。外宾见此,不禁大惊失色。周总理对此也感到突然,但他随即泰然自若地解释道:"这不是法西斯的标志!这是我们中国传统中的一种图案,念'万',象征'福寿绵长'的意思,是对客人的良好祝愿!"接着他又风趣地说:"就算是法西斯标志也没有关系嘛!我们大家一起来消灭法西斯,把它吃掉!"话音未落,宾主哈哈大笑,气氛更加热烈,这道汤也被客人们喝得精光。

在中国文化中,"卍"(有的地方写作卐)字符是传统的佛家符号,表示吉祥,故厨师在国宴中设计出这种图案的菜肴。在西方文化中,45°倾斜的卐图标象征着纳粹,令人联想到赤裸裸的种族歧视及种族灭绝政策,公开展示它是一种对西方主流价值观的挑衅和敌视的态度。由于文化语境的差别,一盘菜肴差点引起外交纠纷,幸而周恩来总理急中生智,不仅及时解除了误会,而且借题发挥,变单方展示卍字符为共同消灭法西斯,反意正解,反倒活跃了宴会气氛。这一外交意外的处理充分展现了周恩来总理的精湛口才及其优秀的个人素养。

(选编自《才思敏捷机智过人 周恩来总理的九大应答妙语》,网易新闻,2006.01.06)

二、演说者的口才训练

美国久负盛名的演说家戴尔·卡耐基曾说:"演讲绝不是上帝给予少数人的特别的才能。"口才不是天生的,世界上没有天生的演说家,如果你口头表达水平一般甚至低下,完全不用自卑,甚至应该得到恭喜,因为这说明你在演讲与口才方面有极大的提升空间,完全有机会通过必要而正确的训练来提高口才和演讲水平,从而证明自己,体现学习能力和自我价值。

【案例分析 1-17】

　　古希腊人德摩斯梯尼出生于雄辩术高度发达的雅典,父亲在其年少时去世。其监护人侵吞了他的财产,到他成年时留给他的还不及他应得的十二分之一。为了索回遗产,德摩斯梯尼向当时雅典著名的演说家伊塞学习演说术,通过五年的努力,终于胜诉。此后,他成为一名律师,并且积极地涉足政治,而这对他的口才提出了更高的要求。

　　其实,德摩斯梯尼天生口吃,嗓音微弱,还有耸肩的坏习惯。他最初的政治演说很不成功,由于发音不清,论证无力,多次被轰下讲坛。在常人看来,他似乎没有一点当演说家的天赋。但他毫不气馁,付出了超过常人几倍的努力,进行了异常刻苦的学习和训练。经过多年的磨炼,他的政治演说广受好评,演说词结集出版,成为古代雄辩术的典范。德摩斯梯尼最终成为一位名垂青史的演说家。

　　德摩斯梯尼是如何刻苦学习和训练的呢?他研究古希腊的诗歌和神话,背诵优秀的悲剧和喜剧,探讨著名历史学家的文体和风格,据说,光《伯罗奔尼撒战争史》就抄写了八遍;他虚心向著名的演员请教发音的方法;为了改进发音,他把小石子含在嘴里朗读,跑到迎着大风和波涛的地方讲话;为了去掉气短的毛病,他一边在陡峭的山路上攀登,一边不停地吟诗;他在家里装了一面大镜子,每天起早贪黑地对着镜子练习演说;为了改掉说话耸肩的坏习惯,他在头顶上悬挂一柄剑,或悬挂一把铁锤;他还把自己剃成阴阳头,以便安心躲起来练习演说。可以说,强烈的心理动机、不断的艰苦训练及有效的学习方法是德摩斯梯尼战胜自我、终获成功的三大秘诀。

(选编自百度百科,http://baike.baidu.com/view/81688.htm)

　　培养演讲能力、训练口才不外乎"八多":多看、多听、多问、多写、多记、多想、多学、多练,这"八多"可以从以下三方面入手。

(一)储备说话的素材

　　当我们赞叹一个人颇具口才时,通常指他说话善于运用技巧。我们须明白,"怎么说"是以"说什么"为基础的,即言语是以生活为内容,以知识为底蕴。如果光注重技巧的训练,而忽视知识的积累,无异于建造空中楼阁。腹有诗书气自华,只有胸藏锦绣才能口吐华章,口才好的人大多上知天文,下识地理,乡土人情、风俗习惯、历史典故、逸闻趣事皆能信手拈来,皆成妙趣。巧妇难为无米之炊,只有拥有丰富的生活经验、广博的社会知识,才能在会话和演讲中厚积薄发,言之有物,所以,培养自己的口才应当从积累说话的素材做起。怎么积累说话的素材呢?不妨从以下几方面做起。

1. 从身体力行中积累

　　如果你不甘于做一个平庸之辈,虚度一生,在日常生活中,就须随时计划、安排、改进生活,不能随意性太强,让光阴白白流逝。比如,每天安排自己做点之前从未尝试过的有价值的事情,无论成败,对此间的所见所闻,都思考、研究一番,尽量去发掘其中的意义,体悟其中的道理,并且与他人分享。在最后的分享环节中,你的口才会不知不觉地得到锻炼。培养口才,请从充实自我的生活开始。

2. 从交谈倾听中积累

苏格拉底曾说:"自然赋予我们人类一张嘴、两只耳朵,也就是让我们多听少说。"这当然是一句俏皮话,但道出了倾听的必要性。倾听是收集信息的重要渠道,它能帮助你从别人的经验中直接或间接地获取知识,同时,倾听是一种积极认同对方的姿态,能够激发对方交流的欲望,帮助你获得友谊和信任,使你的话语更富有说服力和感染力。总之,善听才会善言。

【案例分析1-18】

苏格拉底非常擅长雄辩,有个人慕名前来,希望向他学习演讲的技巧。在自我推荐时,那人夸夸其谈,滔滔不绝,极力表现自己如何能说会道,以致苏格拉底很长时间都插不上话。苏格拉底等到终于能开口时,说:"我教你没问题,不过你得付两倍的学费。"那人大惑不解:"收两倍的学费,为什么?"苏格拉底说:"你要比别人多学一门。首先我要教你如何闭嘴,然后再教你如何开口。"记住,口才好不等于说得多。

(选编自《实用沟通与演讲教程》,李成谊主编,华中科技大学出版社,2005)

3. 从阅读中积累

"风声、雨声、读书声,声声入耳;家事、国事、天下事,事事关心。"古代读书人曾如此自我鞭策,而今,这句话更是对当代读书人的基本要求。世界那么大,千万别做井底之蛙。如何开拓自己的视野呢?养成阅读的好习惯吧。全球动向、国内形势、科学动态、影视作品等皆可从书报中了解到,它们可以扩展你的谈话内容和谈话题材。

在信息化时代,网络当然也是收集信息和知识的重要渠道,不过网络信息过于驳杂,从中挑选和鉴别有用的东西需要花费大量的时间和精力,为了最有效率地吸收有用的知识,不如选择传统的书籍、报纸和刊物,从中发掘自己最感兴趣的信息。

4. 从笔头心头中积累

无论做事、倾听或者阅读,在积累说话素材的过程中,你必须时时做一个有心人,将瞬间获得的灵感、有价值的知识或者有意思的话语牢牢地记下来。俗话说:好记性不如烂笔头。不妨随时将笔和本子带在身边,一有空闲,就将自己听到的、看到的、读到的信息和想到的话语写下来,时不时翻开看看,温习温习,特别是一些来自生活的警句、谚语、箴言及幽默的话语,日积月累,说不定哪天就在你的头脑中适时地冒出来,丰富你的表达,让你的谈话或演讲变得更为生动有趣,给人以惊喜。

【案例分析 1-19】

法国科幻小说家儒勒·凡尔纳著作丰富,仅小说就有 104 部,当时有谣传说他有一个"写作公司",公司里有不少作者和科学家,而他只不过是占有别人的劳动成果罢了。于是,有个记者特地前去采访查证。凡尔纳得悉他的来意后,便微笑着把他领进了工作室,指着一排排柜子对他说:"我公司的全部工作人员都在这些柜子里,请你参观一下吧!"柜子里分门别类地放满了科技资料卡片。

你如果想真正地提高口才,不妨尝试建立一个类似的"口才公司"。

(选编自百度百科,http://baike.baidu.com/view/25670.htm)

(二)锻炼说话的胆量

曾经有家咨询公司,对数千余名市民进行过一场测试,测试的主要内容是"你最怕什么"。统计结果出人意料,原来,人们最害怕的不是疾病,不是死亡,而是"当众说话"。很多人私下里交谈口若悬河,可一到需要公开发言的公众场合时,往往面红耳赤,心跳加速,半天说不出一句话来。

【案例分析 1-20】

拉里·金是美国 CNN 谈话节目的主持人,以名嘴著称,当他回忆起自己初入媒体行业时的情景时说:"如果你有幸目睹我在那个早上第一次播音的情形,你就会以一个牧场为赌注跟别人打赌,我绝不会有机会成为一个谈话节目的主持人,更不用说成为一个成功的职业谈话者。"

"这件事发生在 1957 年 5 月 1 日的早晨,迈阿密的一个小电台里。当时,我一直在电台附近徘徊,希望能实现成为播音员的梦想。电台的总经理喜欢我的声音,但他没有打开接纳我的大门。"

"我住在电台附近,每天都去电台向各个播音员请教播音技巧。三周后,早间 DJ 辞职。电台总经理告诉我,我可以在下周一早上开始播音工作。整个周末我都没有睡,我不停地排练播音内容。可是,到了星期一,我还是觉得脑袋里空空的。记得当时经理把我叫到他的办公室,祝我好运。那一刻我就感觉自己已经在电波中穿梭了。早上 9 点,我坐在播音室里,我开始播放那首优美的主题曲。30 秒后,我调低音乐的音量,准备播音,但是什么也没说出来。我的嘴巴感觉像棉花,所以我把音乐调高,然后再调低,但仍然没一个字从我的嘴巴里蹦出来。我的听众唯一听见的就是时高时低的音乐声。"

"最后,总经理踢开门,走进操作室,对我吼道:'说点东西!我们这里是一门做谈话的生意!'然后他转身离开,门砰地在他身后关上。在那一瞬间,我倾身对着麦克风说:'早上好,今天是我到电台上班的第一天。我已经练习了整个周末,但我的嘴巴很干,我很紧张。总经理刚才踢开门说'说点东西!我们这里是一门做谈话的生意!'"

"那个早上,虽然我引用了总经理的话,但是通过告诉我的听众我身处的困境,我可以缓解我的紧张情绪,并且给予我继续说下去的勇气和信心。我的职业生涯就这样开始了,并一路高歌。"

(选编自《做一个成功的谈话者》,拉里·金著,《领导文萃》,2009年第19期)

怯场心理,是指演讲者在公共演讲活动中出现的胆怯害怕心理,它是一种常见的心理现象。克服在公开场合发言和演讲的怯场心理并不困难,首先,要对演讲的内容做充分的准备,反复演练,直到烂熟;然后,提前到场,熟悉演讲环境,对听众的情况和基本需求做一定的分析,根据现场的情况对事先的准备做一定的调整;再次,放低对演讲效果的要求,深吸一口气,进行自我放松,抱着即使说砸了也没什么大不了的心态,走上讲台;最后,站在讲台上,将目光投向听众席的中后部,采用虚视,保持微笑,开口演讲。如此,整个演讲你就已经成功了一半。

(三)琢磨说话的技巧

演讲与口才是一门综合艺术,要真正掌握这门艺术,并非易事,它包括很多方面的技巧,诸如声音的字正腔圆、吐字归音,形体的动作、面部表情和仪表礼节,控场、应变的方法,即兴说话的诀窍,论辩的艺术,对话的妙法等。这些都需要我们从理论到实践,对演讲的技巧进行系统的学习和运用。

所以,在你储备了交谈和演讲的素材,增强了交谈和演讲的信心之后,还需要随时随地琢磨交谈和演讲的技巧,通过倾听,通过模仿,从训练正确的发声到进行有效的语言组织,从技术性的构思讲稿到艺术性的发表演说,本教材之后的章节会循序渐进一步步指导你如何训练口才,提高演讲能力。

【案例分析 1-21】

美国第十六任总统林肯出身贫寒,社会地位卑微,当过雇工、石匠、店员、舵手、伐木者等,但他无论从事哪种工作,从不放松口才训练。年轻时他常徒步40多公里到镇上,听法院里的律师慷慨陈词的辩护,听传教士高亢悠扬的布道,听政界人士振振有词的演说,回来后就寻一无人处精心模仿演练,口才得以日日精进。从政后,他曾为准备在伊利诺斯一次集合上的演讲,面对光秃秃的树桩和成片的玉米,一遍又一遍地试讲,正式演讲终于大获成功。同许多演讲家一样,林肯的演讲才能也是靠苦练获得的,他的《葛底斯堡演说》已铸成金文,至今存放在牛津大学,被作为英文演说的典范。

(选编自《中外名人练习口才的故事》,百度文库,http://wenku.baidu.com/view/9db7fbfff705cc1755270963.html)

演讲与口才的提高就好像游泳,在岸上是练不出真工夫的,必须"下水"去多练。特别是要多在大庭广众之中练习,以锻炼自己的胆量和应变能力。如果有正式的演讲比赛、发言机会，那就更要积极参加，因为这是锻炼演讲与口才表达能力的最好机会，是提高演讲与口才的最佳途径。没有天生的绝佳口才，出色的演讲口才都是在许许多多的演讲、讲话经历中不断吸取成功经验和失败教训而练成的。演讲与口才的提高，除了勤学苦练，别无他途。

【思考与练习】

1. 知识点复习

(1) 一名优秀的演说者应该具备哪些素质？

(2) 如何培养演说者的素质？

(3) 试拟出专属你本人的演讲素质训练计划。

2. 实训练习

下面是著名央视主持人白岩松于2009年在美国耶鲁大学做的演讲《我的故事以及背后的中国梦》的演讲稿，有选择地朗读，并分析他的这篇演讲稿是如何设计和组织的，并指出撰写和发表一篇这样的演讲稿需要具备怎样的素质。

过去的二十年，中国一直在跟美国的三任总统打交道，但是今天到了耶鲁我才知道，其实她只跟一所学校打交道。(笑)但是透过这三位总统我也明白了，耶鲁大学的毕业生的水准也并不很平均。

接下来就进入我们这个主题，或许要起个题目的话应该叫《我的故事以及背后的中国梦》。我要讲五个年份，第一要讲的年份是1968年。那一年我出生了。(众笑)但是那一年世界非常乱，在法国有它的这个，巨大的街头的骚乱，在美国也有，然后美国的总统肯尼迪遇刺了……但是的确这一切的原因都与我无关。(哄堂大笑)但是那一年我们更应该记住的是马丁·路德·金先生遇刺，虽然那一年他倒下了，但是"我有一个梦想"的这句话却真正地站了起来，不仅在美国站起来，也在全世界站起来。

但是当时很遗憾，不仅仅是我，几乎很多的中国人并不知道这个梦想，因为当时中国人，每一个个人很难说拥有自己的梦想。因为梦想变成了一个国家的梦想甚至是领袖的一个梦想。中国与美国的距离非常遥远，不亚于月亮与地球之间的距离。但是我并不关心这一切，我只关心我是否可以吃饱。因为我刚出生两个月就跟随父母被关进了当时特有的一种牛棚。因此我的爷爷为了给我送进牛奶吃要跟看守进行非常激烈的搏斗。(众笑)

很显然，我的出生非常不是时候，不仅对于当时的中国来说，对于世界来说，似乎都有些问题。(众笑)1978年，十年之后。我十岁，我依然生活在我出生的时候，那个只有二十万人的，你要知道，在中国的话它是一个非常非常小的城市里。它离北京的距离有两千公里，它要想了解北京出的报纸的话，要在三天之后才能看见，所以对于我们来说，是不存在新闻这个说法。(众笑)那一年我的爷爷去世了，而在两年前的时候我的父亲去世了,所以只剩下我母亲一个人要抚养我们哥儿俩,她一个月的工资不到十美元。因此即使十岁了,梦想这个词对我来说,依然是一个非常陌生的词汇,我从来不会去想它。我母亲一直到现在也没有建立新的婚姻,是她一个人把我们哥俩抚养大。我看不到这个家庭的希望,只是会感觉,那个时候的每一个冬天都很寒冷,因为我所生活的那个城市离苏联更近。(众笑)

但是就在我看不到希望的1978年的时候,不管是中国这个国家,还有中国与美国这两个国家之间,发生了非常巨大的变化,那是一个我们在座的所有人,今天我们都该记住的年份。1978年的12月16号,中国与美国正式建交,那是一个大事件。而在中美建交两天之后,12月18号,中国的十一届三中全会召开了,今天你们知道,那是中国改革开放三十一年的开始。历史,两个伟大的国家,一个非常可怜的家庭,就如此戏剧性地交织在一起,不管是小的家庭,还是大的国家,其实当时谁都没有把握知道未来是什么样的。接下来的年份该讲1988年了,那一年我二十岁。这个时候我已经从边疆的小城市来到了北京,成为一个大学生。虽然我们今天在中国依然有很多的人在抨击中国的高考的制度,认为它有很多很多的缺陷,但是必须承认正是高考的存在,让我们这样一个又一个非常普通的孩子,拥有了改变命运的机会。当然,这个时候美国已经不再是一个很遥远的国家,它变得很具体,它也不再是那个过去口号当中的"美帝国主义"(众笑,鼓掌),而是变成了生活中很多的细节。这个时候我已经第一次地尝试过可口可乐,而且喝完可口可乐之后会觉得中美两个国家真的是如此接近(众笑),因为它几乎就跟中国的中药是一样的。(众笑)那个时候我已经开始非常狂热地去喜欢摇滚乐。那个时候正是迈克尔·杰克逊还长得比较漂亮的时候。(哄堂大笑)

更重要的是,这个时候的中国,已经开始发生了非常大的变化,因为改革已经进行了十年。那一年中国开始尝试放开很多商品的价格。这在你们觉得是非常不可思议的事情,但是在中国当时是一个很大的迈进,因为过去的价格都是由政府来决定的。但是,就在那一年,因为放开了价格,引起了全国疯狂地抢购,大家都觉得这个时候会有多久,于是要把一辈子都用的食品和用品,买回到家里头。这一年也就标志着中国离市场经济越来越近了。当然那个时候没有人知道市场经济也会有次贷危机。(众笑)

当然我知道那一年1988年对于耶鲁大学来说格外的重要,因为你们耶鲁的校友又一次成为美国的总统。

好,接下来又是一个新的年份,1998年,那一年我三十岁。我已经成为中央电视台的一个新闻节目主持人。更重要的是,我已经成为一个一岁孩子的父亲。我开始明白我所做的许多事情不仅要考虑我自己,还要考虑孩子及他的未来。那一年在中美之间发生了一个非常重要的事件,因为那一年的主角就是克林顿。也许在美国你记住的是性丑闻。但是在中国记住的,是他那一年访问了中国。在六月份的时候,他访问中国的时候,在人民大会堂和江泽民主席进行了一个开放的记者招待会,然后又在北京大学进行了一个开放的演讲,这两场活动的直播主持人都是我。当克林顿总统即将离开中国在上海的时候,记者问道:"这次访问中国,您印象最深的是什么?"他说"我最想不到的是这两场讲座居然都直播了"(笑),不过直播让中国受到了表扬,而美国却受到了批评。(众笑)当然只是一个很小的批评。在北大的克林顿的演讲当中,由于整个克林顿总统的演讲,用的全是美方所提供的翻译,因此他翻译的那个水准远远达不到今天我们翻译的水准,(众大笑并鼓掌表示对现场翻译的感谢)我猜想有很多的中国观众,是一直知道克林顿的确在说话,但是说的是什么,不太清楚。(众笑)所以我在直播结束的时候,说了这样的一番话,我说"看样子美国需要对中国有更多的了解,有的时候要从语言开始",美国包括美联社在内的很多媒体都报道了我的这句话,但是我说的另外一句话不知道他们有没有报道,我说了这样的一句话:"对于中美这两个国家来说,面对面永远要好过背对背。"当然也是在这一年年初,我开上了我人生的第一辆车。这是我在我过去从来不会想到的,中国人有一天也可以开自己的车。个人的喜悦,也会让你印象很久,因为往往第一次才是最难忘的。

接下来我要讲述的是2008这一年,这一年我四十岁。很多年大家不再谈论的"我有一个梦想"这句话,在这一年我听到太多的美国人在讲。看样子奥巴马的确不想再接受耶鲁"占领"美国二十年这样的事实了(注:耶鲁大学一直盛产总统,而出身哈佛大学的奥巴马终结了这一事实)。他用"改变"以及"梦想"这样的词汇,甚至让耶鲁大学的师生在为他当选总统之后,听说你们举行了游戏,甚至庆祝。在这个细节中让我看到了耶鲁师生的超越。而这一年也是中国梦非常明显的一年。它就像全世界所有的伟大的梦想都注定要遭受很多的挫折一样,显现出来。无论是期待了很久的北京奥运会,还是神舟七号中国人第一次在太空当中行走,那都是很多年前我们期待了很久的一个梦想。但是,突如其来的四川大地震,让这一切都变得没有我们期待中的那么美好。这个时候中国人对于生命的看待,我相信跟美国人和世界上一切善待生命的民族都是一样的。八万个生命的离开,让整个2008年,中国人度日如年。不说我都猜得到在耶鲁校园里头,在每一个网页、电视以及报纸的前面,也有很多的来自中国的人,以及世界各地的人们,为这些生命流下眼泪。但是就像四十年前马丁·路德·金先生倒下,却让"我有一个梦想"这句话站得更高,站得更久,站得更加让人觉得极其有价值一样,更多的中国人,也明白了,梦想很重要,但是生命更重要。在北京奥运会期间,我度过了自己的四十岁的生日。那一天我感慨万千,虽然周围的人不会知道。(众笑)因为时间进入到我的生日那一天的时候,我在直播精彩的比赛。二十四小时之后,当这个时间要走出我生日这一天的时候,我也依然在直播。但是这一天我觉得我非常的幸运。因为正是这样一个特殊的,在北京奥运会期间的四十岁,让我意识到了我的故事背后的中国梦。正是在这样的四十年的时间里头,我从一个根本不可能有梦想的,一个遥远边疆的一个小城市里的孩子,变成了一个可以在全人类欢聚的一个大的节日里头,分享以及传播这种快乐(的新闻人),这是一个在中国发生的故事。

而在这一年,中国和美国相距并不遥远,你中有我,我中有你,彼此需要。布什总统据说度过了他作为总统以来在国外,一个国家,呆的最长的一段时间,就是在北京奥运会期间。菲尔普斯在那儿拿到了八块金牌,而他的家人都陪伴在他的身边,所有的中国人都为这样一个特殊的家庭祝福。当然,任何一个这样的梦想都会转眼过去。在这样的一个年份里头,中美两国历史上几乎是第一次同时发出了"我有一个新的梦想",这样的时候,如此的巧合,如此的应该。美国面临了一次非常非常艰难的金融危机,当然不仅仅是美国的事情,也对全世界有重大的影响。昨天我到达纽约,刚下了飞机,我去的第一站就是华尔街,我看到了华盛顿总统的雕像,他的视线是那么永久不变地在盯着证券交易所上那面巨大的美国国旗。(众笑)而非常奇妙的是,在这个雕像后面的展览馆里正在举行"林肯总统在纽约"这样的一个展览,因此林肯总统的大幅的画像也挂在那上面,他也在看那面国旗。(众笑)。我读出了非常悲壮的一种历史感。

在离开那个地方的时候,我对我的同事说了这样一句话。"我说,很多很多年前如果美国发生了这样状况的时候,也许中国人会感到很开心",因为(大家会说)"你看,美国又糟糕了"。(众大笑)但是今天中国人会格外地希望美国尽早地好起来,因为我们有几千亿的钱在美国。(鼓掌,众大笑)我们还有大量的产品等待着装上货船,送到美国来,如果美国的经济进一步好的话,在这些货品的背后,就是一个又一个中国人增长的工资,是他重新拥有的就业岗位,以及家庭的幸福。因此,你明白,这不是一个口号的宣传。

在过去的三十年里头,你们是否注意到了,与一个又一个普通的中国人紧密相关的中国梦。我不知道世界上还有哪个国家,在过去这三十年的时间里头,让个人的命运发生了这么大的变化。一个边远小城市里的孩子,一个绝望中的孩子,今天有机会在耶鲁跟各位同学交流,当然也包括很多老师和教授。中国经历了这三十年,有无数个这样的家庭。他们的爷爷奶奶依然守候在土地上,仅微薄的收入,千辛万苦。他们的父亲母亲,已经离开了农村,通过考大学,在城市里已经有了很好的工作,而这个家庭的孙子孙女也许此刻就在美国留学,三代人,就像经历了三个时代。但是在中国,你随时可以看到这样的家庭。如果我没有说错的话,现场的很多个中国留学生,他们的家庭也许就是这样。对么?(鼓掌)那么,在我们去观察中国的时候,也许你经常关注的是"主义"、"社会主义"或其他宏大的政治词汇,或许该换一个视角。去看十三亿个非常普通的中国人，了解他们并不宏大的梦想、改变命运的那种冲动、依然善良的性格和勤奋的那种品质。今天的中国是由刚才的这些词汇构成。在过去的很多年里头，中国人看美国，似乎在用望远镜看。美国所有的美好的东西，都被这个望远镜给放大了。经常有人说美国怎么怎么样，美国怎么怎么样，你看我们这儿什么时候能这样。（众大笑）

在过去的好多年里头，美国人似乎也在用望远镜看中国，但是我猜测可能拿反了。（哄堂大笑热烈鼓掌）因为他们看到的是一个缩小了的、错误不断的、有众多问题的一个中国。他们忽视了十三亿非常普通的中国人，改变命运的这种冲动和欲望，使这个国家发生了如此巨大的变化。（鼓掌）

但是我也一直有一个梦想。为什么要用望远镜来看彼此？我相信现场在座的很多个来自中国的留学生，他们会用自己的眼睛看到最真实的美国，用自己的耳朵去了解最真实的来自美国人内心的想法。无论再用什么样的文字也很难再改变他们对美国的看法，因为这来自他们内心的感受。当然我也希望非常多的美国人，有机会去看看中国。而不是在媒体当中去看到中国。

你知道我并不太信任我的所有的同行。（众笑，鼓掌）

开一个玩笑。其实美国的同行是我非常尊敬的同行。我只是希望越来越多的美国的朋友去看一个真实的中国。因为我起码敢确定一件事情：即使在美国你吃到的被公认为最好的中国菜，在中国都很难卖出好价钱。（众笑）

就像很多很多年之前，在中国所有的城市里流行着一种叫加州牛肉面，加利福尼亚牛肉面。相当多的中国人都认为，美国来的东西一定非常非常好吃。所以他们都去吃了。即使没那么好吃的话由于觉得这是美国来的也没有批评。（大笑）

这个连锁的快餐店在中国存在了很多年，直到有越来越多的中国人来到美国，在加州四处寻找加州牛肉面，（众笑）但是一家都没有找到的时候，越来越多的中国人知道，加州是没有这种牛肉面的。（笑）于是这个连锁店在中国，现在处于陆续消失的过程当中。你看这就是一种差异。但是当人来人往之后，这样的一种误读就会越来越少。所以最后我只想再说一句。四十年前，当马丁·路德·金先生倒下的时候，他的那句话"我有一个梦想"传遍了全世界。但是，一定要知道，不仅仅有一个英文版的"我有一个梦想"。在遥远的东方，在一个几千年延续下来的中国，也有一个梦想。它不是宏大的口号，并不是在政府那里存在，它是属于每一个非常普通的中国人。而它用中文写成"我有一个梦想"。

好，谢谢各位！

（摘自《中播周刊》，第022期）

CHAPTER TWO 第二章

口才——舌灿莲花的秘诀

第一节　口才的基本训练

如果演讲者想要提高自己的语言表达力和感染力，就该从基本功开始练习，即普通话训练。另外，还要训练自己的诵读及倾听等基本能力。作为一位用汉语演讲的人，对其最基本的要求就是以标准流畅的普通话进行演讲，而不能用不规范的普通话甚至于用方言来演讲，这应该是一个基本的常识。因为普通话是中华民族的共同语言，是现代汉语的标准语，也是我们国家的通用语言。由此可见，练好普通话是演讲者想提高自身口才所要做的最基本也是最重要的训练项目。只有练就一口标准的普通话，才能充分表达演讲的内容和思想，提高自身演讲的质量，达到"巧舌如簧"、"舌灿莲花"的效果。

一、语音训练

（一）发音

语音是人类发音器官发出来的具有一定意义的声音，是语言的物质外壳。汉语普通话的语音是以现代北京话的语音系统为基础的。具体包括发音、换气、声调、语音的规范等四个方面。

进行发音训练的第一步是掌握汉语拼音的 21 个声母和 39 个韵母。（见附录 A 声母表和附录 B 韵母表）

1. 声母

声母是使用在韵母前面的辅音，跟韵母一起构成一个完整的音节。声母一般由辅音充当，即首辅音。辅音的主要特点是发音时气流在口腔中要分别受到各种阻碍，因此可以说，声母发音的过程也就是气流受阻和克服阻碍的过程。声母通常响度较低，不可任意延长，而且不用于押韵。

声母的分类可以有以下几种方式。

(1)按发音部位分类（发音部位：发音时发音器官构成阻碍的部位）。

① 双唇音：b p m(3 个)。

② 唇齿音：f(1 个)。

③ 舌尖前音：z c s(3 个)。

④ 舌尖中音：d t n l(4 个)。

⑤ 舌尖后音：zh ch sh r(4 个)。

⑥ 舌面音：j q x(3 个)。

⑦ 舌根音：g k h(3 个)。

(2)按发音方法分类（发音方法：发音时喉头，口腔和鼻腔节制气流的方式和状况),包括以下三个方面。

① 阻碍方式。

塞音:b p d t g k(6个)。

塞擦音:z c zh ch j q(6个)。

擦音:f h s sh r x(6个)。

鼻音:m n(2个)。

边音:l(1个)。

② 声带是否颤动。

清音(不颤动):b p f d ……(17个)。

浊音(颤动):m n l r(4个)。

③ 气流的强弱。

送气音:p t k c ch q(6个)。不送气音:b d g z zh j(6个)。

2. 韵母

韵母指一个汉字音节中声母后面的成分。韵母又可以分成韵头(介音)、韵腹(主要元音)、韵尾三部分,如"娘"(niáng)的韵母是 iang,其中 i 是韵头,a 是韵腹,ng 是韵尾。每个韵母一定有韵腹,韵头和韵尾则可有可无。如"大"(dà)的韵母是 a,a 是韵腹,没有韵头、韵尾;"瓜"(guā)的韵母是 ua,其中 u 是韵头,a 是韵腹,没有韵尾;"刀"(dāo)的韵母是 ao,其中 a 是韵腹,o 是韵尾,没有韵头。有的韵母只有韵腹,这种韵母在发音时,发音部位不变,始终如一,称为单韵母。

韵母按结构可以分为单韵母、复韵母、鼻韵母(有鼻韵尾的韵母叫鼻韵母)三种类型。

(1)单韵母

由一个元音构成的韵母叫做单韵母,又叫做单元音韵母。单韵母发音的特点是自始至终口形不变,舌位不移动。普通话中单韵母共有十个:a、o、e、ê、i、u、ü、-i(前)、-i(后)、er。

(2)复韵母

由两个或三个元音结合而成的韵母叫做复韵母。普通话共有十三个复韵母:ai、ei、ao、ou、ia、ie、ua、uo、üe、iao、iou、uai、uei。根据主要元音所处的位置,复韵母可分为前响复韵母、中响复韵母和后响复韵母。双韵母是复韵母的特殊形式。

(3)鼻韵母

由一个或两个元音后面带上鼻辅音构成的韵母叫做鼻韵母。鼻韵母共有十六个:an、ian、uan、üan、en、in、uen、ün、ang、iang、uang、eng、ing、ueng、ong、iong。鼻韵母也存在无韵头、有韵头之分。

所有韵母中,除鼻韵母的韵尾是辅音外,其他的音都是非鼻化元音。非鼻化元音的发音要点是软腭始终上升,堵住气流的鼻腔通道。如果软腭的位置不好,气流同时从鼻腔和口腔中泄出,发出的元音就成了鼻化元音。在普通话中,鼻化元音只有在儿化音节中才会出现。

3. 方音

虽然我们在小学时就已经学习过汉语拼音了,但是由于中国幅员辽阔,各地语言习惯和文化习俗的不同,因而在口语发音方面都会受方言土语的影响,出现与普通话有不同程度差异的声母、韵母问题。比如对于湖北地区的演讲者来说,受其方言影响而存在的比较普遍的发音问题就主要有:声母方面的平翘舌不分;n、l不分和f、h不分的情况;以及韵母方面的前后鼻音不分的情况。

方言是一份珍贵的语言资源,一方面不要轻易抛弃,若有条件还应开发它;另一方面必须注意以普通话标准音为基准,防止两者混杂,造成不伦不类的现象。这就需要针对声母和韵母的主要发音问题来进行辨正。

(1)分辨平翘舌(zh、ch、sh和z、c、s)

由于声母zh、ch、sh发音的时候,舌尖上翘,所以又叫做翘舌音,声母z、c、s发音的时候,舌尖平伸,所以又叫做平舌音。全国很多方言区发音都会出现平翘舌不分的情况,如"开始"(kāishǐ)读成"kāisǐ","知道"(zhīdào)读成"zīdào"等。要发准平舌音和翘舌音,可以注意从以下几个方面进行集中训练。

①注意平舌音和翘舌音发音方法的不同。

平舌音的发音部位是将舌放平,用舌尖轻轻接触下齿齿背,气流流出到阻碍处遇到摩擦时,就产生平舌音,尤其注意的是:千万不要将舌尖与下齿背顶得太紧,因为那样的话,很容易产生错误的"齿音"。

翘舌音的发音部位是将舌尖放到上齿龈与硬腭交接处,也就是用舌尖刮上面牙齿后面有一突出部位,那个部位称为上齿龈,继续往后刮,就是硬腭。把舌尖就放在上齿龈和硬腭之间,气流流出到阻碍处遇到摩擦,就产生翘舌音,值得注意的是:一定要将舌尖放到位,否则太靠前或者靠后都是不正确的发音。

【案例分析2-1】

注意区分下列词语的平舌音和翘舌音。

振作 zhènzuò、正宗 zhèngzōng、赈灾 zhènzāi、职责 zhízé、沼泽 zhǎozé、制作 zhìzuò、杂志 zázhì、栽种 zāizhòng、增长 zēngzhǎng、资助 zīzhù、自制 zìzhì、自重 zìzhòng、差错 chācuò、陈醋 chéncù、成材 chéngcái、出操 chūcāo、除草 chúcāo、储藏 chǔcáng、财产 cáichǎn、采茶 cǎichá、残喘 cánchuǎn、操场 cāochǎng、磁场 cíchǎng、促成 cùchéng、上司 shàngsī、哨所 shàosuǒ、深思 shēnsī、生死 shēngsǐ、绳索 shéngsuǒ、石笋 shísǔn、散失 sànshī、扫射 sǎoshè、四声 sìshēng、宿舍 sùshè、随时 suíshí、所属 suǒshǔ。

②利用声韵拼合规律也可以帮助区分一些平翘舌音字。

【案例分析 2-2】

在普通话中,声母 z、c、s 决不和韵母 ua、uai、uang 相拼,那么对于"抓、爪、庄、装、妆、桩、壮、状、撞、幢、创、疮、窗、床、闯、双、霜"等字,就可以放心大胆地读翘舌音了。再如,韵母 ong 只可以跟声母 s 相拼,不能同 sh 相拼,根据这一点,"松、宋、送、诵、颂、耸、讼、怂、竦"等字就只管读平舌音好了。

注意读准下列词语。

抓住 zhuā zhù　爪子 zhuǎzi　张牙舞爪 zhāng yá wǔ zhǎo　庄稼 zhuāng jia　村庄 cūn zhuāng　服装 fú zhuāng　梳妆 shū zhuāng　树桩 shù zhuāng　壮大 zhuàng dà　形状 xíng zhuàng　冲撞 chōng zhuàng　一幢 yī zhuàng　高楼 gāo lóu

③利用绕口令来辨别。

【案例分析 2-3】

绕口令短小、活泼、诙谐、有趣,富有浓厚的生活气息,能引起练习者的极大兴趣,同时,念唱和背诵绕口令,可以提高控制肌肉、支配唇舌活动的能力,使口语表达敏捷、发音准确,对提高练习者的口头表达能力,分辨出普通话中的平翘舌音大有帮助,因此,在口才练习中,开展绕口令的朗读训练和比赛活动是进行平翘舌音辨正的理想办法。

试朗读下列几组绕口令。

《四和十》

四和十,十和四,要想说好四和十,得靠舌头和牙齿。谁说四十是细席,那是舌头没用力;谁说四十是适时,那是舌头没伸直。认真听,常练习,十四、四十、四十四。

《数狮子》

公园有四排石狮子,每排是十四只大石狮子,每只大石狮子背上是一只小石狮子,每只大石狮子脚边是四小石狮子,史老师领四十四个学生去数石狮子,你说共数出多少只大石狮子和多少只小石狮子?

(2)分辨鼻音和边音(n 和 l)

鼻音 n 和边音 l 相混淆的情况在湖北省多数地方都比较普遍,不同方言区或者是把鼻音 n 读成了边音 l,或者是把边音 l 读成了鼻音 n。要准确分辨鼻音和边音,可以借鉴以下方法。

①注意鼻音和边音发音方法的不同。

在了解发音方法之前,首先要明白三个概念:什么是成阻,什么是持阻,什么是除阻。成阻是发辅音过程的开始阶段,也就是发音过程中阻碍作用开始形成,发音器官从静止或其他状态转到发一种辅音时所必须构成阻碍状态的过程;持阻是发辅音过程的中间阶段,即发音过程中阻碍作用的持续,发音器官从开始成阻到最后除阻的一种中间过程;除阻即发辅音过程的最后阶段,就是发音过程中阻碍作用的解除,发音器官从某种阻碍状态转到原来静止或其他状态的一种过程。图2-1所示为发音部位图。

n属于鼻音,在成阻过程中,发音部位两点紧闭关闭口腔气流通路;在持阻过程中,声带颤动,软腭下垂,鼻腔通路打开,声波与呼出气流经口腔转入鼻腔,经口腔与鼻腔双重共鸣作用,气流由鼻孔透出,形成鼻音;在除阻过程中,打开口腔通路,发音结束。

l属于边音,在成阻过程中,发音部位两点接触,即舌尖抬起与上门齿齿龈后部接触,舌头的两边留有空隙;在持阻过程中,声带颤动,呼出气流与声波由舌前部两边通过后由口透出,发出边音;在除阻过程中,发音部位两点分开,发音结

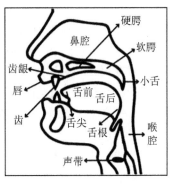

图2-1 发音部位图

束。通过发音我们可以深刻体会,n在成阻过程中,发音部位虽两点紧闭关闭了口腔气流通路,但是在这个过程中,我们整个舌头的位置特别是舌面前部是贴近上腭的。而l在成阻过程中是舌尖抬起与上门齿齿龈后部接触,舌头的两边有明显空隙,只有舌尖与上门齿齿龈后部接触。而持阻过程是鼻音和边音区别最大的地方,就是n在持阻过程中,软腭下垂,鼻腔通路需要打开,声波与呼出的气流是由口腔转入了鼻腔,气流由鼻孔透出,并且拥有口腔和鼻腔双重共鸣的作用。而l在持阻过程中,呼出气流与声波由舌前部两边通过后直接由口透出,没有任何气息是从鼻子透出的,以口腔共鸣为主。鼻音和边音发音不能区分追根溯源一定是我们的唇舌位置和气流发出位置出现了错误。

如果练习者能够严格、准确地遵循以上发音方法来发音,相信一定能够清晰明确地发出n和l的音。

【案例分析2-4】

① n、l搭配的词语。

奶酪、纳凉、烂泥、烈女、理念、利尿、老农、落难、鸟类、女篮、嫩绿、努力。

② n、l对比练习。

难住—拦住、女伴—旅伴、男袜—蓝袜、闹灾—涝灾、大娘—大梁、留念—留恋、水牛—水流、无奈—无赖、浓重—隆重、允诺—陨落。

②强制记忆法。

强制记忆法说白了就是死记硬背的"笨方法",但这种脚踏实地的练习方法是很有效的,主要针对受方言影响、n、l严重不分的练习者。具体操作方法就是一个一个地去记住以n、l为声母的字。经统计,3 500个常用汉字中有360个字的声母是n或l。以一天记20个字的速度计算,大约20天时间就可以把它们全部记住。当然,死记硬背也要讲究技巧方法,"记少不记多"便是一个重要原则。据统计,360个声母为l、n的常用汉字中,275个字声母为l,而声母为n的只有85个,后者约为前者的三分之一。比如与韵母an相拼的字中,含l声母的字有14个(兰、拦、篮、蓝、婪、阑、谰、懒、览、揽、榄、缆、烂、滥);而含n声母的字只有5个(难、男、南、楠、难),"难"有第二和第四声之分。与韵母in相拼的字中,含l声母的字有13个,而含n声母的字仅有1个(您)字,只要记住n声母这一边的字,l声母的字也就容易记住了。这样记忆,是不是容易多了?练习时可参考附录C中n、l辨音字表。

③借助造字法。

借助造字法就是根据汉字造字法的特点总结出语音规律,再通过类推去记住含n、l声母的汉字。汉字有六种造字法,其中绝大多数都是形声字(约占90%),形声字由两部分构成:一部分表示意义,叫做形旁(义符);一部分表示读音,叫做声旁(声符)。这样只要记住了某个声符的汉字是读l还是n,就能借助类推去读准其他大部分的形声字。比如记住"宁"的声母是n,就可以记住"拧、柠、狞、泞、咛"等字的声母也是n;记住"列"的声母是l,就可以记住"裂、烈、洌、咧、洌、趔"等字的声母也是l。当然也有个别例外:如"良"的声母为"l",大多数与之有关的形声字都读"liang",只有声调的不同,如"良、凉、梁、粮、量、两、亮、晾、谅、辆",但是,"娘"和"酿"却要读"niang"了。这种特例需要直接记忆。

同时,一部分形声字不能直接推出声母是鼻音还是边音,比如"扭"的声母是n,它的声符"丑"的声母却是ch;"洛"的声母是l,它的声符"各"的声母却是g。对于这样的一些形声字,我们可以根据前人在音韵学上的研究成果间接推出。当某字声旁的读音与zh、ch、r、er有关时,该字的声母是n,如"纽、钮、忸、妞、啮、拈、粘、黏、鲶、恁、匿、诺"等字;当某字声旁的声母是g或j时,该字的声母是l,如"路、烙、骆、络、咯、裸、蓝、篮、滥、凉、晾、靓"等。

④利用绕口令来辨别。

【案例分析2-5】

《老六放牛》

柳林镇有个六号楼,刘老六住在六号楼。有一天,来了牛老六,牵了六只猴;来了侯老六,拉了六头牛;来了仇老六,提了六篓油;来了尤老六,背了六匹绸。牛老六、侯老六、仇老六、尤老六,住上刘老六的六号楼,半夜里,牛抵猴,猴斗牛,撞倒了仇老六的油,油坏了尤老六的绸。牛老六帮仇老六收起油,侯老六帮尤老六洗掉绸上油,拴好牛,看好猴,一同上楼去喝酒。

(3)分辨 f、h

湖北方言中也普遍存在 f 和 h 混读的现象。在学习时首先注意 f 和 h 的发音,然后要清楚声母 f 和 h 相对应的字词。

①注意 f 和 h 发音方法的不同。

【案例分析 2-6】

f 属于唇齿音,在发音时,下唇接近上齿,形成窄缝,气流从唇齿间摩擦出来,声带不颤动。如"丰富"、"芬芳"的声母。

h 属于舌面音,在发音时,舌根接近软腭,留出窄缝,软腭上升,堵塞鼻腔通路,声带不颤动,气流从窄缝中摩擦出来。如"欢呼"、"辉煌"的声母。

① f、h 搭配的词语。

发话 fā huà、发慌 fā huāng、反悔 fǎn huǐ、繁华 fán huá、丰厚 fēng hòu、复合 fù hé、混纺 hùn fǎng、后方 hòu fāng、化肥 huà féi、洪峰 hóng fēng、画符 huà fú、花粉 huā fěn。

② f、h 对比练习。

舅父 fù—救护 hù、公费 fèi—工会 huì、附 fù 注—互 hù 助、仿佛 fǎngfú—恍惚 huǎnghū、防 fáng 虫—蝗 huáng 虫、斧 fǔ 头—虎 hǔ 头、飞 fēi 机—灰 huī 鸡、非凡 fēifán—辉煌 huīhuáng、奋 fèn 战—混 hùn 战、复 fù 员—互 hù 援、方 fāng 地—荒 huāng 地、防 fáng 止—黄 huáng 纸。

②形声类推法。

和 n、l 的分辨方法一样,f、h 也可以利用形声造字法来记忆,不再赘述。

③利用绕口令来辨别。

【案例分析 2-7】

《画凤凰》

粉红墙上画凤凰,凤凰画在粉红墙,红凤凰、粉凤凰、红粉凤凰、花凤凰。

《买混纺》

丰丰和芳芳,上街买混纺。红混纺,粉混纺,黄混纺,灰混纺,红花混纺做裙子,粉花混纺做衣裳。红、粉、灰、黄花样多,五颜六色好混纺。

(4)分辨前、后鼻音

带鼻尾音 n 的韵母简称为前鼻音韵母,带鼻尾音 ng 的韵母简称为后鼻音韵母。由于长期形成的地区语言习惯,大部分湖北人认为前后鼻音对于文化的传播和人们的交流并无大碍,于是就忽视了前后鼻音区分的问题。所以湖北人要区分清楚前后鼻音,最关键的还是要明白一个字到底是属于前鼻音还是属于后鼻音。

①注意前、后鼻音发音方法的不同。

前鼻音和后鼻音的发音区分主要有两点:一是阻碍部位不同;二是开口度大小不一样。

【案例分析 2-8】

an—ang	担当、班长、南方
en—eng	真诚、本能、神圣
in—ing	心情、禁令、民兵
ian—iang	演讲、现象、坚强
uan—uang	端庄、观望、宽广
uen—ong	稳重、滚动、顺从
ün—iong	运用、群雄

发前鼻音的时候,n 前面的元音一般发音部位都比较靠前,例如:an、en、in 的发音中 a、e 的发音都比较靠前,发为前 a,e 发为中 e,i 本来就是舌尖前元音,发音就在前面,在发元音的过程中舌尖逐步上抬与上齿龈形成阻碍,使气流从前鼻腔流出,形成前鼻音。前鼻音发音时口腔不能开得太大,以免气流往后进入后鼻腔。

后鼻音如 ang、eng、ing 的发音,前面的元音发音靠后,a 发为后 a。e 本来就是一个发音靠后的元音,元音 a、e 在后面发的同时舌根往上抬,使舌根与软腭形成阻碍,使气流从后口腔进入鼻腔,发出后鼻音。i 是舌尖前元音,在前面发音,因此发 ing 时,在发 i 的同时舌根往后拉,才能使舌根与软腭形成阻碍,产生后鼻腔共鸣。

②形声类推法。

和 n、l、f、h 的分辨方法一样,前、后鼻音也可以利用形声造字法来区别记忆。前鼻音的音节比后鼻音的音节多,本着记少不记多的原则,主要记后鼻音的音节。一是记声韵配合规律,二是记声旁代表字。此处不再赘述。

③对镜训练法。

对镜找准前后鼻韵尾不同的成阻部位,如发前鼻韵尾-n 时,舌尖上抵成阻,镜中可以看见舌头底部(舌身随舌尖前伸);发后鼻韵尾-ng 时,舌根上抵成阻,镜中可看见舌面(舌身随舌根后缩)。

④利用绕口令来辨别。

【案例分析 2-9】

《老彭和老陈》

老彭拿着一个盆,路过老陈住的棚。盆碰棚,棚碰盆,棚倒盆破棚压盆。老陈要赔老彭的盆,老彭不要老陈来赔盆。老陈陪着老彭去补盆,老彭帮着老陈来修棚。

(二)换气(呼吸训练)

气息是声音的动力来源。充足、稳定的气息是发音的基础。有的人讲话或唱歌声音洪亮、持久、有力,人们赞叹说,他(她)"中气"很足,相反,有的人说话或唱歌音量很小,有气无力,上气不接下气,像蚊子嗡嗡叫一样,使人难以听清,这种人则"中气"不足。其间除了身体素质的区别外,还有一个气息调节技巧问题,即呼吸和讲话的配合、协调是否恰当的问题。

1. 在正常情况下,说话是在呼气时而不是在吸气时进行的,停顿则是在吸气时进行的。如果是持续时间较长的讲话或朗诵,必然要求有比平时更强的呼吸循环。

讲话时的正确呼吸方法,应当采用胸腹式联合呼吸法(也称丹田呼吸法),即运用小腹收缩,靠丹田的力量控制呼吸。郭兰英在谈到运用这种呼吸方法时说:"唱歌时小肚子常是硬的,唱的越高就越硬。"

胸腹式联合呼吸介于胸式呼吸和腹式呼吸两者之间,是二者的结合。具体方法如下。

(1)吸气:小腹向内即向丹田收缩,相反,大腹、胸、腰部同时向外扩展,可以感觉到腰带渐紧,前腹和后腰分别向前、后、左、右撑开的力量。用鼻吸气,做到快、静、深。

(2)呼气:小腹差不多始终要收住,不可放开,使胸、腹部在努力控制下,将肺部储气慢慢放出,均匀地外吐。呼气要用嘴,做到匀、缓、稳。在呼气过程中,语音一个接一个地发出,组成有节奏的有声语言。

这种呼吸方法可以使腹部和丹田充满气息,为发音提供充足的"气",同时,由于小腹向内收缩,胸前向外扩张,以小腹、后腰和后胸为支柱点,为发音提供了充足的"力"。"气"与"力"的融合,为优美的声音奠定了坚实的基础。

2. 在讲话过程中,要处理好讲话和呼吸的关系,必须注意以下几点。

第一,尽可能轻松自如,吸气要迅速,呼气要缓慢、均匀,吸入的气量要适中。

第二,尽可能在讲话中的自然停顿处换气,不要等讲完一个长句后才大呼大吸,这样会显得讲话很吃力。还要根据自己的气量来决定是否用中途不便停顿的长句,不要为了渲染和增强表达效果而勉为其难地为之。那样做会适得其反。

第三,尽可能地使讲话时的姿势有利于呼吸。无论是站姿还是坐姿,都要抬头、舒肩、展背,胸部要稍向前倾,小腹自然内收,双脚并立平放。这样发音的关键部位,如胸、腹、喉、舌等才能处于良好的呼吸准备和行进状态之中。呼吸顺畅,方可语流顺畅。

【案例分析2-10】

① 闻花香:仿佛面前有一盆香花,深深地吸进其香气,控制一会儿后缓缓

吐出。

②吹蜡烛：模拟吹灭生日蜡烛时的情景，深吸一口气后均匀缓慢地吹，尽可能使吹气的时间长一点，达到 25～30 秒为合格。

③咬住牙，深吸一口气后，从牙缝中发出"咝"声，力求平稳、均匀、持久。

④数数：从一数到十，往复循环，一口气能数多少遍就数多少遍，要数得清晰、响亮。

⑤用绕口令或近似绕口令的语句练习气息。

【案例分析 2-11】

出东门，过大桥，大桥底下一树枣儿，拿着杆子去打枣，青的多，红的少。一个枣儿，两个枣儿，三个枣儿，四个枣儿，五个枣儿，六个枣儿，七个枣儿，八个枣儿，九个枣儿，十个枣儿。

这个绕口令，一口气说完才算好。开始做练习的时候，中间可以适当换气，练到气息有了控制能力时，逐渐减少换气次数，最后要争取一口气说完，甚至再多说几个"枣儿"。

(三)声调

声调在普通话语音系统中，处于中心地位，有决定性的作用。声调是音节的高低升降形式，它主要是由音高决定的。音乐中的音阶也是由音高决定的，因此，声调可以用音阶来模拟，学习声调也可以借助于自己的音乐感。但要注意：声调的音高是相对的，不是绝对的；声调的升降变化是滑动的，不像从一个音阶到另一个音阶那样跳跃式地移动。

普通话有以下四个声调。

(1)阴平。声带绷到最紧，始终无明显变化，保持音高。

【案例分析 2-12】

青春光辉　春天花开　公司通知　新屋出租

(2)阳平。起音比阴平稍低，然后升到高。声带从不松不紧开始，逐步绷紧，直到最紧，声音从不低不高到最高。

【案例分析 2-13】

人民银行　连年和平　农民犁田　圆形循环

(3)上(shǎng)声。起音半低，先降后升。声带从略微有些紧张开始，立刻松弛下来，稍稍延长，然后迅速绷紧，但没有绷到最紧。

【案例分析 2-14】

彼此理解　理想美满　永远友好　管理很好

(4)去声。起音高,接着往下滑。声带从紧开始到完全松弛为止,声音从高到低,音长是最短的。

【案例分析 2-15】

下次注意　世界教育　报告胜利　创造利润

汉语讲究声调,声调能产生抑扬急缓的变化,本身就富有音乐美。好的演讲,平仄错落有致,抑扬顿挫,显得悦耳动听。

(四)语音的规范

前面讲完了关于普通话发音的各个具体要素:声母、韵母、声调,那么在准确掌握这些因素的基础上,把诸多因素拼合起来,就形成了一个个汉字的标准读音,在这个综合应用的过程中,要遵循普通话语音的规范,才能发出准确的语音。

普通话语音的规范就是使普通话在语音方面有一个明确的统一的标准,并按照这个统一的标准去推广,去普及,去提高。简单来说,就是使用准确的普通话语音来咬字发音,完成演讲。

与规范的语音相对的是异读词,异读词是指同一个词有几个不同的读音,而这几个不同的读音表达的则完全是同一个意思。

【案例分析 2-16】

有的人把"波浪"(bōlàng)说成"pōlàng",把"机械"(jīxiè)说成"jīijiè",把"比较"(bǐjiào)说成"bǐjiāo"。

异读词给学习普通话增加了负担,当我们在日常生活中遇到异读词,不知道某字或某词到底应该读哪个音才正确时,多数人会去求助于字典或词典,而忽视了国家语委、国家教委、广电部于 1985 年颁布的《普通话异读词审音表》(本教材简称《审音表》)的存在,因而其所表达的观点便难免有所失误。因此,阅读并熟悉掌握《审音表》,是纠正自己和识别他人误读的重要参照。《审音表》收集了近千词,是作为语音规范化的标准颁布的,"自公布之日起,文教、出版、广播等部门及全国其他部门、行业所涉及的普通话异读词的读音、标音,均以此表为准"。

然而有人对读音之法似乎注意不够,因而没有照以行事。

【案例分析 2-17】

如主持人及嘉宾在一次电视节目中,都把诸葛亮《空城计》的"空"读成去声 kòng,让人听了很别扭。如果查一下《审音表》,就会看见上面明明写着"空(一)kōng~心砖 ~城计　(二)kòng~心吃药"。而较大的词典中也都有"空城计"的词条,也明明标注此处的"空"应读为 kōng。再比如将歌曲《水调歌头》中"低绮户"的"绮"字误唱成 yǐ 音,其实正确的读音是 qǐ。看来,用读音之"法"和字词之"典"来纠正自己错误的读音习惯,实在很有必要。现在异读词的读音应该以 1985 年公布的《审音表》为准。请参见附录 D《普通话异读词审音表》。

(摘自正音必读《审音表》,老年时报电子版,www.jwb.com.cn/lnsb/html)

在学习《审音表》时,应该注意以下几个方面问题。

(1)《审音表》在许多词的注音后面都注了"统读",这就是说:此字经审订只保留这一个读法,无论在什么词中,再无其他读音(轻声变读不受此限)。在学习《审音表》时,要注意学习这些"统读"词。

【案例分析 2-18】

"从"在《审音表》发布之前有 cóng(从属)和 cōng(从容)两个规定标准读音,而《审音表》实施之后就只保留了 cóng 一个读音;"框"原来有 kuāng(框框)和 kuàng(框子)两个读音,现在统一读 kuàng;"哮"原本取"xiāo"音,现在统读为"xiào";"驯"原来取"xún"音,现在统读为"xùn"。

(摘自苏州市网上家长学校,www.jxllt.com/? artid=Mju4NTk=&F=dmlld)

《审音表》公布后,一些辞书因为来不及改版,异读词仍按原来读音注音,所以许多人仍将异读词读成原来的音。现在改版后的辞书(如《现代汉语词典》1996 年版),异读词已按《审音表》注音。我们在学习《审音表》时,应该特别注意它与原来规定读音的不同之处。

(2)审订异读词时,常常会涉及某个字的不同读音,所以《审音表》也出现了一部分字的多音问题。凡是字后没有注"统读"的,即表示此字有几种读音,《审音表》只标明有异读的词语的读音。

【案例分析 2-19】

"矜"字后面未注"统读",注音是 jīn,举例是"矜持"、"自矜"、"矜怜",说明这些词中的"矜"曾经有异读,所以《审音表》加以审订列出,至于"矜"在其他词语中还可读 guān(同"鳏")、qín(矛柄),因为这两种读音无异读,《审音表》就没有列入。

另外还有一些未注"统读"的字,审音后在不同的词语中有不同的读音,《审音表》按照审音结果将不同的读音分别列举。

【案例分析 2-20】

"翘"原有 qiào 和 qiáo 两种读音,《审音表》按口语音和书面语音不同的原则,把两种读音的不同用法分类列举:在口语词"翘尾巴"中念"qiào";在书面语词"翘首"、"翘楚"、"连翘"中念"qiáo"。

(3)《审音表》中有些有几种读音的字,在不同的注音后面分别注明"文"或"语"。"文"即"文读"、"读书音",是书面语的读音,一般出现于复音词或文言成语中;"语"即"白读"、"口语音",多用于口语中的单音词及少数日常用的复音词中。

【案例分析 2-21】

"给"在《审音表》中有两个音,读 gěi 时是口语音,一般用于单音词;读 jǐ 时是书面语音,用于"给予"、"配给"、"供给"等词语。

(4)《审音表》主要是审订普通话异读的词和有异读的作为"语素"的字。尽管一些有异读音的字实际上就是多音字,但因为《审音表》是对异读词的审音,所以往往不列出多音多义字的全部读音和全部义项,当多音多义字在某个词语中无异读时,《审音表》均不涉及。所以,《审音表》只能作为学习普通话异读词的规范,它与一般的字典、词典不同。要掌握普通话多音多义字和其他一些词语的读音,还得借助《新华字典》、《现代汉语词典》等工具书。

【案例分析 2-22】

通过下列的绕口令来学习语音基础技巧。

《石小四和史肖石》

石小四,史肖石,一同来到阅览室。石小四年十四,史肖石年四十。年十四的石小四爱看诗词,年四十的史肖石爱看报纸。年四十的史肖石发现了好诗词,忙递给年十四的石小四,年十四的石小四见了好报纸,忙递给年四十的史肖石。

《六十六头牛》

六十六岁的陆老头,盖了六十六间楼,买了六十六篓油,养了六十六头牛,栽了六十六棵垂杨柳。六十六篓油,堆在六十六间楼;六十六头牛,扣在六十六棵垂杨柳。忽然一阵狂风起,吹倒了六十六间楼,翻倒了六十六篓油,折断了六十六棵垂杨柳,砸死了六十六头牛,急煞了六十六岁的陆老头。

(摘自考试大,www.examda.com/teacher/China/20080605/090)

二、诵读训练

(一)诵读的定义

诵读,即大声的朗读,将书面语言转化为口头语言,将无声语言转化为有声语言,它是用清晰、响亮的声音,结合适当的言语和非言语表现技巧,将文字作品中的思想感情充分地表达出来的一种语言艺术。

诵读可以处理成吟读,适用于篇幅较短的近体诗词和短篇韵文;诵读也可以处理成咏读,咏即歌,适用于篇幅较长的古体诗和骈赋;诵读更多的时候运用于现代散文,它重视句子起承转合的设计、节奏的安排、重音的运用、停顿的处理及感情的表达等方面。

诵读不完全等同于朗读,朗读重在读,将书面文字准确而响亮地读出来,而诵读重在诵,要求在读的同时,能在一定程度上脱稿,面向听众,运用表情、手势、身姿等体态语与听众交流,加强读的效果,引发听众的共鸣;诵读不等于表演,表演是说与演并重,表演有时演甚过说,而诵读重在言语表达,体态语的运用是辅助性的,不能过多、过火。

【案例分析 2-23】

19世纪英国著名的小说家狄更斯不但是一个多产的写作者,而且是一个积极的诵读爱好者。晚年时候,他热衷于召开"公众朗读会"(public readings),选择自己作品的某些章节,略为增删,直接面对读者,进行两小时左右的诵读活动。在朗读的时候,他同时是作者、舞台经理、制作人、导演和演员,享受着与读者近距离的接触所获得的信任和喜悦。从1853年12月至他辞世,狄更斯的"公众朗读会"持续了十多年,其行迹遍及大西洋两岸,对其小说的畅销也起到了重要的宣传作用。

(选编自百度百科,http://baike.baidu.com/view/42602.htm)

(二)诵读的作用

诵读有助于规范诵读者的发音。诵读时的标准语言是普通话,通过诵读训练,不断纠正错误的发音,可以提高普通话的水平。

诵读有助于提高诵读者的表达能力。用来作为诵读材料的作品往往具有文学性,诵读者在诵读的同时能够从中学习和积累到精美的词语、生动的修辞及巧妙的表达方式,久而久之,自身的表达能力会得到提高。

【案例分析 2-24】

举世闻名的法国大文豪巴尔扎克在年轻时代立志从文时家人并不看好他,但还是给予了他一定程度的支持。在巴尔扎克创作出他的处女作——诗体悲剧《克伦威尔》后,巴尔扎克的父母举办了作品朗读会,请来亲朋好友欣赏,其中还有一位当时小有名气的诗人。在朗读会上,巴尔扎克卖力地读着自己的作品,但读得磕磕巴巴,在场的听众听得无不吃力,经过沉闷而乏味的四个小时,巴尔扎克终于读完了最后一句话,人们才从郁闷中解脱出来。那位当听众的诗人事后毫不避讳地写信给老巴尔扎克:"令郎从事什么职业都好,就是别从事写作。"幸好年轻的巴尔扎克并没有听从劝告,他说:"我不适合写悲剧,仅此而已。"当然,如果他当初在诵读的技巧上下点工夫,他人生的第一次公开朗读会就不会那么丢人。

(选编自《巴尔扎克传》,史荣新编著,内蒙古科学技术出版社,2003)

(三)诵读的要求

1. 读得准

诵读应该使用普通话。用普通话朗诵,便于不同方言区的人理解和接受。因而,诵读者要读准字音,掌握语流、音变等普通话知识。

2. 读得响

诵读不是自我欣赏,而是为了让听众欣赏到诵读的作品,所以,诵读应该发出足以让听众听清楚的音量,在场合比较开阔、听众比较多的情况下,诵读者的声音应能传播到距离最远的听众处。

3. 读得美

诵读的目的是为了让听众获得享受,所以,诵读者对诵读作品要投入感情,艺术性地运用各种语言表达手段,进入角色,进入情境,才能激发听众,令之与自己同喜同悲。

(四)诵读的准备

1. 准备诵读材料

首先,诵读宜选用语言形象性较强、抒情色彩浓烈、易于上口的文章。因为诵读是使听众获得艺术的享受,而形象性的语言表达、鲜明的抒情色彩更能强烈地感染听众。其次,具体诵读作品的选择须根据诵读时的场合和听众而定,同时也要考虑到诵读者本人的爱好和表达水平。

【案例分析 2-25】

丁建华是上海电影制片厂的配音演员和导演,在众多的译制片和中外名著的朗读中留下了她美妙的声音。回顾从事配音工作后的今昔差别时,她说:"当年我们配音时,如果只用 10 天就把一部电影配完了,那么不管什么原因,厂长肯定要给打回来重配。因为要还原原版的角色,你不花时间用心琢磨是不可能的。但是我现在做《哈利·波特》系列的配音导演,制片方要求我 10 天之内必须交货——怎么可能仔细琢磨角色?而且制片方那边给我们的还全是'垃圾镜头',几乎每个画面都是模糊的,你只能大概看着演员的口型配。他们想要防盗版,这个可以理解,但要想把一个角色还原得更好,我们必须将人物的眼神、当时的动作、周围的环境等都融合在一起。而像这样的垃圾镜头,很难让我们发挥出水平。"

可见,一部优秀的配音作品必须用心筹划,同理,一场出色的诵读表演也必须经过精心的准备和琢磨。

(选编自《丁建华:现在的大片配音版制作太粗糙》,莫斯其格著,《广州日报》,2010.06.07)

2. 掌握诵读内容

首先,诵读者要清除阅读障碍,弄清楚诵读作品中的生字的发音及生词、成语典故、语句的含义,不能囫囵吞枣、望文生义。其次,诵读者要把握诵读作品的创作背景、主题思想、情感基调,体会作者写作时的心态和心境,这样才不会将作品读得支离破碎,歪曲作品的本来意义。

【案例分析 2-26】

罗京是中央电视台的著名播音员,负责每晚《新闻联播》节目的主播。有一次,他突然接到一篇急稿,由于要赶时间,拿到稿子顾不得细看就录音了。这篇稿子中有这么一句话叫做"老年人参与儿童培养",罗京一路念下去就念成了"'老年人参'与'儿童培养'",录音时连外面的编辑也没有听出来。可录完了罗京却在想,这两者都有什么关系呢?儿童又不能大补,反复一琢磨,才恍然大悟,原来是把句子给断错了,于是他重新又录了一遍,避免了一次播出事故。

还有一次,罗京拿到一篇有关我国航天事业的稿子,心里不禁纳闷:当时也没有航天展览或航天方面的会议,为什么把它放在《新闻联播》中,其意义到底在哪里呢?于是,罗京主动跟编辑探讨,终于找准了这条新闻的用意所在,实际上它是起辟谣的作用,而这层含义就隐在新闻的最后一句。经分析后,罗京在播出时就有意识地淡化前边的内容,在结尾加重语气,力图给大家留下深刻印象,从而使这条新闻的意义得以正确体现。如果当时罗京没有动脑子,也许这条新闻就白做了。

(选编自《幕后的故事》,一丁著,《党建文汇》,2006年07期)

3. 进行发声训练

在诵读之前,诵读者可以先找一个适合的地方吊吊嗓子:吸足一口气,身体放松,张开或闭合嘴,由自己的最低音向最高音发出"啊"或"咿"的连续声响;还可以做高低音连续变化起伏的练习。

另外,诵读前注意保护嗓子,要有意识地少抽烟、少喝酒,甚至不抽烟、不喝酒,少吃或不吃有强烈刺激性的食物,不喝过烫或过冷的水。

(五)诵读的技巧

1. 呼吸技巧

正确的呼吸方法是丹田呼吸法,即小腹收缩,靠丹田的力量控制呼吸。丹田呼吸介于胸部呼吸和腹部呼吸这两种方式之间,是两者的结合。具体方法如下。

吸气时,小腹向内即向丹田收缩,同时,胸和腰部向外扩展,可以感觉到腰带渐紧,前腹和后腰分别向前、后、左、右撑开的力量,这时候,用鼻吸气,须做到快速、平静、深长。

呼气时,小腹应该始终收住,不可放开,使胸部和腹部在控制下,将肺部储存的气体慢慢释放出来,均匀地向外倾吐。用嘴呼气时,须做到均匀、缓慢、平稳。在呼气过程中,语音一个接一个地发出来,组成有节奏的有声语言。

这种呼吸方法可以使腹部和丹田充满气息,为发音提供充足的气体,同时,由于小腹向内收缩,胸前向外扩张,以小腹、后腰和后胸为支柱点,还为发音提供了充足的力量,而气与力的融合为优美的声音奠定了坚实的基础。

诵读时,呼吸要尽可能轻松自如,吸气要迅速,呼气要缓慢、均匀,吸入的气量要适中。换气应放在诵读中的自然停顿处,不要等讲完一个长句才大呼大吸,这样会读得很吃力。诵读者还要根据自己的气量来决定是否选读中途不便停顿的长句,使用长句虽然可以起到渲染和增强表达效果,但如果自身的气量不够,勉为其难地读长句,会令预期效果大打折扣。

诵读时,姿势要尽可能有利于呼吸。无论是站着还是坐着,都要抬头、舒肩、展背,胸部稍向前倾,小腹自然内收,双脚并立平放。这样发音的关键部位——胸、腹、喉、舌等才能处于良好的呼吸准备和进行状态中。

【案例分析2-27】

清代文学家林嗣环曾撰文描摹过京城口技大师的表演:"忽一人大呼:'火起!'夫起大呼,妇亦起大呼。两儿齐哭。俄而百千人大呼,百千儿哭,百千犬吠。中间力拉崩倒之声,火爆声,呼呼风声,百千齐作;又夹百千求救声,曳屋许许声,抢夺声,泼水声。凡所应有,无所不有。虽人有百手,手有百指,不能指其一端;人有百口,口有百舌,不能名其一处也。"一场夜间发生的火灾中的男声、女声、小孩的声音、求救声、啼哭声、狗吠声、倒塌声、火爆声、狂风声、抢夺声和泼水声……诸般杂沓之音居然只出自一人之口,虽有扇子和抚尺的辅助,仍令人惊叹。

(选编自《口技》,林嗣环著,《虞初新志》,张潮编,河南人民出版社,1985)

从某种角度看,无论是练口技还是练诵读都必须从呼吸的训练开始,只有学会游刃有度地使用呼吸的技巧,才能在口技表演中逼真地模仿各种自然之音,才能在诵读表演中有感染力地读出情感和风格。

以下有几种练习呼吸的方法可以尝试。

(1)闻花香。假设面前有一朵香味浓郁的花,深深地吸一口,停顿几秒,再慢慢地呼出来。

(2)吹蜡烛。假设面前有一二十支点燃的蜡烛,深吸一口气,然后均匀地缓慢地呼出来。呼气时间尽量长一点,半分钟以上为宜。

(3)数数字。从一数到一百,尽量快,吐字保持清晰。

(4)练习绕口令。比如:从南边来了个喇嘛,提拉着五公斤塔嘛。从北边来个哑巴,腰里别着个喇叭。提拉塔嘛的喇嘛,要拿塔嘛换别喇叭哑巴的喇叭;别喇叭的哑巴,不愿意拿喇叭换提拉塔嘛喇嘛的塔嘛。提拉塔嘛的喇嘛拿塔嘛打了别喇叭的哑巴一塔嘛,别喇叭的哑巴拿喇叭打了提拉塔嘛的喇嘛一喇叭。也不知提拉塔嘛的喇嘛拿塔嘛打坏了别喇叭哑巴的喇叭,还是别喇叭的哑巴拿喇叭打坏了提拉塔嘛喇嘛的塔嘛。

(选编自《演讲与口才实训教程》,蒋红梅,杨毓敏等编,清华大学出版社,2009)

2. 共鸣技巧

声带所产生的音量是很小的,只占人们讲话时音量的5%左右,其他95%左右的音量需要通过共鸣腔放大而得来。共鸣腔是决定音色的重要发音器官,直接引起语音共鸣的是声带上方的喉、咽、口、鼻等四腔,此外,胸腔和头腔也有共鸣作用。说话用声是以口腔共鸣为主,以胸腔共鸣为基础。共鸣腔以咽腔为主又可分为高、中、低三个共鸣区。高音共鸣区,即头腔、鼻腔共鸣,音流通过该区共鸣,可以获得高亢响亮的声音;中音共鸣区就是咽腔、口腔共鸣,这里是语音的制造场,是人体中最灵活的共鸣区,音流在这里通过,可以获得丰满圆润的声音;低音共鸣区主要是胸腔共鸣,音流通过该区共鸣,可以获得浑厚低沉的声音。

要想使诵读的声音好听和持久,就要正确地运用共鸣腔。而运用共鸣腔的关键在于处理好"畅"与"阻"的关系。所谓"畅",就是整个发音的声道必须畅通无阻,胸部舒展自如,喉部放松滑润,脊背自然伸直,以便声音不憋不挤,形成一个声柱流畅地奔涌出来。所谓"阻",并不是简单地把声音阻挡住,而是不让声音直截了当地通过声道奔涌出来,让它通过共鸣腔加工、锤炼,变得洪亮、圆润、雄浑、优美动听。

【案例分析 2-28】

在声乐练习中经常要做一些共鸣训练,如头腔共鸣和腹腔共鸣,不过诵读时一般不会用到这两种共鸣,使用的比较多的是口腔共鸣、鼻腔共鸣和胸腔共鸣,以下有几种练习共鸣的方法可以尝试。

(1)学鸭叫。舌头顶住软腭,口腔张开成圆筒形,发"嘎嘎"音,声音越好听说明共鸣腔用得越好。

(2)学牛叫。闭合嘴巴,用鼻呼气,发出"嗯"(升调)或"嗯"(降调)的声音。

(3)模拟汽笛长鸣的声音。平行发音,从小到大或由大到小的变化发音各试几次。

(4)练习发"啊"。牙关大开,同时发出"啊"音。

(5)练习发"啊"。做扩胸运动,同时发尽量高亢或尽量低沉的"啊"的声音。

(6)练习四声。选择韵母变化较多的词语或成语,运用共鸣技巧做夸张四声的训练,例如:花——红——柳——绿——。

(7)练习大声呼唤。假设某人在离自己 100 米处,大声呼唤:你——好——吗——我——很——好——。

(8)哼歌。放松喉头,用"哼哼"的声音唱歌,比如选用《送别》的调子:"长亭外,古道边,芳草碧连天。晚风拂柳笛声残,夕阳山外山。天之涯,地之角,知交半零落。一觚浊酒尽余欢,今宵别梦寒。"

(摘自《演讲与口才实训教程》,蒋红梅、杨毓敏等编,清华大学出版社,2009)

3. 吐字技巧

吐字发声须经历一个过程,这个过程称为"吐字归音"。吐字归音是指将一个音节的发音过程分为出字—立字—归音三个阶段,出字是指声母和韵头的发音过程,立字是指韵腹的发音过程,归音是指音节发音的收尾过程。吐字归音的基本要领是:出字要准确有力,有叼住弹出之感;立字要拉开立起,明亮充实,圆润饱满;归音趋向要鲜明、迅速、到位,干净利索。总之,就是要求一个音节的发音过程有头有尾,构成一个"枣核型"形式:声母、韵头为一端,韵尾为一端,韵腹为核心,字的中间发音动作大,时间长,字的两头发音动作小,关合所占时间短。

"字正腔圆"是人们衡量吐字发声的最基本标准,即要求准确——字音要准确,即声母、韵母、声调必须准确,发音部位、发音方法必须规范;清晰——字音要清晰,即声、韵、调都不得含糊,唇、齿、舌、喉的活动必须协调,不可"吃字",不可含糊不清,要咬紧字头,发响字腹,收全字尾;集中——字音要有气息,有共鸣,要充实、响亮;圆润——字音要明亮、饱满、优美、动听;流畅——字音要轻快连贯,切勿"绷"字。

【案例分析 2-29】

吐字清晰是诵读的基本要求之一,因此,诵读者须掌握一定的吐字归音技巧。以下有几种吐字归音的训练方法可以尝试(诵读要求:准确、清晰、快速)。

(1)吐字:喷口字训练。选读以唇音 b、p、m、f 的字为主的句子,训练双唇的喷吐力。例如:吃葡萄不吐葡萄皮儿,不吃葡萄倒吐葡萄皮儿。

(2)吐字:弹舌字训练。选读以舌尖中音 d、t、n、l 为主的句子,训练舌尖的弹射力。例如:会炖我的炖冻豆腐,来炖我的炖冻豆腐;不会炖我的炖冻豆腐,就别胡炖乱炖炖坏了我的炖冻豆腐。

(3)吐字:开喉字训练,选读以舌根音 g、k、h 为主的句子,训练喉咙的打开。例如:老方扛着黄幌子,老黄扛着方幌子;老方要拿老黄的方幌子,老黄要拿老方的黄幌子,末了儿方幌子碰破了黄幌子,黄幌子碰破了方幌子。

(4)吐字:牙音字训练。选读以舌面音 j、q、x 为主的句子,训练牙齿的咬合。例如:七加一,再减一,加完减完等于几?七加一,再减一,加完减完还是七。

(5)吐字:齿音字训练,选读以舌尖音 z、c、s、zh、ch、sh、r 为主的句子,训练舌尖力量的集中。例如:石狮寺前有四十四个石狮子,寺前树上结了四十四个涩柿子,四十四个石狮子不吃四十四个涩柿子,四十四个涩柿子倒吃四十四个石狮子。

(6)归音:抵腭和穿鼻训练。前鼻韵尾 n 作字尾,发音过程完成时,舌尖要抵住上齿龈。后鼻韵尾 ng 作字尾,发音过程完成时,声音穿鼻而出。例如:任命是任命,人名是人名,任命不能说成人名,人名也不能说成任命。

(7)归音:展唇训练。i 作字尾时,要展开唇角,呈微笑状。例如:字纸里裹着细银丝,细银丝上趴着四千四百四十四个似死似不死的小死虱子皮。

(8)归音:敛唇训练。u 或 o 作字尾时,聚敛双唇。例:山前有只虎,山下有只猴。虎撵猴,猴斗虎;虎撵不上猴,猴斗不了虎。

（摘自《发声训练——吐字归音训练》，http://www.360doc.com/content/11/0111/16/4420255_85779870.shtml）

4．声音处理技巧

声音处理技巧包括停顿、重音、语速、句调等方面的技巧运用。这部分在第二节口才表达的技巧中详细论述。

三、倾听训练

（一）倾听的含义

倾听是一种有效沟通的手段，它是指对言语和非言语信息进行接收、确定含义和作出反馈的过程。

一个完整的倾听活动包括接收、理解和反馈等三个环节。倾听首先是一种信息接收的过程，其信息包含言语和非言语，故倾听者不仅仅使用听觉器官进行倾听；在接收信息之后，倾听者须对信息加以甄别、分析和理解；倾听者还须对接收并理解了的信息作出适当的反馈，使信息得以持续性的往返传递。

"听"的繁体字写作"聽"，体现了古人对倾听的理解。"聽"中有"耳"，有"目"，有"心"，这说明倾听不仅须用耳朵听，而且还要将说话者当做"王"一样的尊重，在听的过程中用眼睛看，跟说话者用目光进行交流，而且倾听的时候还须专一，用心去分析说话者的话语。

（二）倾听的作用

听和说，一个是接收信息，一个是发送信息，两者共同构成有效沟通的完整过程。沟通双方要么在听，要么在说，那么在交流和沟通的过程中，我们应该多说，还是多听呢？苏格拉底曾说过这么一句俏皮话："自然赋予人类一张嘴和两只耳朵，就是要我们少说多听。"在现代社会，我们充分认识到能言善辩非常重要，那么，倾听又有多重要呢？

倾听的重要性体现在沟通活动中，它能带来下列多种好处。

1．倾听可取得重要的信息

每天我们都在与他人进行着各种各样的沟通，论起来无外乎听、说、读、写四大方式，其中，听占去了最大比例的沟通时间，而所得的信息过半是从倾听中获得的。所谓"听君一席话，胜读十年书"。有时，别人无心的一句话会向你敞开机遇的大门，甚至带你走向命运的转折点，倾听是信息来源的重要渠道，一个善于倾听的人很可能成为一个信息的富翁。

【案例分析 2-30】

第二次世界大战结束后，一些罪孽深重的纳粹分子四处潜逃，仍然逍遥法外，缉捕工作持续着，但进展不顺。某日，一名特工走进一家小餐馆，等候用餐。这时候,对桌也来了一个男子,一边坐着候餐,一边若无其事地敲打着桌面,"笃笃,笃笃,笃笃笃,笃……"特工心里忽然一动,仔细观察对方,那男子戴着礼帽和深色眼镜,看不清真容,但神色镇定,并无异样。"笃笃,笃笃,笃笃笃,笃……"特工抑制着内心的激动,走到那男子跟前,说:"先生,请摘下眼镜,跟我走一趟。"果然,经查证,该名男子正是通缉名单上标明的某个罪大恶极的纳粹头目。原来,他候餐时一边敲桌,一边默哼着纳粹的军歌,而这小小的节奏声被熟悉音乐的特工捕捉住,暴露了他的身份。

(摘自《倾听》,百度文库,http://wenku.baidu.com/view/550e888371fe910ef12df86d.html)

在日常生活中,到处充斥着各种各样的声音,里面包含着丰富的信息,但如果不注意,不分辨,这些声音就毫无意义,不过是噪音,但如果认真倾听,细加辨识,去芜存精,就能获得很多有用的东西。

2. 倾听可掩盖自身的缺点

日常沟通和交流活动会涉及方方面面的话题,你不可能全部精通。在交谈中,如果你对某个话题一无所知,或未曾考虑,或了解不多,或不便发表意见,不妨静静地倾听对方的见解和主张,默默地学习、分析、判断和总结,这样既掩盖了不足,又收获了新知。

【案例分析2-31】

某公司有名工作人员,由于工作出色获得升职,又因公司需要被聘为销售部门的主管,但他之前在技术部门工作,并不太清楚销售部门的运作情况。上任伊始,他找来新部门的员工,同他们一一单独谈话。几天之后,他当众宣布了新的工作计划和规章。员工私下里交流,普遍认为新到的主管还不错,新计划切实可行,新规章也合情合理。原来在单独恳谈时,该主管详细询问了之前部门的工作方式,让每个人畅谈对工作部门的看法和建议,仔细倾听和研究之后,综合众人的意见拟订了新计划和新规章,这样的计划和规章自然容易得到老员工们的认可。

3. 倾听能激发对方交流的欲望

表达是人的基本欲望之一,但在现实社会中,由于担心自己的话语缺乏吸引力,见识被人鄙薄,或者囿于种种规矩,个人表达的欲望常被压抑。在沟通活动中,如果你表示出倾听的姿态,对方会认为自己的话语有价值,从而更自信,更放松,愿意提供更多的信息与你分享。倾听能激发对方表达的欲望,令思维更加活跃,发现新问题,想出新点子,最终交流双方都受益匪浅。

4. 倾听能帮助获得友谊和信任

沟通的目的不仅仅是收集必要的信息,更多的时候它是一种情感上的交流,收获精神上的满足。倾听是一种表示尊重的姿态,倾听对方的讲话,会让对方觉得自己得到了理解、肯定、关心和赏识,从而认为你和善可亲,进而对你产生信赖和好感。

【案例分析 2-32】

戴尔·卡耐基有次参加一个宴会,他身旁坐着一位植物学家,两人初次见面,寒暄客套后继续找话题攀谈。那位植物学家津津有味地向他介绍几种植物的知识和趣闻,卡耐基对植物领域所知不多,根本插不上嘴,所以席间几乎没有说什么话,只是微笑着倾听,时不时点点头。结果,宴会接近尾声时,那位植物学家很高兴地对别人说:"卡耐基先生是一位最有意思的谈话家。"

(摘自《沟通的艺术:卡耐基人际交往的成功智慧》,戴尔·卡耐基著,杨凤侠编译,民主与建设出版社,2004)

5. 善听才能善言

好口才不是天生的,它需要后天用心学习,倾听就是一个学习的过程。如果交流的对象恰好是一位能言善辩者,你不妨多多倾听,留意他表达的方式和技巧,默记在心,然后选择恰当的时机加以练习和运用。

如果沟通是以说服对方为目的的,更应该先倾听,从中了解对方的性格、态度、优势和弱点,弄清对方的观点和立场,进一步寻找说服对方的突破口。倾听能帮助你发现说服对方的关键,帮助你用最少的话语打动对方,取得预期的效果。

(三)倾听的障碍

只要听觉没有问题,人人都会听,但并不是人人都善于听。在倾听过程中,由于倾听者、说话者和环境等诸多因素影响,倾听效果往往会打折扣。一般而言,倾听障碍主要表现在以下几个方面。

1. 倾听者引起的障碍

一方面是倾听者的理解能力引起的障碍。如果倾听者的知识水平、文化素养、职业特点和生活阅历跟说话者相距太远,则可能出现对牛弹琴的状况。

另一方面是倾听者的消极倾听习惯引起的障碍。比如,懒惰,不愿意维持轻松的谈话氛围,更不愿意听一些复杂或费时的话题;封闭,拒绝与别人发生关联并从中受益;固执,一旦说话者和自己的见解不符就想插话,或者不愿意再听下去了,或者不停地默默在心里反对;厌烦,对说话者和话题不感兴趣,做自己的白日梦,想别的事情;用心不专,容易被周围的噪音分心,或者注意说话者的腔调和动作而忽视他的说话内容,或者忙于做自己的私活;诚意不足,回避说话者的目光,不愿看着说话者;思维狭窄,一味地专注于记录说话内容的细节;等等。

2. 说话者引起的障碍

此种障碍一方面是有声语言运用不当引起的,如声音过小,表述不清等;另一方面是体态语言运用不当引起的,如避免和倾听者目光接触,既会消耗倾听者的耐心,又会削弱倾听者的信任,导致传递的信息内容难以有效地被接收。

3. 环境引起的障碍

环境障碍也包括两个方面:一方面是客观环境,如倾听的场合大小、光线强弱、气温高低、气候状况、座位安排、布置风格等因素;另一方面是主观环境,如倾听者和说话者双方的心情、性格、衣着和身体状况等,交谈时的人数和话题等因素,以上诸多因素如果不适当,都会成为倾听障碍,影响到倾听效果。

(四)倾听的要求

倾听过程中会遭遇到各种障碍,如何避免这些障碍,取得最佳的倾听效果呢?首先,倾听者应该端正倾听态度,做好以下四点。

1. 虚心

倾听说话者的讲话,倾听者不能抱有成见,认为说话者的话不重要、没意思、不正确,应将说话者视为学习的对象,从其身上发掘优点,从其谈话中寻找有价值的信息,不斤斤计较于细节的对错。即使仍然收获有限,也可以采取反面学习的办法,换位思考,如果自己是说话者,如何表达得更准确和生动。

2. 耐心

有时候,倾听者交流的对象会遭遇表达困境,无法清晰地将自己的想法陈述出来,倾听者不能急躁,需要耐住性子,用询问或鼓励等方式帮助说话者克服表达上的困难。如果说话者表达出现错误,倾听者无须马上纠正,打击说话者的表达信心。倾听者不能认同说话者的观点时,也不应立刻插话,急于表达不同的见解。

3. 关心

倾听是接收信息的过程,这信息指的是说话者传递的知识、事实、观点和主张,还包括说话者的感受和感情。倾听不但是理解说话者话语意义的过程,也是了解说话者本人的过程。倾听时只有设身处地地为说话者着想,充分给予说话者尊重和关怀,才能真正地接纳说话者所传递出的信息。

4. 用心

倾听需要全方位地调动感官,不仅要用耳去听,还要用眼去看,用脑去思考,用心去体会,用心观察说话者的言语、声音、表情、手势、身姿、动作等方面,不仅要去听事实,还要听思想,听感情,听出"言外之意"、"弦外之音",把握说话者的真实意图,如此才算收获到最佳的倾听效果。

【案例分析 2-33】

某保险公司业务员甲向两个同事抱怨自己遭遇的工作挫折,说:"我用了整整3个月的时间来争取这单大业务,客户已基本决定在我公司投保,但最后公司的分保方案拿得太晚,客户改投了别的保险公司。"两个同事分别给予了不同的回应。乙同事说:"你感到很难受,因为你已经非常努力地争取,但还是没有做成这单业务。"丙同事说:"你投入了这么多精力和时间在这单业务上,却由于始料未及的原因没能成功,一定非常难过,但整个过程中你积累了丰富的经验,并注意加强公司内部的沟通协调,今后的发展一定会顺当很多,在公司的内部协调方面以后我们要加强配合!"

显然,丙同事的回应更能得到该业务员的认同和好感,因为丙听出了甲抱怨的重点是公司的配合不够,害自己白费劲,从而宽慰甲,帮甲从积极的方面分析这次工作的收获,并指出未来成功的希望。

(摘自《人际沟通技巧讲义》,百度文库,http://wenku.baidu.com/view/7268d82b3169a4517723a33d.html)

(五)倾听的技巧

正确运用倾听的技巧能增强倾听的效果。倾听的技巧包含以下几个方面。

1. 合理安排倾听环境

选择适当的时间,在精神最好的时候安排最重要的沟通活动;选择适当的地点,尽量安排安静的地方进行听说会话;营造适当的氛围,严肃的话题应选择庄重的环境,轻松的话题应选择温馨的环境;排除其他客观障碍,如进行重要会谈时关掉手机,在会谈室门外挂上免打扰的标识;分配听说时间,沟通是听与说的双向交流,如果交流目的明确,同时又想把握住交流的主动权,不妨多听少说,以退为进。

2. 注意肢体语言

倾听时应避免消极的肢体语言,如眼神不定,表示注意力不集中;跷腿,表示态度傲慢,不认同说话者的观点;手臂交叠,表示防备和抗拒,不信任说话者本人。倾听时还应避免分心的姿势,如看表、随意翻看身边的书本文件,在纸上无目的地乱涂乱画。倾听时应使用积极的肢体语言,如主动与说话者进行目光交流,身体向说话者倾斜,坐在桌前时还可以手托腮,表示自己的专注,这些开放性的身体姿态能充分表达倾听者对说话者的重视和信任。

3. 避免打断对方

倾听者在倾听时需要适当地抑制自己的表达欲,在说话者的观点没有表述完全时,尽量避免打断对方。在说话者没有停顿的说话期间,倾听者中途插嘴是一种很不礼貌的行为,极易引起对方的反感。如果倾听者没有听清说话者的意思,或者不同意说话者的观点,也应在对方话语停止时再询问和发表意见。

4. 适当予以反馈

倾听者不打断说话者的话语,不等于完全沉默,不与说话者交流。倾听者应适当地向说话者发出反馈信息,如点点头、微笑一下,表示认同对方的看法;或者微微皱眉,表示没听清楚、没理解到位,帮助对方调整语言表达;或者轻轻地发出"嗯"、

"哦"等声音配合对方的讲话;或者趁说话者有意停顿下来时,提出相关问题,确认说话者表达的意思。

5. 勤做笔头记录

在信息量比较大或者比较关键的沟通过程中,倾听者应事先准备好笔和纸,一边听,一边记录说话者传递的信息要点。一方面,好记性不如烂笔头,笔记能帮助倾听者长时间记忆和占有信息;另一方面,笔头记录的同时也是思维高度集中运转的时候,做记录也是对倾听者分析力和判断力等思维能力的一种锻炼。

【思考与练习】

1. 知识点复习

(1)为什么要学习普通话?

(2)提高口才的基本途径是什么?

(3)诵读前应做哪些准备?诵读技巧包括哪些方面?

(4)什么是倾听?倾听有什么好处?

2. 实训练习

(1)请先做一分钟的自我介绍,然后向大家介绍你家乡的一处景点。

(2)分析下面三篇散文的感情基调,拟订与之相匹配的朗诵风格,选择其中一篇散文进行诵读。

野草·题辞
鲁迅

当我沉默着的时候,我觉得充实;我将开口,同时感到空虚。

过去的生命已经死亡。我对于这死亡有大欢喜,因为我借此知道它曾经存活。死亡的生命已经朽腐。我对于这朽腐有大欢喜,因为我借此知道它还非空虚。

生命的泥委弃在地面上,不生乔木,只生野草,这是我的罪过。

野草,根本不深,花叶不美,然而吸取露,吸取水,吸取陈死人的血和肉,各各夺取它的生存。

当生存时,还是将遭践踏,将遭删刈,直至于死亡而朽腐。

但我坦然,欣然。我将大笑,我将歌唱。

我自爱我的野草,但我憎恶这以野草作装饰的地面。

地火在地下运行,奔突;熔岩一旦喷出,将烧尽一切野草,以及乔木,于是并且无可朽腐。

但我坦然,欣然。我将大笑,我将歌唱。

天地有如此静穆,我不能大笑而且歌唱。天地即不如此静穆,我或者也将不能。我以这一丛野草,在明与暗,生与死,过去与未来之际,献于友与仇,人与兽,爱者与不爱者之前作证。

为我自己,为友与仇,人与兽,爱者与不爱者,我希望这野草的朽腐,火速到来。要不然,我先就未曾生存,这实在比死亡与朽腐更其不幸。

去罢，野草，连着我的题辞！

（摘自《野草》，鲁迅，人民文学出版社，2006）

匆匆
朱自清

燕子去了，有再来的时候；杨柳枯了，有再青的时候；桃花谢了，有再开的时候。但是，聪明的，你告诉我，我们的日子为什么一去不复返呢？——是有人偷了他们罢：那是谁？又藏在何处呢？是他们自己逃走了罢：现在又到了哪里呢？

我不知道他们给了我多少日子；但我的手确乎是渐渐空虚了。在默默里算着，八千多日子已经从我手中溜去；像针尖上一滴水滴在大海里，我的日子滴在时间的流里，没有声音，也没有影子。我不禁头涔涔而泪潸潸了。

去的尽管去了，来的尽管来着；去来的中间，又怎样地匆匆呢？早上我起来的时候，小屋里射进两三方斜斜的太阳。太阳他有脚啊，轻轻巧巧地挪移了；我也茫茫然跟着旋转。于是——洗手的时候，日子从水盆里过去；吃饭的时候，日子从饭碗里过去；默默时，便从凝然的双眼前过去。我觉察他去的匆匆了，伸出手遮挽时，他又从遮挽着的手边过去，天黑时，我躺在床上，他便伶伶俐俐地从我身上跨过，从我脚边飞去了。等我睁开眼和太阳再见，这算又溜走了一日。我掩着面叹息。但是新来的日子的影儿又开始在叹息里闪过了。

在逃去如飞的日子里，在千门万户的世界里的我能做些什么呢？只有徘徊罢了，只有匆匆罢了；在八千多日的匆匆里，除徘徊外，又剩些什么呢？过去的日子如轻烟，被微风吹散了，如薄雾，被初阳蒸融了；我留着些什么痕迹呢？我何曾留着像游丝样的痕迹呢？我赤裸裸来到这世界，转眼间也将赤裸裸的回去罢？但不能平的，为什么偏要白白走这一遭啊？

你聪明的，告诉我，我们的日子为什么一去不复返呢？

（摘自《朱自清散文》，朱自清，浙江文艺出版社，1999）

往事（三）
冰心

今夜林中月下的青山，无可比拟！仿佛万一，只能说是似娟娟的静女，虽是照人的明艳，却不飞扬妖冶；是低眉垂袖，璎珞矜严。

流动的光辉之中，一切都失了正色：松林是一片浓黑的，天空是莹白的，无边的雪地，竟是浅蓝色的了。这三色衬成的宇宙，充满了凝静，超逸与庄严；中间流溢着满空幽哀的神意，一切言词文字都丧失了，几乎不容凝视，不容把握！

今夜的林中，决不宜于将军夜猎——那从骑杂沓，传叫风生，会踏毁了这平整匀纤的雪地；朵朵的火燎，和生寒的铁甲，会缭乱了静冷的月光。

今夜的林中，也不宜于燃枝野餐——火光中的喧哗欢笑，杯盘狼藉，会惊起树上稳栖的禽鸟；踏月归去，数里相和的歌声，会叫破了这如怨如慕的诗的世界。

今夜的林中，也不宜于爱友话别，叮咛细语——凄意已足，语音已微；而抑郁缠绵，作茧自缚的情绪，总是太"人间的"了，对不上这晶莹的雪月，空阔的山林。

今夜的林中，也不宜于高士徘徊，美人掩映——纵使林中月下，有佳句可寻，有佳音可赏，而一片光雾凄迷之中，只容意念回旋，不容人物点缀。

我倚枕百般回肠凝想，忽然一念回转，黯然神伤……

今夜的青山只宜于这些女孩子，这些病中倚枕看月的女孩子！

假如我能飞身月中下视，依山上下曲折的长廊，雪色侵围阑外，月光浸着雪净的衾绸，逼着玲珑的眉宇。这一带长廊之中：万籁俱绝，万缘俱断，有如水的客愁，有如丝的乡梦，有幽感，有彻悟，有祈祷，有忏悔，有万千种话……

山中的千百日，山光松影重叠到千百回，世事从头减去，感悟逐渐侵来，已滤就了水晶般清澈的襟怀。这时纵是顽石的钝根，也要思量万事，何况这些思深善怀的女子？

往者如观流水——月下的乡魂旅思，或在罗马故宫，颓垣废柱之旁；或在万里长城，缺堞断阶之上；或在约旦河边，或在麦加城里；或超渡莱茵河，或飞越落玑山；有多少魂销目断，是耶非耶？只她知道！

来者如仰高山，——久久的徘徊在困弱道途之上，也许明日，也许今年，就揭卸病的细网，轻轻的试叩死的铁门！

天国泥犁，任她幻拟：是泛入七宝莲池？是参谒白玉帝座？是欢悦？是惊怯？有天上的重逢，有人间的留恋，有未成而可成的事功，有将实而仍虚的愿望；岂但为我？牵及众生，大哉生命！

这一切，融合着无限之生一刹那顷，此时此地的，宇宙中流动的光辉，是幽忧，是彻悟，都已宛宛氤氲，超凡入圣——

万能的上帝，我诚何福？我又何辜？……

（摘自《冰心散文》，冰心，浙江文艺出版社，1999）

（3）下面是一份倾听技能自测表，表中共有二十道题目，每题5分，按要求给自己评分（几乎都——5分，常常——4分，偶尔——3分，很少——2分，几乎从不——1分）。

① 你喜欢听别人说话吗？
② 你会鼓励别人说话吗？
③ 你不喜欢的人在说话时，你也注意听吗？
④ 无论说话人是男是女，年长年幼，你都注意听吗？
⑤ 朋友、熟人、陌生人说话时，你都注意听吗？
⑥ 你是否不会目中无人或心不在焉？
⑦ 你是否注视听话者？
⑧ 你是否忽略了足以使你分心的事物？
⑨ 你是否微笑、点头及使用不同的方法鼓励他人说话？
⑩ 你是否深入考虑说话者所说的话？
⑪ 你是否试着指出说话者所说的意思？

⑫ 你是否试着指出他为何说那些话?
⑬ 你是否让说话者说完他(她)的话?
⑭ 当说话者在犹豫时,你是否鼓励他(她)继续说下去?
⑮ 你是否重述他(她)的话,弄清楚后再发问?
⑯ 在说话者讲完之前,你是否避免批评他(她)?
⑰ 无论说话者的态度与用词如何,你都注意听吗?
⑱ 若你预先知道说话者要说什么,你也注意听吗?
⑲ 你是否询问说话者有关他(她)所用字词的意思?
⑳ 为了请他(她)更完整地解释他(她)的意见,你是否询问?

将所得分加起来,联系下面的得分说明,看看你是一个怎样的倾听者:

90~100 分说明你是一个优秀的倾听者;

80~89 分说明你是一个很好的倾听者;

65~79 分说明你是一个勇于改进、尚算良好的倾听者;

50~64 分说明在有效倾听方面你确实需要再训练;

50 分以下,你需扪心自问一下:"我注意倾听吗?"

第二节 口才表达的技巧

通过基础的语音训练,我们能够准确掌握普通话单个字词的咬字发音的技巧,但这对于提高我们的口才水平还远远不够,因为单个字词必须搭配组合成句,再根据逻辑关系把诸多句子串联成一段话,才真正完成了我们的口才表达,所以要提高自己口才表达水平,我们要在语音训练的基础上进一步练习综合运用语言的技巧。这个技巧又可具体分为与语言密切相关的技巧和作为辅助手段的非语言技巧两类。

一、语言技巧

语言技巧可以具体分为语调、语速、停顿、重音、语气、修辞和综合技巧等几个方面。

(一)语调

在汉语中,字有字调,句有句调。我们通常称字调为声调,是指音节的高低升降。而句调则称为语调,是指语句里声音高低升降的变化,其中以结尾的升降变化最为重要,一般是和句子的语气紧密结合的。在朗读时,如果能注意语调的升降变化,语音就有了动听的腔调,听起来便具有音乐美,也就能够更细致地表达不同的思想感情。句调是贯穿整个句干的,只是在句末音节上表现得特别明显。句调根据表示的语气和感情态度的不同,可分为四种:升调、降调、平调、曲调。

(1)升调(↑),前低后高,语势上升。一般用来表示疑问、反问、惊异等语气。

(2)降调(↓),前高后低,语势渐降。一般用于陈述句、感叹句、祈使句,表示肯定、坚决、赞美、祝福等感情。

(3)平调(→),这种调子,语势平稳舒缓,没有明显的升降变化,用于不带特殊感情的陈述和说明,还可表示庄严、悲痛、冷淡等感情。

(4)曲调(∨),全句语调弯曲,或先升后降,或先降后升,往往把句中需要突出的词语拖长着念,这种句调常用来表示讽刺、厌恶、反语、意在言外等语气。

【案例分析 2-34】

朗诵叶挺的《囚歌》,注意句调的处理。

为人进出的门紧锁着,(→平调)(冷眼相看)

为狗爬出的洞敞开着,(→平调)

一个声音高叫着:(↗曲调)(嘲讽)

——爬出来吧,给你自由!(↘曲调)(诱惑)

我渴望自由,(→)(庄严)

但我深深地知道——(→平调)

人的身躯怎能从狗洞子里爬出!(↑升调)(蔑视、愤慨、反击)

我希望有一天(→平调)

地下的烈火,(稍向上扬)(语意未完)

将我连这活棺材一齐烧掉,(↓降调)(毫不犹豫)

我应该在烈火与热血中得到永生!(↓降调)(沉着、坚毅、充满自信)

(二)语速

正像人走路有快有慢一样,人的说话声音也有个速度问题,有时快一点,有时慢一点,快慢相间,变化有致,给人以一种变化的美感。假若一个人说话,其语速就像机器的机械运动一样,总是一个速度,一个节奏,那不仅不利于表情达意,而且还令听众感到枯燥呆板,索然无味。

语速是指说话时在一定的时间里,容纳一定数量的词语。正常谈话,每分钟讲120~150个字。演讲的语速不能太快,一则听众难听懂,二则也使人产生怀疑,认为演讲者怯场。因为人们胆怯时往往语速较快。当然讲话也不能太慢。太慢就显得拉腔拖调,给人以愚笨、迟钝、缺少教养的感觉。初次上场的演讲者容易犯的错误是语速太快,像"放鞭炮式的噼里啪啦",一个调子,一个速度。他们提醒自己"慢慢"后,又趋于慢得平坦,没有变化。演讲的语速不能总是"一崭齐",要做到急缓有致。

演讲语速要做到快慢得体,缓急适度,快而不乱,慢而不拖,快中有慢,慢中有快,张弛自然,错落有致。这样,便能显示出语言的清晰度和节奏感,使演讲具有音乐美。长时间的快会"供过于求",引起烦躁,听众不易全面了解内容,理解感情;太慢则"供不应求",听众注意力无法集中,情绪提不起来。

世间一切事物的运动状态和一切人在不同情境下的思想感情总是有千差万别的。语速的变化也是表情达意的重要手段。在口语表达时,要正确地表现各种不同的事物和思想感情,就必须采取与之相适应的不同的语言速度。说话的速度是由说话人的感情和话题的思想内容决定的。一般说来,对热烈、欢快、兴奋、紧张的内容说话的速度快一些;对平静、庄重、悲伤、沉重、追忆的内容说话速度慢一些。而一般的叙述、说明、议论则用中速。演讲的语速一般可分为快速、中速、慢速三种,具体见附录E。

【案例分析 2-35】

以《雷雨》中周朴园和鲁侍萍的对话为例,根据人物心情的变化调整语速。

周:梅家的一个年轻小姐,很贤慧,也很规矩。有一天夜里,忽然地投水死了。后来,后来——你知道吗?(慢速。周朴园故作与鲁侍萍闲谈状,以便探听一些情况。)

鲁:这个梅姑娘倒是有一天晚上跳的河,可是不是一个,她手里抱着一个刚生下三天的男孩,听人说她生前是不规矩的。(慢速,鲁侍萍回忆悲痛的往事,又想极力克制怨愤,以免周朴园认出。)

鲁:我前几天还见着她!(中速。)

周:什么?她就在这儿?此地?(快速。表现周朴园的吃惊与紧张。)

鲁:老爷,您想见一见她么?(慢速。鲁故意试探。)

周:不,不,不用。(快速。表现周朴园的慌乱与心虚。)

周:我看过去的事不必再提了吧。(中速。)

鲁:我要提,我要提,我闷了三十年了!(快速,表现鲁侍萍极度的悲愤以至几乎喊叫。)

演讲者要适当掌握话语的快慢,由此可以营造某种特定的情绪和气氛,增强语言的表达效果。另外,在掌握语速时要做到"快而不乱"、"慢而不拖"。即说得快时,要特别注意吐字的清晰,不能为了说得快而含混不清,甚至"吃字";说得慢时,要特别注意声音的明朗实在,不能因为说得慢而显得疲疲沓沓,松松垮垮。

和演讲语速相关的是更高层次的要求——演讲的节奏。从艺术角度来说,节奏是各种不同要素的有秩序、有规律、有节拍的变化。朱光潜在《谈美书简》一书中指出,节奏是主观与客观的统一,也是心理与生理的统一。它是内心生活(思想感情)的传达媒介。据此分析,演讲者思想感情起伏变化结构的疏密松散,语调抑扬顿挫、轻重缓急及举止等要素的有秩序、有规律、有节拍的组合,便形成了演讲的节奏。常见的演讲节奏有轻快型、持重型、平缓型、急促型、低抑型等类型,具体见附录 F。

【案例分析 2-36】

利用语速的变化来表现下面演讲稿中情感的流动。

自古巾帼多英雄。在人类文明史上,无数杰出的妇女为了改变自己低下的地位,进行了不屈的抗争,付出了巨大的代价。(议论)有多少妇女,为了事业的成功不得不牺牲自己生活的幸福。这样的例子还少么?(叙述)这是她们对所处时代的社会制度和文明程度的残酷的裁决!今天,我们能够同男子一道分担社会的责任是来之不易的。面对历史和未来,我们丝毫不能退却,我们必须选择和献身于事业。我们生活在这样一个年代,这样一个社会里,这就使我们的事业同千百人的幸福联系在一起。事业,不再是个人奋斗的题目了。女性在事业上作无谓牺牲的时代正在结束!我们要在事业和生活之间构筑坚固的桥梁,我们这一代人的事业就是通向一个崭新时代的曲折的路。沿着我们的足迹,人们找到的不是一个事业的畸形儿,而是一个创造生活的强者,开拓事业的富翁。(议论)

(三)停顿

停顿是指说话者在一句话、一段话中,有意换气或作时间长短不等的停歇。这种停顿,既是人的生理上的需要(说话时需要换气),同时也是表达思想感情的需要,因为它可以把某种相对独立的意思同另一种意思分开。从听众的角度讲,听话时也是非常需要停顿的,总要有个传递的时间,总要在头脑中"转一转"才能心领神会。假如说话时没有停顿,像"连珠炮"一样,无论对演讲者还是对听者来讲都难以忍受。在口语表达中,停顿既是一种语言标志,也是一种修辞手段。它一般分为语法停顿、感情停顿和特殊停顿。

1. 语法停顿

语法停顿既能满足演讲者自然换气润嗓的需要,也能使演讲的语句、段落层次分明。语法停顿一般用标点符号表示出来,标点符号是书面语言的停顿符号,也是演讲时语言停顿的重要依据。标点符号的停顿规律一般是:句号、问号、感叹号、省略号的停顿时间略长于分号、破折号、连接号的停顿时间;分号、破折号、连接号的停顿时间又长于逗号、冒号的停顿时间;逗号、冒号的停顿时间又长于顿号、间隔号的停顿时间。另外,在演讲稿的段落之间,停顿的时间要比一般的句号的停顿时间长些。

【案例分析 2-37】

恩格斯的《在马克思墓前的讲话》

正像达尔文发现有机界发展规律一样,马克思发现了人类历史发展规律,即历来为纷繁芜杂的意识形态所掩盖着的一个简单事实:///人们首先必须吃、喝、住、穿,/然后才能从事政治、科学、艺术、宗教等等。//所以,直接的物质生活资料的生产,因而一个民族或一个时代的一定的经济阶段,便构成为基础,人们的国家制度,法的观点、艺术以至宗教观念,/就是从这个基础上发展起来的,因而也必须由这个基础来解释。而不是像过去那样做得相反。

这段例文中凡是有标点的地方,朗读时都必须停顿,而且要根据不同的点号,进行长短不同的停顿。

2．感情停顿

语法停顿也不是绝对的。有时为表达感情的需要,在没有标点的地方也可以停顿,在有标点的地方也可以不停顿。感情停顿是为表达复杂或微妙的心理感情。感情停顿常常以拖长音节发音,欲停不停或适当延长时间来表现,并且常常辅之以体态语言,使感情表达得更加自然清楚。

【案例分析2-38】

苏轼的《念奴娇·赤壁怀古》

大江东去,浪淘尽、千古风流人物。/故垒西边,人道是、三国周郎赤壁。/乱石穿空,惊涛拍岸,卷起千堆雪。江山如画,一时多少豪杰。/

遥想公瑾当年,小乔初嫁了。雄姿英发,羽扇纶巾,谈笑间,强虏灰飞烟灭。/故国神游,多情应笑我,早生华发。/人生如梦,一尊还酹江月。

在《念奴娇·赤壁怀古》中,第一句作者面对滚滚长江思慕古代英雄人物,自己也渴望成为英雄人物,第二句思慕周瑜,两句略有不同,应该有较大停顿。第三句描写景物,第四句抒发爱国情感,三四两句与前面一二两句又不同,也应有停顿。上片与下片之间应该有更大的停顿。下片头三句赞美周瑜,与后面自我伤怀,抒发人生老已,壮志难酬的感慨不同,应有较大的停顿。

3．特殊停顿

有时,为了表现某些特殊效果或应付演讲现场的某些特殊需要,演讲者常常采用特殊停顿。

【案例分析2-39】

最有名的例子,莫过于英国政治家赖白斯在伦敦一次参事会上就劳动问题演讲时,中途突然停顿七十二秒的事例。这种根据表意需要而设计的特殊停顿,可谓独具匠心,高人一等,收到了出奇制胜的效果。仿效这种做法的还有一例。有次演讲比赛,一位女士走上讲台,在黑板上写出一道醒目的标题——论坚守岗位,便走下讲台,扬长而去。这时,全场听众哗然、焦急、气恼、猜测、议论,大家莫名究竟。大约过了三分钟的时间,演讲者才再次登台,诚挚而郑重地说:"同志们,如果我在演讲时离开是不能容忍的话,那么工作时间纪律松弛,玩忽职守,擅离生产岗位,难道不应该受到谴责吗？我的演讲完了。"这时,听众才恍然大悟。评比结果是她以超常的演讲表演和精巧的构思赢得了一等奖。

一般来讲,在列举事例之前,略作停顿,能引起听众独立思考;在作出妙语惊人的回答之后,稍作停顿,可使人咀嚼回味;在讲出奇闻逸事和精彩见解之后,在听众赞叹之余,特意停顿,可加深听众印象,引起联想;在话题转移之际或会场气氛热烈之时,稍稍停顿,可加深听众记忆,给听众以领会抒情之机。同时,恰当的特殊停顿,也可以使演讲者本身赢得调整情绪的时机。

停顿是演讲和口才中一种非常有效的表达艺术。演讲中恰当运用停顿艺术,不但不会使演讲散乱,反而能使整个演讲起伏跌宕,让听众得到一种美的享受。在口才表达方面,停顿也往往会收到奇效。

【案例分析 2-40】

在《决战谈判桌》一书中,作者讲述了他个人的一段经历。有一次,当他穿着拖鞋走出家门,打算拿邮筒的邮件并给前院的草坪浇水的时候,一阵大风刮过,门被"砰"地一声关上了。他身上没带钥匙,而这时已是晚上六七点钟。万般无奈之下,他只好向邻居借电话,请锁匠来开锁。于是,围绕着劳费——价格问题,作者和锁匠之间就有了一番"谈判"。他(锁匠)看了我一下之后,说:"价钱嘛……55块美金。"我听了之后,心里想:"糟糕,家里到底有没有这些现金？搞不好得开车去银行取钱。要不要先跟邻居借一下呢……"没想到年轻的锁匠看我不吭声,以为我生气了,马上不好意思地说:"好吧,好吧,50块好了。"我这下子更惊讶了,没有作声。"……哼……现在是晚饭时候了,应该算加班呢……就算你45块好啦。"其实我根本不知道行情是多少,是他的罪恶感让他自动降价的。随后我终于开口了:"40块钱!"这时候,他一副如释重负的样子,说道:"好吧,不过你得给我现金的。"

(摘自百度文库,wenku.baidu.com/view/32bf9a2458fb770bf78a)

在这场谈判中,价格一降再降,不是因为作者的"旁征博引",而恰恰是他的"沉默",真乃"沉默是金"也。想必很多人在日常生活中都有过类似的经历。其实,这正是从一个侧面说明了停顿在语言交际中的作用,停顿最直接的表现形式就是沉默。在语言交际活动中,人们不但需要借助有声语言,而且需要借助无声语言表情达意。甚至在某些特定的语言环境中,无声语言更能表达有声语言所无法表达的思想内容,"此时无声胜有声"就是对无声语言作用十分恰当的描述。停顿就是一种无声语言。说话中的停顿,通常分为语法停顿、逻辑停顿和心理停顿等三种。语法停顿是为了使结构明确、层次清楚所作的停顿;逻辑停顿是为了强调某一特殊的意思或某种逻辑关系所作的停顿;心理停顿是因说话人为了表达某种感情或达到某一目的而有意识安排的一种停顿,它常常取决于说话人的心理情绪。

在语言交际活动中,恰当地使用停顿,尤其是心理停顿,能够获得更好的说话效果。

首先,停顿可以增添说话的情趣。通过停顿可以设置悬念,该说而不说,让听者如坠雾中,待时机成熟,突然亮底,风趣十足。

【案例分析 2-41】

里根当选美国总统时,一天上午,全体共和党人举行会议,一位多数党领导人站出来故意说:"总统阁下,开完会之后,我们大家准备共进午餐,倘若您也来和我们一起进餐的话,你必须付餐费 5 美元,如果实在没有,鄙人愿解囊相助,以解尊驾拮据之难。"这位多数党领导人为什么敢同里根开这个玩笑呢?因为人们知道里根口袋里平时不放钱,想借机让总统难堪。谁知里根听完他的话,笑而不答,一阵沉默。当大家步入宴会厅时,戏谑里根的那个人沉不住气,再次提出借钱给总统,里根却出人意料地从口袋里掏出崭新的 5 美元,令在场者吃惊不小,迷惑不解。经里根解释,原来是会前有人给他拍照做杂志封面所支付的报酬,恰好是 5 美元。于是大厅里响起一阵欢笑。里根开始的沉默,设置了一个悬念,人们不知他"葫芦里卖的什么药",能否拿出 5 美元。谜底揭开,不仅使自己摆脱窘境,也为宴会平添情趣。

(摘自深圳百业网,sz.100ye.com/msg/18216104.html)

其次,停顿可以增强说话的吸引力。停顿能迅速消除语言传递中的种种障碍,使听者的注意力集中。"没有一点声音,没有任何喝彩,只有那震耳欲聋的寂静。"——这便是停顿所能达到的最佳传播效果。

【案例分析 2-42】

俄国早期的马克思主义者普列汉诺夫曾在日内瓦作题为《无产阶级和农民》的演讲,当时有人蓄意破坏,会场秩序混乱。普列汉诺夫沉着冷静,大声地说:"如果我们也想用这种武器同你们斗争的话,我们来时就会……"说到这里他故意停顿下来,然后又接着说:"我们来时就会带着冷若冰霜的美女!"顿时,会场上出现了"轰动效应",演讲也得以顺利进行。这样一次停顿,为何能取得轰动效应呢?因为它唤起了听众的注意力和好奇心。当听众听到"我们来时就会"这个句子时,都想知道到底"会"怎么样,产生了无意的注意,可说话人却故意停顿下来了,这样更引起了听众的期待和好奇,于是无意的注意转化为有意的注意,再加上后面那句听众所意想不到的话又饶有风趣和幽默感,所以听众一下就被吸引了。

(摘自百度文库,wenku.baidu.com/view/32bf9a2458fb770bf78a)

再次,停顿有助于掌握说话的主动权。运用停顿,可以使说话者赢得思考的时间,从而增强语言表达的逻辑性,使表达更严谨,减少说话中的失误;运用停顿,将说话的机会让给对方,可从中获取更多的信息,同时也能避免自己将不该说的讲出去；运用停顿，可以造成对方的心理压力，从而使对方做出某些让步。

古人云："言而当，知（智）也；默而当，亦知（智）也。"那么，如何恰当地使用停顿呢？

（1）准确把握语境。停顿的含义非常丰富，它以语言形式的最小值换取最大意义的交流。不同语境下的停顿表述完全不同的意思：停顿既可以表示默许，又可以表示保留己见；既可以表示举棋不定，又可以是不达目的不罢休的标志；既可以表示抗议、愤怒，又可以是心虚的流露……只有结合具体的语境，才能明白停顿的确切含义。

（2）正确把握时机。首先，并非每次交谈都需要有停顿，不恰当的停顿会使一个连贯的说话过程中断，影响表达效果。如果不分场合故作深沉、高雅而滥用停顿，只会给人留下矫揉造作的印象。其次，停顿时间的长短要适度。停顿的确能对听者产生一定的影响，但如果停顿的时间掌握不当，其结果将会适得其反。停顿的时间太短，听众来不及反应，等于没有停顿；停顿的时间过长，听众有足够的时间"想一想"，在高潮到来之前做好心理准备，本想强调的话反而变得平淡无味。停顿多长时间为宜，要根据说话的内容、目的、对象、场合而定。

（3）恰当辅以其他体态语言。停顿不是全部说话活动的停止，只是有声部分的暂停。停顿时，要求姿态、表情等体态语言充分发挥作用。常见的停顿，一是以"目"说话，要表达的情感，从目光中流露；二是以"表情"说话，表情或严肃，或喜悦，或忧伤，或愤怒。虽未吐一字一词，但停顿给了听者揣摩其"潜台词"的时间，同样可以获得答案；三是以"感情"说话，举手、投足、坐相、站姿都能传递信息，使听者于无声处看姿势，谈究竟。

（4）要有足够的耐心和定力。耐心地沉默，本来就是一种修养。停顿不仅要给对手施加心理压力，使对手在长久的沉默中失去冷静，而且可以有助于你的倾听，及时分析对手言行的目的和意图，从而达到超出停顿本身的作用。这就要求，在运用停顿时，要有充分的准备，要有耐心。在确定有必要停顿时，不论别人怎样，始终缄口不言。不要怕冷场，不要怕给人难堪，不要想当个"带头人"。假如思绪还没有理清，意见考虑不成熟或说出来可能不合时宜时，还是沉默为好。

【案例分析2-43】

今天，当我们回顾古老的中国农业在过去的二十年里所走过的历程时，既为其取得的巨大成就而欢欣鼓舞，又为其面临的种种困难而忧心忡忡。中国将以何种姿态迈入下一个世纪？中国农业和中国农村又将以何种途径跨入兴旺发达的明天？如此一系列关系国家前途和命运的重大问题都刻不容缓地摆在我们面前。在这新的机遇与挑战并存的世纪之交，中国农业需要科技进步，中国农村盼望科技人才，中国农民渴望科技知识。这一切向我们明示：中国未来蓝图的画笔已经交到了我们手中。既然老师说我们是国家的希望,国家说我们是祖国的栋梁。那么我想,我们就应该,也一定要能撑起祖国的希望,使这希望熠熠闪光!

(摘自中华语文网,mypage.zhyww.cn/post/200607/117949.html)

注意根据语法和语境来具体处理停顿。

(四)重音

在演讲中,为了引起听众的注意,加深听众对所讲内容的印象,显示演讲的感人力量,我们要稍稍加重某些词句的读音,这就是重音。通过重音可以使演讲听起来音调高低起伏、抑扬顿挫,从而收到良好的演讲效果。

若按声音强弱划分,重音可分为轻读型重音和重读型重音两种。

若按表现思想感情、内容重点或句子语法结构来划分,重音可分为感情重音、逻辑重音和语法重音三种。重音与非重音在一个语段中是相对存在的,没有绝对的非重音,也没有绝对的重音。重音与非重音在一个语段中的音调总的说来是一致的,它绝不是要特意突出什么,也并非要高声地重重地读。

重音的确定对于演讲来说十分重要。确定重音必须联系演讲的中心思想,通过考察一定词句在演讲段中的地位与作用来确定。准确地识别重音,正确地读出重音,是达到演讲效果的重要一环。一般说来,重音的确定有以下几种情况。

(1)凡属具有对应关系的,表示比较的词语,要读重音。

【案例分析2-44】

以下两段演讲稿中画线的词语就应该重读。

①用闪光的团徽盖住讨厌的师范二字,这一举两得之发明,恐怕连发明大王爱迪生也不得不叹为观止吧!

②粮油总公司与粮苑宾馆具有雄厚的实力与基础,得天时地利人和之精髓,吸春花秋穗夏露之灵气,按照自愿、平等、互利的原则,大力发展生产、购销、储运、加工一条龙服务体系。

(2)凡句子中列举的同类词语或排比句中表示排比标志的词语,应该重读。

【案例分析2-45】

重读下面三例中画线的词语。

①我爱我们的蓝色,它是大海的韵律,它是天空的广阔,它是和平的徽号,它是我们理想的寄托。

②这是清高、是奉献,还是书呆子气,任其议论好了。我们自我意识很好,我们没有辜负党的培养,对得起人民的哺育,对得起社会,做出了力所能及的贡献,心地坦然,光明磊落。

③让我们以真诚的心,不屈的意志,聪明的智慧,在父老前辈面前,在弟弟妹妹

面前,在子孙后代面前,塑造起一座崭新的、巍峨的丰碑吧!

(3)文章中起照应、重复作用的词语,要重读。

【案例分析 2-46】

《演讲与口才》1988年第9期《为了悲剧不再重演》一文中的"分数"一词要重读:"分数,你牵动着多少家长的心;分数,你困扰着多少教师的日夜;分数,你操纵着多少教师的悲欢;分数,你制造着多少人间的悲剧……"

(4)演讲重音的确定还要根据作者说话的着眼点与表达感情的重点而定。某些词语很普通,但由于是演讲的着眼点,又切合表达感情的需要,就需要重读。

【案例分析 2-47】

1988年第9期《演讲与口才》所载《我为什么"财迷心窍"》一文中的一段。

现在,我可以向领导、向父老乡亲,向那些不曾受到我的分文优惠的顾客们公开我敛财的秘密:四年来,我已有七万九千元的存款,这是当了<u>二十一年民办教师</u>、<u>九年正式教师</u>与<u>村小代理负责人</u>的我<u>三十年总收入的四倍还要多</u>的财富。

段中,为强调捐资办学前聚资之艰难,自然画线的词语是演讲者意欲强调之处,应当读重音。

以上所举的例子,仅是确定重音的几种常见情况。重音确定后,可稍重地读这些词句,也可采用语句的停顿与音调的长短来读出重音。演讲时,要努力深入角色,尽力投入到对生活的体验与情感的表达之中,按照感情表达的重点,恰如其分地强调某些词句,来加强表达效果。当然,在演讲中,重音的确定不是一成不变的。同时,演讲中重音也不可确定得太多,多了则使重音显得不明显,反而会影响表达的效果。

【案例分析 2-48】

一生中能有这样两个发现,该是很够了,即使只能作出一个这样的发现,也已经是幸福的了。但是马克思在他研究的每一个领域,甚至数学领域都有独到的发现,这样的领域是很多的,而且其中任何一个领域他都不是肤浅地研究的。(恩格斯《在马克思墓前的讲话》)

注意根据感情表达的需要来处理重音。

(五)语气

语气是体现说话者立场、态度、个性、情感、心境等起伏变化的语音形式,它是思想感情、词句篇章、语音形式的统一体。有了恰当的语气,才能讲出一连串声音符号,生动、正确地反映出说话者的本意。语气具有综合性,既包括声调、句调,还包括语势。语气是多种多样的,演讲时要根据表情达意的需要来选择语气。这里,我们从实际运用的角度来练习不同情况下的不同语气。

(1)从语言的基本单位——语句的句型来说,有陈述句、疑问句、感叹句和祈使句四大类。因而在朗诵时,相应有陈述语气、疑问语气、感叹语气和祈使语气的区分。

【案例分析 2-49】

我准备明天到北京出差。(这句话显然是个陈述句,读这句话时,要用平铺直叙的陈述语气。)

你怎么还没有去上班呀?(这句话是个疑问句,读这句话时,要用疑惑不解、由衷发问的语气。)

香港终于回到了祖国的怀抱!(这句话是感叹句,读这句话时,要用带有真实情感、有感而发的感叹语气。)

放下武器,把手举起来!(这句话是祈使句,读这句话时,要用声色俱厉、命令的祈使语气。)

(2)从语句表情达意的内容来说,有表意语气、表情语气和表态语气的区分。

①表意语气。通过这种语气,让听众大致明白自己的意见、意思。用这种语气讲话,句子中通常有相应的语气词,它或者独立成小句,或用于小句末尾,或用于整个句子的末尾。

【案例分析 2-50】

对此,你的意见如何呢?(反问)

你真的事先一点也不知道吗?(质问)

你不要一意孤行,执迷不悟啊。(提醒)

排长,敌人上来了,打吧。(催促)

您把那本书借给我看几天吧。(请求)

站住!否则我就开枪啦。(命令)

你上哪?(询问)

你昨天怎么旷课啊?(责备)

②表情语气。通过这种语气,可以向听众表达自己的某种情感。句子中通常也有相应的语气词。

【案例分析 2-51】

哎呀,这下子可好了。(喜悦)

日本鬼子真是坏透了。(愤恨)

他这位才华横溢的作家死得太早了。(叹息)

这一仗打得真漂亮啊!(赞叹)

哦！我终于弄明白了。（醒悟）

呸！你这个无耻的叛徒！（鄙视）

③表态语气。通过这种语气，可以向听众表达自己的某种态度。句子中有时也用语气词。

【案例分析 2-52】

他确实尽了最大的努力。（肯定）

这件事恐怕难以办到。（不肯定）

我不希望看到那样的结果。（委婉）

你认为这样做行吗？（商量）

这种意见是错误的。（否定）

此外，从表达方式来说，又有叙述、描写、抒情、议论、说明等不同的方式，它们各自的语气也不一样，还有，从所表达的内容和其中蕴含的表达者的思想感情来说，更是千差万别，因而所用语气的平转急缓、张弛高低也各不相同，变化万千。

具体控制语气的方法和前面讲过的呼吸换气技巧有关。具体来说，声音形式包括气息、声音、口腔状态三方面要素。这三方面多层次、多侧面的立体变化及多重组构成了丰富多彩、千变万化的声音形式。不同的感情色彩需要通过不同的声音形式来表现，在三者之间是有一定规律可寻的。张颂先生在《朗读学》中对表现不同感情色彩的气息、声音和口腔状态的特点进行了如下概括。

爱的感情　气徐声柔：口腔宽松，气息深长。

憎的感情　气足声硬：口腔紧窄，气息猛塞。

悲的感情　气沉声缓：口腔如负重，气息如尽竭。

喜的感情　气满声高：口腔似千里轻舟，气息似不绝清流。

惧的感情　气提声凝：口腔像冰封，气息像倒流。

欲的感情　气多声放：口腔积极敞开，气息力求畅达。

急的感情　气短声促：口腔似弓箭，飞剑流星；气息如穿梭。

冷的感情　气少声平：口腔松软，气息微弱。

怒的感情　气粗声重：口腔如鼓，气息如椽。

疑的感情　气细声黏：口腔欲松还紧，气息欲连还断。

与语气相关的是语势，我们用语势这个概念来说明语气声音形式的特点。

语势指一个句子在思想感情运动状态下声音的态势，或者说，是有声语言的发展趋向。这中间包括气息、声音、口腔状态三大部分。有声语言的表达是动态的，一个个字，一句句话从我们的口中流淌出来就形成了不断起伏的语流。思想感情的不断涌动是语流曲折性的内在力量,口腔、气息、声音的丰富变化是语流曲折变化的关键。语流的曲折性和波浪式是语气丰富变化的外部特征。

我们把有声语言的语势归纳为下列五种基本形态。

(1)波峰类。声音的发展态势是由低向高再向低行进的,状如波峰。

【案例分析 2-53】

"世界上没有花的国家是没有的。"句中的"花"就处于波峰的位置,句头、句尾的词略低。

(2)波谷类。声音由高向低再向高发展。即句头、句尾较高,句腰较低,状如波谷。

【案例分析 2-54】

"乔治·华盛顿是美利坚合众国的第一任总统。"

(3)上山类。声音由低向高发展。即句头最低,句尾最高,状如登山。不过,有时是步步高,有时是盘旋而上。

【案例分析 2-55】

"让暴风雨来得更猛烈些吧!……"

(4)下山类。特点是句头最高,而后顺势而下,状如下山。应注意的是它有时是直线而下,有时是呈蜿蜒曲折的下降态势。

【案例分析 2-56】

"就在那年秋天,母亲离我们去了。"

(5)半起类。特点是句头较低,而后呈上行趋势,行至中途,气提声止。由于没有行至最高点,所以称为半起。

【案例分析 2-57】

"这到底是什么幻景呢?"

在符合语句内容的前提下,为避免单一语势的重复出现,形成固定腔调,我们要掌握以下几点要求。

(1)句头起点不宜相同。我们把语势的变化幅度假设为 5 度,那么,在你说的每句话的开头,起点高度不要一样。

(2)句腰波形不宜相同。不要连续使用同一种波形,如果不可避免,应根据语句的具体情况,使它们形成一定的差别。

(3)句尾落点不宜相同。每句结束的落点最好不要在同一高度,而且停时声音的轻重缓急也不宜相同。

总之,语气在有声语言的创作中有着重要的作用,对此,需要我们不断学习和探索。

【案例分析 2-58】

朗读以下文章,随着感情的转变及时调整、变化语气。

冰心的《宇宙的爱》

四年前的今晨,也清早起来在这池旁坐地。依旧是这青绿的叶,碧澄的水。依旧是水里穿着树影来去的白云。依旧是四年前的我。这些青绿的叶,可是四年前的那些青绿的叶?水可是四年前的水?云可是四年前的云?——我可是四年前的我?它们依旧是叶儿,水儿,云儿,也依旧只是四年前的叶儿,水儿,云儿。——然而它们却经过了几番宇宙的爱化,从新的生命里欣欣的长着,活活的流着,自由的停留着。它们依旧是四年前的,只是渗透了宇宙的爱,化出了新的生命。——但我可是四年前的我?四年前的它们,只觉得憨嬉活泼,现在为何换成一片的微妙庄严?——但我可是四年前的我?抬头望月,何如水中看月!一样的天光云影,还添上树枝儿荡漾,圆月儿漂浮,和一个独俯清流的我。白线般的长墙,横拖在青绿的山上。在这浩浩的太空里,阻不了阳光照临,也阻不了风儿来去,——只有自然的爱是无限的,何用劳苦工夫,来区分这和爱的世界?坐对着起伏的山,起立的塔,无边的村落平原,只抱着膝儿凝想。朝阳照到发上了,——想着东边隐隐的城围里,有几个没来的孩子,初回家的冰仲,抱病的冰叔,和昨天独自睡在树下的小弟弟,怎得他们也在这儿……

一九二一年六月十八日,在西山。

(六)修辞

演讲毕竟是一门口头语言的艺术,丰富灵动的语言技巧无疑是赢得听众青睐的重要手段。语言的表现力如果能借助几种修辞技巧来添色增彩,那么现场的情境感会得到增强,对听者的感染作用一般都会收到比较良好的效果,从而避免空洞式的呼喊和公式化的口号。

1. 巧用比喻,生动形象

当代著名作家秦牧说:"精彩的比喻像是童话中的魔棒,碰到哪儿,哪儿就发生神奇的变化。"可以说,比喻能化平淡为生动;化深奥为浅显;化抽象为具体;化冗长为简洁。因此,人们把比喻誉为"艺术中的艺术"。在演讲中,善用比喻能让你的演讲生动、形象,满文生辉。

【案例分析 2-59】

儿子,你是一个热爱生命的孩子。可是你知道吗?生命就像一只五彩缤纷的花篮,即使失去了你最心爱的几朵花,她依然是美丽的。也许你会发现,这花篮中有你以前没有注意过的更美的鲜花。你愿意让这剩下的花儿也枯萎吗？我们多么希望从今天起，又一个充满希望与朝气的新生命诞生。这就是你啊，儿子！

这是《起点之美》中的演讲片段，作者将生命比喻为"一只五彩缤纷的花篮"，给生命涂上了绚丽的色彩，让人顿生怜惜。丰富的想象、新颖的比喻、美丽的呼告，给听众带来美感。最值得一提的是，精彩的比喻还蕴含深刻的哲理，在给人美的享受的同时，也给人深刻的启迪。

2. 活用比拟，加强感染

比拟是拟人和拟物的合称，或寄情于物，或托物言志，能引起听众的共鸣和深思。比拟具有深刻、形象和幽默诙谐的特点，可以增强语言的表现力和感染力，也能增强语言的抒情色彩和喜剧效果，把精彩的论述与模拟形象的描绘融为一体，既能给人理性上的启迪，又能给人艺术上的美感。

【案例分析2-60】

请看这个演讲的结尾："作为未来教师的我，没有太高的奢望——只求用知识的雨露去浇灌幼苗。像红烛，将全部心血化为光焰，去照亮青少年一代那美好的心灵；像春蚕，为谋求人类的幸福，吐尽最后一口丝。"

这是名为《我的理想之路》的演讲结尾，用了一连串的比拟。

3. 善用排比，强化气势

用三个或三个以上的意思密切相关、结构相似、语气连贯的句子排列起来就叫做排比。例如：这种作风，拿了律己，则害了自己；拿了教人，则害了别人；拿了指导革命，则害了革命。

排比形式多种多样，排比将有魅力的句子集中，节奏分明，便于叙事，长于抒情，无疑会使你的演讲大为增色。难怪有人称排比是句子的"集束炸弹"，是创造文章亮点的"多面手"，因而，演讲中精彩的排比无疑会给听众带来惊喜。

【案例分析2-61】

倘若世界是一间小屋，关心就是温暖小屋的火把；倘若世界是一艘航船，关心就是茫茫大海上的明灯；倘若世界是一幅油画，关心就是它上面的绚丽的色彩。友情如一杯酒，因为关心，历经的岁月越久，它就越发醇香；友情如一杯凉茶，因为关心，虽味淡而不浓，却沁人心脾，萦绕心头久久不能忘怀。哪里有关心，哪里就缔结了友情；哪里有友情，哪里就蕴含关心。

在这篇《关心，人生路上温暖的航灯》一文中，清新的比喻将抽象的"关心"诠释得形象，而排比更增强了演讲者的气势，强化了"关心"的内涵，说起来也朗朗上口。当然，这个片段的精彩还在于，排比句整散相间，长短结合，巧妙避免了排比有可能带来的句子的呆板，使整个句子充满灵动。

运用排比应注意两点：一是不要生拉硬凑，表达的内容中有并列的部分才能运用，只从形式考虑，有意铺排，则显得累赘，反而影响表达；二是排比句的分句或词组之间都有一定的逻辑顺序，不能颠倒和错乱。

4. 适时引用，添彩增辉

适时恰当地引用诗词佳句、名言警句等，能给文章增光添彩。这些句子已经积淀为语言中的精品，是语言宝库中的珍珠和钻石，演讲时恰当引用，就像戒指镶嵌了光彩夺目的钻石，顿时会身价倍增。

【案例分析 2-62】
江苏孙亚明的《竞聘办公室副主任的演讲词》

"工作上我一向力争上游，不甘落后。从事教学工作整十年，'十年辛苦不寻常'，曾获教学优秀奖……'明知山有虎，偏向虎山行'积极开拓毕业生就业市场……"

"十年辛苦不寻常"，使人联想到《红楼梦》中的"字字看来皆是血，十年辛苦不寻常"；"明知山有虎，偏向虎山行"则烘托出敢于并乐于向困难挑战的精神。

【案例分析 2-63】

台湾高震东的演讲词《天下兴亡，我有责任》，其标题就是仿用名言"天下兴亡，匹夫有责"，并且开头就大声疾呼"国家兴亡，我的责任"（也是仿用），由"我"切入，落实到"责任"上，从而展开"爱国，从我做起，从小事做起"的话题，有力地吸引了听众的注意力，引起了人们的思索。

【案例分析 2-64】

生命就是龚自珍"落红不是无情物，化作春泥更护花"的献身精神；生命就是文天祥"人生自古谁无死，留取丹心照汗青"的浩然正气；生命就是苏东坡"谁道人生无再少，门前流水尚能西"的超脱与豁达；生命就是杜甫"感时花溅泪，恨别鸟惊心"的无奈与伤感。（《活出生命的精彩》）

演讲者用一系列排比对生命进行了形象的诠释，恰当的引用使句子更有书卷气，更有诗意。如果你对古代诗词名句有着丰富的积累，平时训练中能有意训练，不仅能有效地展示厚实的古典文化修养，也同样能显示你丰富灵动的语言运用技巧。

当然，没有平时的"厚积"，就不可能有演讲中的"薄发"。有道是"成功最喜爱光临有心者的茅庐"。还需要说明的是，展示自己的才情，一定要根据演讲内容和主旨的需要，不可乱用。即使是需要，也一定要有所节制，不可滥用。展示要自然，无斧凿之痕，无炫耀之嫌。同时，展示要力求准确无误。当然，为了演讲场上能熟练展示，除了平时广泛的阅读外，还应该加强针对性的训练，须知"熟"

才能生巧。

5. 合理对比,是非立现

所谓对比,就是把两种不同事物或一种事物的两个不同方面放在一起进行比较。运用对比时,对立统一的两种事物或概念的对比叫做两体对比;存在于同一事物中的两个对立面之间的对比,叫做一体两面对比。演讲中恰当地运用对比手法,能使形象突出,能较全面地表现演讲者的观点,深刻揭示事物的本质特征。常用的如正义与邪恶,英勇与懦怯,伟大与渺小等。

【案例分析 2-65】

1945年9月,抗日战争胜利,以蒋介石为首的反动派为了赢得内战的准备时间,缓和国内呼吁和平的浪潮,上演了一场和平谈判的把戏。毛泽东为揭穿其反动本质,在延安地区作了不少的演讲。有一回,毛泽东在演讲台上举出一张一面白一面黑的纸牌,对着广大观众说:"同志们,你们可要看清楚了,如今蒋介石所玩弄的策略,其实与我手上的这张纸牌同是一个道理,重庆谈判只是他把白的一面——和平的假象公示于人,然而在它的背面却隐藏着黑的一面——反动独裁与内战的企图。希望同志们不要被他迷惑啊!事实上,同志们应该明白,不彻底推翻帝国主义和封建主义,打倒反动派,人民是实现不了真正的和平与当家作主的。"

(摘自敏思博客,blog.stnn.cc/aihua3344/Efp_Bl_1001563158.aspx)

6. 设问反问,以促人思考

所谓设问,是为了引起别人注意,故意先提出问题,自问自答。所谓反问,是反过来对提问的人发问。在写演讲稿时,灵活地运用设问、反问,既能吸引听众注意力,启发听众思考,又能增强语势,强化感情导向。如广东张悦华的《都是"红包"惹的祸》中的第五、六、七段分别用三个设问句开头:"'红包'真的能带来快乐吗?""'红包'真的能带来幸福吗?""'红包'真的能带来友谊吗?"这样自然地就会引导听众沿着演讲者的思路去思索,极大地吸引了听众的注意力。该文结尾写道:"同志们,朋友们,假如以你一生的名誉为代价,去换取几个'红包',你说值得吗?假如以你家庭的幸福为代价,去换取几个'红包',你说值得吗?"启迪人们去深思,强化了人们对"红包"的认识。

【案例分析 2-66】

闻一多在《最后一次的演讲》中慷慨激昂,气震山河,多次运用了反问的修辞方法。

"特务们……你们以为打伤几个,杀死几个,就可以了事,就可以把人民吓倒吗?……我们有这个信心:人民的力量是要胜利的!……希特勒、墨索里尼,不都在人民之前倒下了吗?"

闻一多多次使用反问句式，鞭挞了国民党特务的无耻和丑恶，吹响了催促人们起来抗战的号角，给人民以鼓舞的力量。

除了以上一些主要的修辞以外，演讲中还可以综合运用双关、反语、谐音、夸张等修辞手法。总之，"情采飞扬辞格出"。形象生动的比喻，气势恢宏的排比，感情强烈的反问等修辞手段的广泛运用，都能体现出演讲词的语言美、情感美，使演讲更生动、更有趣、更形象、更鲜明、更感人，使听众如沐春风，更好地领悟你演讲的真谛。

【案例分析 2-67】

看看以下几段演讲稿中运用了哪些修辞手法？

(1)1936年8月，陶行知先生在武汉大学进行过一场关于教学活动中要充分发挥学生主观能动性的演讲。踏上讲台时，陶行知先生二话不提，从箱子里拿出一只大公鸡来，在讲台上撒了把米，按住公鸡的头强迫它吃米，结果公鸡一粒未吃。然后再放开手，人退后，公鸡呱呱叫了两声，把讲台上的大米吃得一干二净。这时候陶行知先生开始发话了："我认为教育就跟喂鸡一样，先生强迫学生学习，硬灌知识，学生不情愿的，即使学了也不消化，不如使之自由学习，充分发挥其主观能动性，效果定会更佳。"

(2)1938年秋，在湖南益阳一个几万人参与的鼓舞抗日的演讲大会上，冯玉祥将军用一枝树丫举着一个鸟窝踏上了讲台，在讲台上，他当着众人折断了树丫，接着鸟窝便也自然的摔到了地上，窝中的鸟卵也碎了。这时候，冯玉祥将军动情的发话了："同志们啊，国家国家，有国才有家啊。假使日本帝国主义亡了我们的国，我们又如何来顾全我们的家？就像这鸟窝鸟卵，试想，倾巢之下哪里还会有完卵？"

(3)孔烈钧的演讲词《赞美你，太阳》。

"我赞美你，太阳！你照亮了人间的道路，照亮了历史的长河，孕育出一部壮美多姿的史诗。

想一想：秦时明月，汉时雄关，郑和帆影，虎门销烟。

听一听：辛亥钟鸣，"五四"怒吼，北伐枪声，卢沟惊雷；怎禁得住赞美的歌吟——南湖船头熹微的曙光，井冈山烂漫的朝霞，延水河畔艳红的旭日，中南海里明媚的煦阳……"

二、非语言技巧(辅助技巧)

鲁迅先生说过："演讲有三美：意美以感心，一也；音美以感官，二也；形美以感目，三也。"在进行演讲和其他口语表达时，除了运用以上和语言相关的技巧以外，一些起着辅助作用的非语言技巧的运用也很重要。在特定情境中，交谈者或演讲者以姿态、表情、手势、动作等无声的非语言技巧来传递特定信息,有时甚至能发挥超越有限语言的表达效果。

(一)仪表

仪表是指人的外在美,同时也是内在美的体现。具体来说,仪表是一个人的容貌、表情、神态、姿势、举止及服饰、发型等给人留下的综合印象。美好的仪表能产生一种强大的吸引力,不但能向世人展示主人的形象和风度,而且还可以增强个人的自尊心,提高自信力。

良好的仪表能产生很强的吸引力,牢牢地吸引听众的注意力。演讲者不仅应该是真理的宣传者,是知识的传播者,而且应该是美的体现者。在演讲现场,演讲者事实上是听众的审美对象,听众不仅通过演讲者生动活泼、含义深刻的演讲获得美感享受,而且也通过对演讲者的仪表欣赏,受到美的熏陶。

演讲者在开口演讲之前,首先引人注目的是他的仪表。演讲者的仪表是给听众留下最佳的"第一印象"。心理学理论"晕轮效应"认为,一个人给别人的第一印象,往往成为人们对其作出判断的依据。一次,心理学家雪莱在莫萨立斯特大学挑选了六十八个自愿参加的实验者,这些应试者的外貌、口才及对事物的理解判断能力都挑不出毛病,但仪表却大不相同。六十八人分别征求四位素不相识的过路人的意见,以期望得到他们的支持。结果表明,仪表讲究者较之仪态平平的对手,自然是稳操胜券了。

因此,登台讲演时,仪容绝不能不修边幅、肮脏邋遢,而要整洁、大方、有风度。演讲者的外部表象即仪表、衣着是被听众直接感受的,它对演讲的效果乃至成败会有直接影响。比如你见到一个人衣着整洁,彬彬有礼,就会认为此人做事细心,有条有理。进而会想,这个人一定有责任心,你就会在心里产生中意的感觉。相反的,倘若一个人给你的最初印象是衣冠不整、邋邋遢遢,你一定会作出这个人缺乏道德、缺乏责任心的结论。因此,每个演讲者从一上场起,就应该重视自己的一举一动。

就像有一位青年演讲者所说:"演讲就和谈对象一样,第一眼是非常重要的。"孙中山先生也曾经深刻地指出:"身登演说台,其所具风度姿态应该是衣着整洁,举止大方,还没开口就使会场有肃穆起敬之心。"演讲"最忌轻佻作态",要"处处出于自然,有时词旨严重,唤起听众注意,切不可故作惊人模样"。可见孙中山先生在演讲时对仪表是非常重视的。英国的撒切尔夫人,号称铁娘子,也是一位出类拔萃的政治家。她有自己的化装顾问,她总是把自己打扮得雍容华贵、仪表堂堂。她对人说话有点高嗓门,声音有点尖,于是她就改掉这个习惯,保持稳重的拖腔,适中的调门。她每四个月要烫一次发,往后梳成为达拉斯的发型。她的眼睑也去整容,因为她的眼睑皮肤比较松弛。她怕一笑就撒嘴,还换了一幅好的门牙。她化装用柔和的秋色做基调,珍珠项链下面系一个蝴蝶结,保住女性的魅力,服装用深色,样式大方而又优美。她三次连任首相,这不能说和她的仪表风度是没有联系的。

对培养演讲者仪表的具体要求如下。

总的来说,演讲者的仪表要整洁大方、庄重朴素、轻便协调、色彩和谐,需要注意以下几点。

(1)仪表要符合自己的年龄、职业和身份。

(2)仪表要符合自己脸型、肤色、身材的特征。

(3)仪表要符合时代特征,符合社会风尚和民族的审美意识。

(4)仪表要符合演讲的内容、演讲的环境、演讲场合的氛围。

(二)面部语言(表情)

有人曾问古希腊最伟大的演说家德摩斯梯尼:"对于一个演讲家,最重要的才能是什么?"德摩斯梯尼回答:"表情。"又问:"其次呢?""表情。""再其次呢?""还是表情。"由此可见表情在演讲中的重要作用。

人的面部表情,是人的思想感情在外貌上的显示,是人的思想感情最灵敏、最复杂、最准确、最微妙的"晴雨表"。面部表情包括眼神、眉目、脸部、口唇等。它主要是指演讲者通过自己的脸、嘴和眉目所表达出来的感情。人的面部表情十分生动、丰富和复杂。根据生理学和神经心理学的研究,人的喜、怒、哀、乐等复杂感情在脸上的表露,都是由面部二十四双肌筋的交错收缩与放松造成的。比如:面部肌肉绷紧,多出于严肃、庄重、愤怒、疑问、不高兴的时候;相反,面部舒松则表现一种平易、和蔼可亲、取信于人、理解、友善、感激等感情。

达尔文在《人类与动物的表情》一书中指出:"现代人类的表情动作是人类祖先遗传下来的,因而人类的原始表情具有全人类性。"在当今的社交活动中,这种全人类的表情成为了交际过程中的重要手段之一,它以最灵敏的特点和共性,把具有各种复杂变化的内心世界表现出来。如高兴、悲哀、痛苦、畏惧、愤怒、失望、忧虑、烦恼、疑惑、不满、得意等思想感情都可以由面部表情充分地反映出来。"喜怒哀乐形于色"说的就是这个意思,这里面的"色"就是由面部表情和眼神来决定的。

大文豪雨果说过:"脸上的神气总是心灵的反映。"经常看演讲的人都有下面这样的体会。当我们坐在大厅里观看演讲者演讲时,在他上场的那一瞬间,首先看到的是他的整体形象——潇洒的风度、高雅的气质、大方的步态、得体的打扮等。我们对比一一审视之后,在心中定格出演讲者的形象,但演讲时间一长,大家的眼睛会聚到演讲者的一个部位——脸部。这并非演讲者有一张漂亮迷人的脸蛋,而是因为脸部是感情的"晴雨表",听众可以从上面读懂演讲者的情感世界。

美国著名的教育家戴尔·卡耐基在说到罗斯福总统演讲时,说他全身好像一架表现感情的机器,他满脸都是动人的感情。这样使他的演讲更有力、更勇敢、更活跃。当代著名演讲家、演讲理论家邵守义在进行演讲时脸部表情丰富多彩,丰富的表情后面表现着复杂的思想情韵。

有些演讲者不善于运用自己的面部表情,不管内容如何转折变化,不管感情如何波澜起伏,始终都是一种表情,仿佛面部表情同思想感情的变化毫无关系。这不仅会给听众一种呆滞、麻木的感觉,而且有损于思想感情的表达。

面部表情中最需要引起演讲者注意的是笑容和眼神两个部分。

1. 微笑练习

有魅力的微笑是天生的,但依靠自身的努力也完全可以拥有它。因此,演员或空姐通过微笑练习,可以练出迷人的微笑。笑脸中最重要的是嘴型,因为根据嘴型如何动,嘴角朝哪个方向,微笑也会表现的不同。面部肌肉跟其他的肌肉一样,使用得越多,就越容易形成正确的移动。练习微笑总共分为六步,每天最好对着镜子练习,六步具体如下:

微笑练习第一步——放松肌肉;

微笑练习第二步——给嘴唇肌肉增加弹性;

微笑练习第三部——形成微笑(对着镜子,形成自己觉得最满意、最灿烂的微笑);

微笑练习第四部——保持微笑(对着镜子,保持最灿烂的微笑);

微笑练习第五部——修正微笑(对着镜子,看看面部肌肤有哪个地方笑得不是太好看,进行修正);

微笑练习第六部——修饰有魅力的微笑(对着镜子,把微笑做到最好)。

2. 眼神练习

面部表情最生动的部分就是眼神。意大利文艺复兴时代的著名艺术大师达·芬奇有一句名言:"眼睛是心灵的窗户。"人的喜怒哀乐都可以通过眼睛反映出来。很多演讲者在演讲的时候,眼睛不知道看哪里,有的看着天花板,有的就一直盯着笔记本电脑,这样会影响演讲的效果。可见,眼睛是演讲者的侦察兵、组织者,眼睛在演讲中起到举足轻重的作用。我们要善于用自己的眼睛准确的表达自己的思想感情。眼神在运用中要注意以下两点。

(1)必须充分运用眼神,眼神的每一个变化必须有目的,随着感情而起伏,变换以后马上恢复正常。

(2)眼睛不要东张西望,而是要向前的,流转的,看起来是在和每一位听众谈话一样,显得自然、得体且和有声语言相协调。

在这里向大家介绍三种具体控制眼神的方法。

①点视法。

目光注视某一对象,与之进行视线交流。对视可以使对方增加对你发言的兴趣,感到一种得到尊重的满足。点视主要用于人数不是很多的演讲场合,100人以下的演讲场合可以用点视。点视就是在演讲的过程中,眼睛注视听众,在与听众对视中游走,不断和听众进行心灵对话。

②扫视法。

将视线从左到右或从前到后慢慢移动,扫视听众。扫视法一般用于比较大的演讲场合,人数在100人以上。这种方法可以与听众的眼神进行广泛的接触和交流,了解他们的反应,调整自己的语言,以使语言表达取得最好的效果。

③虚视法。

目光散成一片,不集中在某一点上"视而不见",通常把视线散在听众的中部和后部。该方法用于特大型的演讲场合,人数一般在1 000人以上。

练习眼神的方法可以在任何地方,把外界事物当成听众,进行点视、扫视、虚视练习。另外在很多大型场合或特大型场合中,上述三种方法经常都要用到。

(三)肢体语言

罗丹说:"没有灵魂的手,强烈的感情也是瘫痪的。"演说者的肢体语言也会带给听众某种印象。听众就是演讲者的镜子,而且是多棱镜,从各个角度来反映演讲者的形象。演讲者的体态、风貌、举止、表情都应给听众以协调平衡乃至美的感受。

1. 站姿

要想从语言、气质、体态、感情、意志、气魄等方面充分地表现出演讲者的特点,只有在站立的情况下才有可能实现。演讲必须站着,这是一个基本原则。古今中外成功的演说家几乎都是站着演讲的,就是在联合国的讲台上,不管是国家元首还是政府要员,都一律站着讲,而且还限制时间。其原因就在于:第一,表示对听众的尊重;第二,避免长篇大论,或埋头念稿子的毛病;第三,显示演讲者的精神风貌;第四,增强和听众的交流,调节会场的气氛;第五,演讲者站立着,可以给人一个完整的形象,只有站立着,才能使手势、身势自由地摆动。

演讲站立的姿势要领如下。

(1)站要直。站在台上时要保持两肩持平,上身和两脚与地面要基本垂直。

(2)立要稳。演讲者的重心应放在自己脚上,而不应该依靠讲台之类的支撑物。要保持稳固的站立,通常有两种方法:一种是两脚并行,分开20 cm左右,这种姿势一般用在短篇演讲和比赛演讲中;另一种是一脚稍前,一脚稍后,重心主要压在后脚上,也就是介于立正和稍息之间的姿势。相比之下,后一种方法好处要多些,它可以两脚调剂,减轻疲劳,长篇演讲中一般都采用这种站姿。

【案例分析 2-68】

(1)立正步练习。

两脚并拢,两脚之间距离大约 3 cm,身体站直。

(2)正立练习。

两脚并拢,两脚之间距离为 10～20 cm,身体站直。(注:台上站姿非两脚与肩同宽。有的书上写的两脚与肩同宽,但是在实际演讲运用中,如果两脚与肩同宽,很不雅观。你自己可以对着镜子试一下。一般两脚之间距离最多 10～20 cm 就可以了。)

(3)稍息步练习。

一脚在前,一脚在后,形成稍息步。在实际演讲过程中,男士的两脚间距离为 20～30 cm。女士则可两脚靠拢形成稍息步。

(4)丁步练习。

一脚着地,另一只脚的脚尖着地,形成丁步。此步法主要用于演讲过程中的部分内容或者高潮时,配合手势运用。

(5)斜步练习。

一脚在前,另一只脚的后脚尖着地。此步法也主要用于演讲过程中的部分内容或者高潮时,配合手势会用到。

2. 手势

演讲时手势的运用也十分重要。

【案例分析 2-69】

布什就是一位很擅长演讲的政治人物,他演讲时的手势特别多,讲话时手会比来比去。布什在讲话时甚至还有指挥的架势,即使经常说错字,布什也毫不受干扰,照样比手画脚,紧紧抓住群众的注意力。媒体评论说,布什的手势总能贴切的诠释文字。比如,布什在说到死对头、伊朗总统内贾德时,手指是一路往下指。肢体语言专家派蒂伍德认为,当手指指向某处时,表示要对其施压。在记者会的每次发言,布什很多的手势让气氛从不冷场,见图 2-2 所示。

演讲的手势是多种多样的,但是也有一定的规律可寻,按它的运用方式和意思大致可以分为以下几种类型。

(1)情意手势,见图 2-3 所示。

这种手势主要是表达演讲者喜、怒、乐的强烈情感,使其具体化。比如:讲到胜利成功的事情时,演讲者拍手称快;讲到非常气愤的事情时,演讲者双手握拳,不断颤抖;讲到着急、担心的事情时,演讲者双手互搓。情意手势既能渲染气氛,又有助于情感的传达,在演讲中使用的频率最高。

图 2-2　布什的各种手势

(2)指示手势,见图 2-4 所示。

图 2-3　情意手势　　　　　　　　图 2-4　指示手势

这种手势有具体指示对象的作用,它可以使听众看到真实的事物。比如讲到"你"、"我"、"他"或"这边"、"那边"、"上头"、"下头"时,都可以用手指一下,给听众更清楚的印象。这种手势的特点是动作简单、表达专一,基本上不带感情色彩。这种手势只能指示听众的视觉可以感知的事物和方向,视觉不及的不能运用这种手势。

(3)形象手势,见图 2-5 所示。

这种手势主要用来摹仿事物,给听众一种形象的感觉。比如,演讲者在讲到"袖珍电子计算机只有这么大"的同时,用手比划一下,听众就知道它的具体大小了。当讲到"微型的照相机只有现在的进口打火机那么大"时,用手势配合一下,既具体又形象。

(4)象征手势,见图2-6所示。

图2-5 形象手势

图2-6 象征手势

这种手势可以表示抽象的意念,用得准确恰当能引起听众的联想,例如讲到"让我们扬起理想的风帆,向着光辉的未来前进!"和"同志们,冲啊!"时将右手向前上方有力地伸出,这个手势就象征着奋勇前进的大军。展示未来美好的意思都可以用此手势。此种手势有多种类型,如表示胜利的"V"形,表示停止的"T"形,表示赞许的"OK"形等。

(5)习惯手势,见图2-7所示。

图2-7 习惯手势

这是指那些往往是在下意识的状态下产生的含义不太明确的手势。任何一位演讲者都有一些他自己拥有而别人没有的习惯性手势。手势的含义不明确、不固定,随着演讲内容的不同而体现不同的意义。毛泽东在演讲时常有一个叉腰的手势;孙中山先生演讲时常常拄着手杖;斯大林在演讲时习惯拿着烟斗,边讲边摇。这些手势成为他们独特的风格。

我们了解了手势的基本含义,至于演讲时用双手,还是用一只手,这要视具体内容而定,不可一概而论。可以从会场的大小、听众的多少、内容的需要、表情达意的强弱等几点选择什么手势。

由于演讲的内容和情感不同,手势的活动区也就不尽相同,每个活动区都有它特定的内容。一般讲上区指肩部以上,中区指肩部到腹部,下区指腰部以下。

上区:手势在肩部以上活动,一般表示理想的、想象宏大的、张扬的内容和情感。如表示对某人的殷切希望;对某项工作或工程取得胜利的喜悦;对朋友、亲人幸福的祝愿;对未来前景的展望等类似这样的内容,演讲者的心情比较激动,此时手势在上区活动就显得比较有意义。

中区:手势在肩到腹部区活动,一般表示记叙事物和说明事理,演讲者这时的心情比较平静,例如,在讲到"大家应该彼此谅解,加强团结。"或"按组任务,小组长负责。"等内容时,手势在中区活动比较合适。

下区:手势在腰部以下区活动,一般表示憎恶、不悦、鄙视、不齿的内容和情感。比如在讲到"这些人只能是偷偷摸摸,不敢明目张胆,这种行为是可耻的"等内容时,手势一般在下区活动比较合适。

手势在演讲中的作用是多方面的,善于利用手势可以扩大其思想容量,加强其形象表达,增强其感情色彩。但它毕竟是辅助手段,不可喧宾夺主,而且也不应当代替有声语言,不可能也不应该有与有声语言相同的功能。因此,在手势的运用上,应该符合以下几点要求。

第一,准确。所谓准确,是指手势与语言的内容要一致,不能让人产生费解和误解。虽然相同的手势在不同的民族和国家会表达不同的意思,但手势又有一定的规定性和更大的一致性。如果演讲者"言行不一",听众就会搞得丈二和尚摸不到头脑。

第二,适度。所谓适度,是指演讲时手势的频率和幅度要有度。先说频率,演讲者在演讲时自始至终没有任何手势动作,固然显得生硬呆板,但动作太多太碎,又会喧宾夺主,使听众根本没有注意他讲的内容;而动作太少,感情表达就不充分,听众有时难以理解。再说幅度,手势的幅度要视听众的多少和会场的大小而定。人数多,会场大,动作的幅度可以大一些,表现得明显一些,使两侧及后排的听众也感受得到;人数少,会场小,动作的幅度就可以小些,否则,会显得虚张声势,分散听众的注意力。

第三,简练。所谓简练,就是每一个手势都力求简单、精练、清楚、明了。要做得干净利索、优美动人,切不可琐碎、拖泥带水。有的演讲者常常是为了手势而手势,伸出去的手经常在胸前及头上来回摆动,像小学生在学打拍子,显得很幼稚,听众自然就会觉得你的演讲内容也不会深刻到哪里去。个别的演讲者出于哗众取宠的心理,经常在自己的手势上加一些"花点",结果,反倒使听众茫然不解。其实,手势越简练越有表现力。

第四,自然。所谓自然,是指手势不要太机械,不要太僵硬。演讲者的手势贵在自然。自然才是感情的真实流露,自然才能表情达意,才能给人以美感。僵硬的、呆板的,甚至做作的手势会使听众感到不舒服,甚至反感。同时,手势要富于变化。演讲者不可老是重复单一的手势,这样会显得枯燥乏味。

第五,协调。所谓协调,是指手势要与其他演讲要素统一、和谐。演讲者的手势从来都不是单独进行的,它的一招一式,总是和声音、姿态、表情等密切配合进行的。只有将一切表演手段都调动起来,共同为总目标服务,才能产生巨大的感染力。在各种表演手段的配合中,就出现了协调问题。协调的动作才是美的动作,离开了协调就谈不上美。比如,演讲者的话都说出去了,动作却还没有做,或是话已经讲完了,手势还在继续做,这样就会使听众感到滑稽可笑。手势固然重要,但只有和其他表演手段配合好,做到协调一致,才能收到最佳效果。

有了对手势语的初步了解,并且能够在实践中融会贯通、运用自如,那么你的演讲一定会很精彩。演讲是一门艺术,手势的运用可以说是艺术中的艺术,对于演讲的成功与否起着至关重要的作用,每一位演讲者都应该高度重视。

(四)风度

风度是人们在长期的社会生活中逐渐形成的一种风格和气度,是通过人的言谈举止、仪表体态、装束打扮等给他人留下的综合印象。因而它不是单指一招一式,也不是指一颦一笑,而是人的精神状态、个性气质、品德情趣、文化素养、生活习惯等外在表现的综合反映。

风度是一个人的思想品德的外在表现形式,是一个人内在美的自然流露,风度的美丑关键是灵魂的美丑,所以要具有优美的风度,首先要塑造美好的心灵。

俄国文学批评家、美学家别林斯基说:"讲究风度,这种必要性不是来自社会身份或等级地位的虚假观念,而是来自崇高的人类称号;不是来自礼仪体面的虚假观念,而是来自人类尊严的永恒观念。"在这里,美学家别林斯基告诉我们:一个人不是为了追求社会地位,讲究身份、体面才来追求风度美,而是因为任何一个人都得具备这种必备的品行。在我们提倡精神文明和加强公民道德建设的时代,每个人更应该努力培养自己良好的风度。

在社交场合中,一个人的举止、谈吐、仪表、体态、服饰、打扮会给别人留下一个与他人不同的印象,这就是一个人的独特风度。演讲者的风度美是其内在素质和外在表现的统一。风度美的获得一般有以下几种途径。

第一,要坚持在实践中刻苦磨炼。演讲者的风度美不是一朝一夕形成的,而是在现实生活中受家庭、社会及个人经历和修养等各种因素的影响熏陶,经过自己长期不懈的奋斗追求磨炼而成的。

【案例分析 2-70】

周恩来1913年在天津南开中学读书,初学演讲时,由于苏北口音较重,加上没有经验,所以初次登台心情紧张,演讲效果不佳。为了提高演讲能力,他针对初次登台暴露的弱点,坚持从内容到声音,从仪表到姿态进行训练。以后不论是在多么复杂的情况下,他的演讲都立论精辟,生动感人,他的气质和形体都给人以美感,具有大雅风度。

(摘自第一营销网,www.cmmo.cn/home.php? mod=space&uid=48)

第二，要不断加强自身修养。人们在衡量一个人有没有美的风度时，主要看内在的气质，讲究"内秀外美"。演讲者要想做到这一点，就必须加强自身修养，充实内在气质，使外在美趋向于内在美。

第三，虚心接受他人的教育和指导，借鉴成功者的经验。现在国外有许多的仪表礼仪咨询公司，它们的广告词是："优雅的举止，优美的谈吐，堂堂的仪表，翩翩的风度是职务晋升的条件。"由此可见，培养优美的风度是时代的要求，也是每个人在社交场合必备的良好素质，因此，我们要注意纠正那些不良的言行举止，改正不讲卫生、不讲礼貌、不修边幅的坏习惯，使自己成为一个心灵美好、外表端庄、举止文雅、风度翩翩的人。

第四，风度和仪表的关系十分密切，风度必然从仪表中表现出来，但仪表绝不等同于风度，它们二者之间既有区别，又有联系。一般来说，仪表侧重于演讲者的外表形象，风度侧重于演讲者的精神风貌。但是二者之间又是相辅相成的，不能截然分开，仪表并不完全排除精神方面的因素，风度也要通过人的容貌、姿态体现出来。优美动人的举止常常是符合礼仪要求的，比如：演讲者英姿焕发、举止潇洒、热情谦和，便显得彬彬有礼；如果敞胸露怀，一步三晃，放荡不羁，不仅没有风度，也是不懂礼仪的表现，往往令人反感。

总之，在现实生活中，风度、仪表是人与人交际活动中的第一印象。倘若你朝气蓬勃，就会使人感受到你身上散发清新的时代气息；假如你落落大方，就会显现你是诚信而开朗的；如果你喜欢故弄玄虚，别人就会觉得你轻浮而不可信，纵然你口吐莲花，舌绽春蕾，人们也不会对你产生钦佩之感。俄国作家契诃夫说："人的一切都应该是美好的，心灵、面貌、衣裳。"只有塑造美的形象，用仪表这种无声语言才能取得别人的尊重和信任，显现自己的风度和气质。

两千多年前的孔子对这一点说得很具体，很精深，他说："质胜文则野，文胜质则史，文质彬彬，然后君子。"（《论语·雍也》）这里的"质"是指内在素质，"文"是指外在表现。这意思是说，只注重内在素质而忽视外在表现，就会显得粗俗、野蛮；而只注重外在表现而忽视内在素质，就会显得浮华、迂阔。只有文质兼备，即内在美与外在美，精神充实与外貌风采完美统一，才称得上是君子风度。风度是不能装的，装也是装不出来的，这是需要很深的"内功"，而"内功"是需要长期"修炼"的；风度也不是虚幻的、不可琢磨的，它总是从具体的言谈、举止、仪表中表现出来。演讲者的风度直接影响演讲的效果。作为一名优秀的演讲者，只要坚持在"内在"和"外在"两方面下工夫，就一定能培养出优美的风度。

（五）演讲上台前后整套的体态动作

最后总结一下演讲上台前后整套的体态动作，具体如下。

1. 上台前的体态动作

(1)要看好地形、路线,了解观众的情况。

(2)整理好自己的衣服、资料、道具、发型等。

(3)请各工作人员调整好音响、话筒高度。

2. 上台时的体态动作

(1)要从容不迫,落落大方,潇洒自信。

(2)不能松松垮垮,随随便便,弓背弯腰。

(3)不能矫揉造作,扭捏作态,怪模怪样。

(4)不能缺乏谨慎,匆匆忙忙,大步流星。

(5)不能过于迟缓,拖拖拉拉,委靡不振。

3. 上台后的体态动作

不要急忙开口,而应用亲切的目光注视或扫视会场几秒钟,使听众的大脑做好接收信息的准备,得到无声的感染。

4. 移动的体态动作

一般来说,在正规的场合下,演讲者站立好后是不宜移动的,但在特殊情况下,有时也要适当移动。演讲者的身体如果需要移动的话,应注意以下三点。

(1)动要在理。移动必须符合演讲内容的需要,或者出于其他的目的,比如,为了进一步鼓动听众或者制止一些特殊情况的发生,演讲者可以向前走动点。

(2)动有规则。演讲者在走动方向、走动节奏、走动快慢等方面要保持一定的规则,做到既能活跃会场气氛,又能稳定听众的情绪。

(3)动要适当,宁少勿多。移动范围不应过大,不可跨越太远,来回走动。

在现实的演讲活动中,有以下两种倾向很值得注意。一是有的演讲者只"讲"不"演",只注重演讲的实用性而忽略了演讲的艺术性,使演讲不伦不类,干巴枯燥,因而削弱了演讲的效果。二是有的演讲者一味过分地"演",追求相声、评书、朗诵、故事等其他艺术表演技巧,冲淡了演讲的现实性、实用性和严肃性,显得滑稽、夹生,起不到演讲应有的作用。这两种倾向都是必须认真加以克服的。

【案例分析 2-71】

(1)下面欣赏一段录音,看看它的语言技巧处理。

再 别 康 桥

徐志摩

轻轻的我走了,

   正如我轻轻的来;

我轻轻的招手,

   作别西天的云彩。

那河畔的金柳，
　　是夕阳中的新娘；
波光里的艳影，
　　在我心头荡漾。

软泥上的青荇，
　　油油的在水底招摇；
在康河的柔波里，
　　我甘心做一条水草！

那榆荫下的一潭，
　　不是清泉，是天上虹；
揉碎在浮藻间，
　　沉淀着彩虹似的梦。

寻梦？撑一支长篙，
　　向青草更青处漫溯；
满载一船星辉，
　　向星辉斑斓里放歌。

但我不能放歌，
　　悄悄是别离的笙箫；
夏虫也为我沉默，
　　沉默是今晚的康桥！

悄悄的我走了，
　　正如我悄悄的来；
我挥一挥衣袖，
　　不带走一片云彩。

（2）运用前面讲过的语音技巧来复述下面这篇演讲稿。
尊敬的各位领导、评委老师们：
　　大家好！我今天演讲的题目是《手的力量》。
　　汶川大地震让半个亚洲震动，让整个世界震惊。在大地震中，我看到废墟中一只只挣扎着向上、渴望生命的手；我看到武警消防官兵用血肉之手刨着废墟，即使手指甲翻了、手流血了，他们仍然不抛弃，不放弃；我看到最后生命的奇迹——大手握小手，握成一个幸福的圆。那小手就如小小的太阳，被大大的爱托住，于是小手又有了温暖和希望，人间就多了希望的翅膀。

我感悟着这一双双神奇的手,在大地震中,它们却散发着无穷的力量,因为千千万万的手都凝聚着爱,爱是人类最美丽的语言。

记忆犹新的是这几只手。一个小男孩被官兵救出的时候,抬在担架上奄奄一息,但他不忘仰起脖子,对着救他的一片绿献上一个标准的少先队礼。多么懂事的孩子,在大灾大难之后,许多孩子被救起的时候,有的喊着"要妈妈",有的要冰镇可乐喝,但他怀着一颗感恩的心,即使说不出话,即使动弹不得,但他却用手书写了人间最美丽的语言,给了官兵最大的感谢和鼓舞。这一张照片永远定格在那个美丽的少先队礼上,少年的手势是那么铿锵有力,少年的眼睛里写满了泪水和感激,少年的心里从此埋下爱与被爱的种子。我相信,这个少年长大以后,一定懂得关爱生命,感恩他人。

还有两只手,紧紧地扒在一张讲台上。那是位可亲可敬的老师,在大地震突然袭击的时候,原来他可以躲在讲台下的三尺空间里,可能会侥幸生存。但他在生与死的边缘,选择了把生的机会留给他的学生,他把四个学生紧紧地拥在讲台下。地震下,他成了一尊雕塑,双臂张开趴在讲台上,十指紧紧扣着讲台,像在保护着无价之宝。四个学生在老师的护翼下幸存了,老师却永远地去了,我相信他是升入了天国,我相信他的双翼长出了一对洁白的翅膀。从此,天堂里有了琅琅的读书声,从此,天堂里不再寂寞不再哭泣。

我还看到这样一双双稚嫩的手。一对龙凤胎从废墟里被救出来,两个可爱的小家伙,没有了父母的呵护,他们一直哭个不停。小战士用他们稚嫩的手抱过孩子,用他们的手轻轻抚摸着孩子,也许这时在孩子眼里,他们就是可亲可爱的母亲。看着小战士手忙脚乱的样子,他们可能还没谈恋爱呢,怎么会为人父母,但他们都紧紧抱着襁褓中的婴儿,用双手轻轻地拍着婴儿,那份不似母爱胜似母爱感天动地!

大地震中涌现出太多的生命奇迹,有太多的震撼和感动,我的眼睛无数次湿润。我知道,是大爱无疆感动了我,是人间真情感染了我。于是我懂了,当你心中怀有希望的时候,你就有一千只手护佑着你和他人;当你在水深火热时,你的身边就会有一千只热情的手、一万只真诚的手……

谢谢大家!

(摘自搜搜问问,wenwen.soso.com/z/q121671681.htm)

【思考与练习】

1. 知识点复习

(1)口才表达的语言技巧有哪些?

(2)口才表达的非语言技巧有哪些?

2. 实训练习

(1)在毕业生联欢会上,校领导向同学们表示了热烈的祝贺,提出了殷切希望,班主任也提出了希望。同学们相继表示了决心。如果你作为一个毕业生最后一个发言,你要怎样发言才能既表示了决心又能给人留下深刻的印象?

(2)你准备去外资企业从事公关工作,虽然你没有系统地学习过这门学科,但十分热爱此项工作并有一定的交际特长,如何同外资企业董事长谈成这件事?

第三节　口才表达的几种类型

口才是一门以个体深厚的文化素养为积淀,并与生动、得体、机警等表达形式相结合,在特定的场合下,为表现某个特定主题而呈现出来的口语表达能力。本节主要总结了几种特定环境下口才表达的类型,具体包括:交际口才、应聘口才、谈判口才和营销口才。关于辩论口才的部分,将在第三章具体讲解,本节就先不讲了。

一、交际口才

口才不是与生俱来的,更不会从天而降。就像剑术需要实战,骑术需要竞赛一样,口才是在社交中锻炼而成的。

——[法]大仲马

这是一个讲究人际沟通的时代,这是一个靠口才赢得人脉的时代。美国成功学大师卡耐基曾明确指出:事业的成功85%取决于一个人的交际能力,而口才则是衡量一个人交际能力的重要标准之一。语言的力量是巨大的,"一言可以兴邦,一言可以误国"。在当今社会中,事业的成功离不开好口才,人脉的兴旺同样需要好口才。可以说,口才决定了你人生与事业的成败。纵观古今中外,那些口才出色的成功者都充分证明了口才对事业人生的重要作用。

交际口才练习的方法和策略具体表现在以下几点。

1. 积极了解对象

(1)留心观察。

(2)以话试探,如下面的几段问话,"昨天天气闷死了,今天可能要下雨了吧?""四川人吧?""您是主人的同学?""您几点来的?""您自己做饭吗?"

2. 主动选择话题,学会"闲扯"

(1)从当天的报纸、电视新闻中找出一条比较有趣可谈的或是耸人听闻的报道。

(2)和初为人父母者聊聊宝宝的情形,聊聊如何教育孩子。

(3)向刚动过手术或大病初愈的人道喜,顺便聊聊如何保持身心健康等。

(4)聊聊全国都在谈论的体育赛事。

(5)谈谈令人兴奋的财经新闻。

(6)谈谈最近听到的地方市政问题。
(7)聊聊最近热播的电视节目。
(8)讨论当地房地产的市场动向。
(9)讨论生活小事。

话题选择的注意事项有以下几点。
(1)选择对方最感兴趣的话题,人们最感兴趣的话题常常是他们自己。
(2)选择对方擅长并且熟悉的事情。
(3)选择双方都关心的事情。

3.顺利进行话题
(1)仔细聆听。
①做一个好听众,注意用眼睛说话。
②从态度上显示出你很感兴趣,如点头表示赞成,或偶插赞同的话。
(2)恰当引导,做个快乐的"十万个为什么"。
(3)适时转换话题,在谈话的过程中,要注意对方的态度和自己的感受。

4.关于私人问题要巧妙回避,适时转换
如下面这样一段对话,甲:"哎,你一个月工资多少?"乙:"工资啊,别提了,反正饿不死……"再如这样的一段对话,甲:"你是干什么的?"乙:"我每天都在浇灌祖国的花朵。"

5.适度赞美别人
适度地赞美别人如托尔斯泰所说:"就是在最好的、最友善的、最单纯的人际关系中,称赞和赞许也是必要的,正如润滑对轮子是必要的,可以使轮子转得快。"

二、应聘口才

在就职演讲和大学生的求职面试中,口才表达显得至关重要。应聘者如果具备渊博的学识,知己知彼,灵活地运用逆向思维,在谈话中巧设歧义,凭借幽默、机智、生动的口语表达,定会在应聘中脱颖而出。具体技巧包括以下几点。

1.开场问候
开场问候是给面试考官的第一印象,自信、微笑、大方是必不可少的。进门时应该面带微笑,行45°鞠躬礼,并根据对方职务称呼,如果把握不准的时候称呼一声"老师好"就足够了。声音要洪亮,底气要足,语速自然。要做到彬彬有礼,大方得体,不要过分殷勤,也不要拘谨或过分谦让。

2.自我介绍
自我介绍是面试非常关键的一步。我们在这五分钟内的表现,很大程度上决定了我们在考官心里的形象,为接下来的面试定下了基调。考官一般都会先提出

"谈谈你自己好吗?""你认为自己最成功的经历是什么?"之类的问题,实际上就是让我们进行自我介绍。通过自我介绍,可以考察求职者自我认知,以及能否抓住重点,突出特长地介绍自己,进而了解求职者的语言表达和逻辑思维能力及个性等。另外,自我介绍还可以考察求职者能否把个人背景与所要应聘的岗位结合起来。进行自我介绍需要把握以下几个重点。

(1)要展示个性,使个人形象鲜明。求职自我介绍不要记流水账般谈生平简历,更不要复述递交的简历,要谈一些自己做过又能突出自己能力的独特事例。比如,被选举为班长,写了一篇综合性的校报文章,在辩论赛中获胜等。

(2)要根据应聘岗位要求突出个人的优点和特长,但不要简单罗列自己的优点,最好能具体介绍一下自己负责的成功案例。例如,岗位要求具有实际管理经验时,自我介绍就要突出自己在管理方面的优势,如成功地创建了一个全校性的学生社团,并且取得了较好声誉等。为了增加可信度,还可以适当地引用别人的言论,如老师、朋友等的评论来支持自己的描述。

(3)语言表达要口语化,切中要害,条理清楚,层次分明,重点突出,适当运用态势语。

(4)自我介绍要反复模拟练习,并找不同的听众提出修改意见。面试考官都有很强的鉴别能力,如果我们在面试中的表现有不严密的地方,很容易被他们抓住,进而不断追问,这样一来就会乱了阵脚。为了避免这样的情况出现,最好的办法就是把准备工作做得尽可能充分。具体可从以下几点来进行分析。

一是关于求职动机分析。这类问题旨在发现求职者对应聘岗位(单位)的态度、了解程度和求职诚意,并在此基础上判断求职者是否对获得这个职位有足够的动力和信心。要回答好此类问题,需要求职者对应聘岗位(单位)有较深入的了解。应聘者应该向考官表明应聘岗位对自己有强烈的吸引力,自己有足够的专业知识和技能来完成工作,并提供能验证自己观点的事例。回答过程要始终表现出对求职岗位(单位)的热情、诚意和愿望。参考回答:"从我的经历来看,贵公司提供的是最适合我的一份工作。我一直在关注贵公司,也一直希望能有这样的面试机会。我拥有的技能可以证明我非常适合这一职位,比如……"

二是关于成功经历分析。成功经历是进入优秀企业的最重要的前提。这类问题旨在通过了解求职者以往取得的成绩,判断其事业心、责任感和敬业精神等,求职者选择谈论的事情将揭示出他的道德标准、价值观、工作方式,甚至可以反映出影响其成功的因素,同时也可能反映出存在的缺陷。应聘者应有效地向考官证明自己是一个有成功经历的人,会增加面试成功的概率。一方面,要尽量找到自己的经历与岗位的需求之间的联系;另一方面,要选择自己过去所经历的一件事或参加的一项活动来进行说明,并重点介绍自己在活动中所扮演的角色,承担的责任,付出的辛劳和取得的收获等,以此来说明自己有能力,事业心和责任心很强,具有协调性,重团队精神。参考回答:"面对每一次竞争,我都是竭尽全力,全身心地投入,这是我获得成功的法宝。我曾代表班级参加演讲比赛……"

　　三是关于人格品行分析。这类问题旨在通过求职者的回答了解求职者的人品、性格、价值观、人生态度等。应聘者要向考官表明自己是一个积极向上的人,有良好的个人修养,待人诚恳,讲信用,有责任感,值得信赖,从而反映出自己是一个成熟的应聘者。一定要提供一个真实的事例,虚假的事例只会损害自己的形象。参考回答:"我很重视自己身边的每一个人,在我看来彼此的信赖是最重要的。即使是在一个充满竞争的环境中,我都会尽力照顾和我在一个团队里的人。进入一个新的团队,我会想办法了解每一个人的长处,当他们有困难时我会伸出援助之手,当然我在需要时也会向他们求助。"

　　四是关于自我评价分析。这类问题旨在了解求职者的优势和劣势,同时可以看出求职者的价值观,以及能否对自己做出客观的评价。应聘者介绍自己的长处时,不需要过分谦虚,要举例说明并结合所应聘的岗位谈自己的优点。暴露缺点时,要运用正确的回应技巧,做到适度、婉转,能够提供改善自己不足的方案。参考回答:"从长处来讲,我相信我最大的优点是我有一个高度理智的头脑,能够从混乱中整理出头绪来。我最大的弱点是,对那些没有秩序感的人,可能缺乏足够的耐心。我相信我的组织才能可以帮助企业尽快地实现目标,而且有时候,我处理复杂问题的能力也能影响我的同事。"

　　五是关于业余爱好和特长分析。这类问题表面上是一个无关紧要的问题,但可以通过应试者对此问题的回答,了解应试者的个性,与人共事的能力。应聘者在回答问题时,不要泛泛而谈,最好提供一些与求职岗位工作有联系的特长和爱好,以证明对专业领域的最新发展状况的把握,能够良好地管理自己的时间,表达对生活的热爱,展现个人的魅力等。参考回答:"拥有大量的业余时间是再好不过的事情了,也许我会去旅行,学另一门语言,我还会学更多的有关会计学的课程。"

　　六是关于工作能力分析。这类问题是为了了解求职者的工作能力、组织能力、管理能力和计划能力等,同时通过回答确认求职者是否是一个努力工作的人,最终判断求职者是否适合岗位需求。应聘者要显示出自己履行责任的意愿和能力,并能通过具体的案例反映自己的计划和组织能力,同时要表明求职者管理个人事务的能力,以及对未来的设计规划能力。参考回答:"同所有现实目标一样,我的目标经常改变。不管在长期还是短期,我的个人策略是根据当前目标评价自己所处的位置,然后相应地修改自己的计划。比如,我每五年就制订一项个人计划,这个计划中包含一个总体目标和一系列短期目标。每六个月我就回顾一下自己的进展,然后做出必要的修改。很明显,我当前的计划就是实现职业转变,也就是找到更满意的工作。除此之外,我已经实现了近期制订的个人目标。"

七是关于应变能力分析。这类问题可以考察求职者面对突发情况的应变反应能力和机敏程度,以及恰当处理反对观点,承受额外压力的能力和自信程度。应聘者在遇到这类问题时,尽可能发表积极的看法,表明自己能够对压力和变化做出良好的反应。参考回答:"在从事有价值的工作时,任何人都会在工作中不时的遇到压力。我能够应付一定量的压力,甚至在有些情况下还可以承受极大的压力。对我来说,应对压力的关键是找到一种方法控制形势,从而减轻压力的剧烈程度——通过这种方式,压力就不会影响我。我知道任何工作都有压力,我会在压力下工作得很好。"

三、谈判口才

谈判口才是一种技巧性、艺术性很强的才能,要靠长期的实践锻炼与经验积累,才能掌握、运用自如。谈判各阶段语言的具体运用,又各有其特点,如同百花齐放。

谈判专家指出,正式的商务谈判一般可分为六个阶段,即导入阶段、概说阶段、明示阶段、交锋阶段、妥协阶段和协议阶段。同样一个谈判议程,既可以使谈判步上正轨,也可以使谈判偏离正题,过多纠缠次要细节而放松了关键问题的讨论;既可以使买卖双方迅速地顺利达成协议,也可以使谈判变得冗长而索然无味、成效甚微。能够巧用语言艺术控制整个议程的人,实际上也就基本上控制了整个谈判的进程。

谈判的语言是丰富多彩的,同时也是难度颇大的高层次即兴口才。在谈判的过程中,有的人积极进攻,先声夺人,为己方取得有利的发言角度;有的人以守为攻,一再声明己方事先已经做了重大的让步,以控制对方的心理;有的人在对方触及自己的重要利益时,巧妙地引开对方的话题,把讨论的重点设计在无损于己的范围之内;有的人巧用人们易于从语言上认同的心理,有意运用对方感到熟悉、亲切的乡音(包括方言),拉近、缩短双方的心理距离……在这个商战的舞台上,即兴口才大有用武之地。

谈判口才有以下四大特征。

1. 目的的功利性

策动谈判的动力是己方功利的需要。谈判各方皆为满足自己的功利需要而走向了谈判桌。无论是哪一层的谈判,个人间的、组织间的或国家间的谈判都是为了满足自己的功利需要。世界上每时每刻都有着成千上万的谈判者在为着不同的功利需要进行着言语交锋。

2. 话语的随机性

谈判必须根据不同的谈判对象、不同的谈判内容、不同的谈判阶段、不同的谈判时机来随时调整自己话语的表述方式。这里的表述方式包括不同的句型、不同的语气和不同的修辞等。随机应变地运用自己的口才技巧，与对方周旋于谈判桌上。

3. 策略的智巧性

谈判与辩论一样，既是口才的角逐，也是智力的较量。或言不由衷，微言大义；或旁敲侧击，循循暗示；或言必有中，一语道破；或快速激问；或絮语软磨……出色的谈判大师总是善于鼓动，如簧巧舌，调动手中筹码，从而取得理想的成功。

4. 战术的时效性

谈判不同于朋友之间的聊天，也不同于情人之间的绵绵絮语，谈判注重效率，在战术上具有时效性的特征，这也是它独具的特征之一。谈判之初，参谈双方都有自己预定的谈判决策方案，其中包括各谈判阶段所安排的内容、进度、目标，以及谈判的截止日期等。这种时效性特征也可用作迫使对方让步的武器。

【案例分析 2-72】

有个人很善于做皮鞋生意，别人卖一双，他能卖几双。朋友向他请教做生意的诀窍，他笑了笑说："有些顾客到你这里来买鞋子，总是东挑西拣，到处找毛病，把你的皮鞋说得一无是处。顾客总是头头是道地告诉你哪种皮鞋最好，价格又适中，式样与做工又如何精致，好像他们是这方面的专家。这时，你若与之争论毫无用处，他们这样评论，只不过想以较低的价格把皮鞋买到手。这时，你可以恭维对方确实眼光独特，很会挑选，自己的皮鞋确实有不足之处，如式样不新潮，鞋底不是牛筋，不能踩出笃笃的响声，不过较稳罢了，但是，也有柔软的好处……你在表示不足的同时，也侧面赞扬一番这鞋子的优点，也许这正是顾客看中的地方，可以使他们动心。顾客花这么大心思，不正是表明了其实他们是很喜欢这种鞋子吗？以退为进，既满足了对方的挑剔心理，又能顺利做成生意。"

（摘自泉州论坛，bbs.0595bbs.cn/simple/? t108192_32.html）

四、营销口才

营销口才，是营销活动中的特殊技能，是口才艺术中的特别技巧。决战商海，必须要拥有良好的营销口才。营销工作是一门主要靠语言表达来促成交易的商务活动。所以，口才艺术是现代营销中最常用、最基础的技能。缺乏这一基本功的营销者，几乎无法在市场上立足生存，若想成为市场营销中的佼佼者，掌握良好的口才艺术必不可少。

营销语言的基本原则有以下几点。

1. 顾客中心原则

设身处地为对方着想。主动说明顾客购买某种东西所带来的好处。对这些好处做详细、生动、准确的描述,才是引导顾客购买商品的关键。"如果是我,为什么要买这个东西呢?"这样换位思考,就能达成顾客所期望的目标,满足顾客的需要。

2. 倾听原则

"三分说,七分听",这是人际交谈的基本原理——在推销商品时,既要"观其色"又要"听其言",虚心倾听方议论,洞察对方的真正意图和打算,要找出双方的共同点,表示理解对方的观点。

3. 禁忌语原则

在保持积极态度的同时,沟通用语也要尽量选择体现正面意思的词,选择积极的用词与方式。要保持商量的口吻,不要用命令或乞求语气,尽量避免使人丧气的说法。例如,"很抱歉让您久等了。"(负面的说法)"谢谢您的耐心等待。"(积极的说法)"问题是那种产品都卖完了。""由于需求很多,送货暂时没有接上。"

【案例分析 2-73】

齐藤先生是日本寿险推销的老前辈,在最初涉入推销保险的那年夏天,参加公司组织的旅游会,他在雄谷车站上车时,正好看到一个空位,就坐了下来。当时,那排座位上已经坐着一位三十四五岁的女士,带着两个小孩。他知道这是一位家庭主妇,于是便动了向她推销保险的念头。在列车临时停站之际,齐藤先生买了一个小礼物,很有礼貌地送给她并同她闲谈起来,一直谈到小孩的学费,还打听到她丈夫的工作内容、工作范围和收入等。那位主妇说,她计划在轻井车站住一宿,第二天坐快车去草津。齐藤先生答应可以为她在轻井车站找旅馆。由于轻井是避暑胜地,又逢盛夏,自己出来旅行是相当困难的。那妇人听后非常高兴,并愉快地接受了。齐藤先生就把自己的名片给了她,在背面写着介绍住店的内容。两周以后,为了见到她的丈夫,齐藤先生前往他们的住所。而就在那天,他的推销获得了成功。

(摘自百度文库,wenku.baidu.com/view/861e864e767f5acfa1c7)

【案例分析 2-74】

李老太的儿媳妇怀孕有两个多月了,这几天胃口一直不太好,老想吃酸的。李老太想,可不能亏待了我没出世的小孙子,儿媳妇的营养一定要加强。这样想着,李老太就来到了李子摊前。李子摊王老板一见有顾客来,马上热情地招呼:"新上市的李子,要不要?"李老太看了看,问到:"这李子怎么样?"王老板马上说:"我的李子个大味儿甜,您老来二斤?"李老太左摸摸,右看看,李子的确是又大又红,但她却摇摇头说:"我再转转。"李老太又来到了张老板摊前,张老板见李老太面带喜色,肯定家有喜事,便问道:"老太太,什么事这么高兴?"李老太乐呵呵地说:"就要抱孙子了,能不高兴吗?"张老板马上说:"恭喜!恭喜!儿媳妇几个月了?""都两月了。"李老太笑得合不拢嘴。"那可得加强加强营养,喜欢吃酸的吧?""是啊!这两天就想吃酸的。"张老板顺势说道:"我这个李子够酸,而且很有营养,您儿媳妇吃了,一准给您生个胖大小子。""是吗?那给我来两斤。"李老太高兴地买了李子,哼着小曲回家了。

（摘自百度文库,wenku. baidu. com/view/8db2430f76c66137ee06）

【课堂情景训练】

(1)有家坐落在旅游名胜地且离国际机场出口处不远的三星级酒店,常常会遇到因飞机晚点而没有被接机者接走的客人。这天,下着滂沱大雨。有几位客人预订了市中心某四星级酒店的客房,但是在机场出口处并未见到该宾馆的接客车。因为下雨,几位客人就来到了这家饭店大堂等候。面对这几位客人,如果自己是大堂经理,会如何反应?

(2)一次宴会上,几个朋友正在热聊"世界杯"足球盛况,不喜欢足球的你要怎样加入他们的谈话?

【思考与练习】

1. 知识点复习

(1)什么是交际口才?

(2)应聘时在口才表达上应注意哪些方面?

2. 实训练习

(1)好朋友花了3 000元买了一辆自行车,月薪2 000元的你自然觉得有些偏贵,你打算如何对兴致勃勃的好朋友说出你的评价?

(2)情景设计:大二学生李平期末考试中的现当代文学成绩只有50分,而一向认为学得还不错的他觉得十分奇怪,为了核实分数,找出问题,他去办公室找到了任课教师钱老师……二十分钟后李平愉快地走出了办公室。请你设计一段谈话内容,要求以对话形式写出,合情合理,不得少于1 000字。

CHAPTER THREE
第三章
演讲——妙语连珠的背后

第一节 演讲的类型——用理论武装自己

演讲作为一种最高级和最高效的口语表达形式，可以用不同标准把它区分为性质相异的若干类型。分类角度不同，其结果也不一样，所以想给演讲的类型作一个唯一的客观的划分是不可能的。但这并不意味着，演讲没有任何具体的类型。因为所有的演讲都应当有一定的主题和一定的具体内容，还应当有一定的表达形式、活动方式及在表达过程中演讲者情绪的暴露与控制。

在本节里，将大致从演讲的形式、内容、表达、风格等不同方面对演讲进行分类。

一、从形式上划分

以演讲活动的形式为划分标准，演讲可分为即兴演讲、命题演讲、论辩演讲等类型。

（一）即兴演讲

即兴演讲是指演讲者事先没有准备演讲稿，而在特定场景或某一主题的激发下，或自发要求，或由他人提议的一种临时发表的演讲。即兴演讲的范围十分广泛，它既包括生活、工作中的即兴演讲，如小组座谈、答记者问等，也包括比赛、答辩等现场的即兴演讲。

即兴演讲又分为完全即兴演讲和半即兴演讲两种。完全即兴演讲是演讲者事先完全不知道会进行即兴演讲，如临时发言；半即兴演讲则指演讲者虽然事先知道自己会被要求演讲，但不知道具体的演讲主题，如座谈、答辩等活动中的发言。

即兴演讲具有临场性、触发性、简洁性和敏捷性四大特征。因此，对发表即兴演讲的演讲者提出了更高的要求。

首先，没有事先的文稿准备，演讲者只能依靠临场准备和发挥，这最能体现演讲者平时的积累；其次，即兴演讲一般是由于某种刺激的触动而诱发，常常表现出情绪的激动，但又不能任由演讲者过度激动，这需要演讲者具有较强的自控能力和控场能力；最后，即兴演讲要求演讲者的思维更加敏捷，因为即兴演讲者很难在短时间内形成缜密的演说词，所以演讲者需要在短时间内迅速完成"选题"和"定格"的过程，并用简洁生动的语言表达出自己的观点。

可以说，对于所有想要练好口才、说好演讲的演讲者来说，经常进行即兴演讲的训练是十分有益的。

（二）命题演讲

命题演讲是根据演讲组织者事先拟定的题目或限定的主题范围，在有准备的基础上所作的演讲。命题演讲又可以分为全命题演讲和半命题演讲两种。全命题演讲指演讲的题目一般已经由演讲组织者确定，如某单位组织"让雷锋精神在岗位上闪光"主题演讲，为了让演讲员各有侧重，分别拟了《把爱送到每个顾客的心坎上》、《练好本领，为民服务》、《从一点一滴做起》三个题目，给了三个演讲者，要求以此组织材料，准备演讲；半命题演讲指演讲者可以根据演讲组织者限定的主题范围，自己拟定题目进行的演讲。

命题演讲的主要特点：主题鲜明突出、内容针对性强、结构系统完整、整体要求全面。因为命题演讲一般都有较充分的准备时间，所以要比即兴演讲更完整、更全面。而演讲者在进行命题演讲时，最需要注意的环节就是"审题"，因为一旦发生演讲"跑题"，即使演讲者演讲方法再丰富，演讲技巧再纯熟，也是不符合命题演讲要求的。

【案例分析 3-1】

以下是荣获北京市第五届中学生"绿色奥运"演讲比赛金奖的甘露同学，所作的题为《打好环保比赛 创建绿色北京》的演讲节选。

尽管 2008 北京奥运会离我们还有 3 年之遥，但有一项规模宏大的特殊比赛已经拉开了序幕。这场比赛的参加者并非来自世界各国的体育选手，而是身处北京的每一位公民，比赛的场所就是我们身边的街区小巷。我想大家已经想到了我所说的这项特殊比赛，这就是"创建绿色北京、保护美好环境"。

那么在这场环保大赛中，我们究竟要与谁一比高低？是繁华现代的洛杉矶、风光迷人的悉尼，还是古老神奇的雅典？都不是！比赛的对手就是我们自己，就是我们自身淡漠的环保意识……

2008 奥运会为我们倡导和实施北京的环保提供了契机，北京能否有朝一日也拥有和加州一样的美丽环境呢？答案是肯定的，但需要我们以真正的环保之心和切实的环保行动去一步一步地实现。只要我们每一位北京市民都能够自觉地从身边的环保小事做起，只要能够像爱护自己的面容一样爱护我们共同的城市，加州的蓝天、白云和绿草地就会在北京安家，美国的松鼠、彩蝶和百灵鸟就会来北京落户。北京会更好。

涓涓细流可以汇成滔滔江海，片片绿叶能够造就莽莽森林。只要我们每一位北京市民都拿起手中的环保之笔，在我们所处的街头巷尾，为北京这幅美丽而古老的画卷添上自己的一抹绿色，就能使北京掩映在绿色的海洋中。让我们一起行动起来，用我们集体的力量来打赢这场环保之赛，向全世界展现一块最大的金牌，这就是"绿色北京、精彩奥运"。

这篇命题演讲紧扣"绿色奥运"的主题，从"环保比赛"的角度入手，一开始就用设问提起了听众的兴趣，而结尾再次强调了中心论点，呼应了开头。

(三)论辩演讲

论辩演讲是指对某一事物持有不同观点的两方或两方以上的人,在同一个演讲环境中,就某一问题相互矛盾和冲突的观点而展开的面对面的,以坚持本方观点、驳斥对方观点为宗旨的争辩性质的演讲。由于论辩演讲具有鲜明的对抗性特点,因此论辩演讲也被称为辩论,其目的在于坚持真理,批驳谬误,明辨是非,锻炼口才。

论辩演讲也称为"辩论",是一种非常重要的演讲形式,也是一种常见的展示口才的方式。在现代社会中,辩论能力已经成为衡量一个人是否具备好口才的重要标志,随之辩论的形式也得到迅速发展,所以对"辩论"进行深入学习是十分有必要的。"辩论"的特征、技巧等将在第三章的第四节进行专门论述。

二、从内容上划分

从演讲的内容上划分,演讲大致可分为政治演讲、经济演讲、学术演讲、法庭演讲、教育演讲、礼仪演讲、管理演讲、道德演讲、宗教演讲等类型。

(一)政治演讲

政治演讲是针对国内外的政治问题与社会现实生活中出现的思想认识问题,进行分析、评论,阐明和宣传某种政治观点和主张的演讲。例如,世界上一些国家首脑的竞选演讲、就职演说;各党派团体或个人在政治性集会上的讲话及为社会政治服务的各类主题演讲等。

政治演讲是一种政治宣传的形式,具有很鲜明的阶级性和强烈的思想性,要求观点要突出,旗帜要十分鲜明。因此政治演讲的基本特征可以概括为政治倾向鲜明、富于雄辩性和鼓动性。

(二)经济演讲

经济演讲是为了长期或短期的经济目的,向社会公众发表的旨在宣传企业、产品、服务等内容的讲话。经济演讲的基本特征:坦诚相待,实事求是,主要以影响公众的消费心理和消费行为为最终目的。

因此,经济演讲是从事产品推介、商务谈判等工作的人员常用的一种演讲方式,但也适合各领域的演讲爱好者用来练习口才、展示风采。例如,对于一名正在求职的大学毕业生来说,除了具备一般口才的基础,如果还掌握到了一些经济演讲的技巧,就能更好地向招聘公司推销自己。

【案例分析3-2】

以下是整合营销之父唐·舒尔茨在"高效在线营销峰会"上所做演讲的节选。

……

我们开发了一个市场营销的模型,这边是营销人,受众,客户和潜在的客户。

我们把广告放给他们看，而且告诉他们，我们有非常好的产品、非常优秀的服务，我们通过媒体把我们的信息传达给受众，而且我们决定该说什么、怎么说、什么时候说，声音量该多大，而这些可怜的消费者们就说，听到了主人，我们会听您的指示行事的。如果我们看一个行为心理学的模式，就是把钱放在左边，用推的方法推到受众那边去，我们在驱动整个系统，控制整个系统。而且，我们作为营销人，完全是掌控一切的。而且我们热爱这种掌控感。媒体把我们的受众结合起来，营销经理的工作就是选择受众，一般是基于人口学状况，然后决定发出多少信息给受众，频率是怎样的。

问题是，从来没有人问过这样一个问题，我们到底该花多少钱？我们需要采用哪种媒体形式？我们可能以为所有的眼睛、耳朵都是一样的，我们从来都没有质疑过那些西方的大型的广告主们他们做的是不是对，而且从来没有质疑过市场营销中常用的工具。比如，积分系统、评级系统、广告回忆测试等。我们主要的工作，就是配置这种推式的预算。

我怎么花这些钱？我们怎么知道在广告、促销上花多少钱，直销、公关上要花多少钱，这就是目前为止我们做的一切。所有这些，都是基于相当有限的关于受众的知识而做出的。我们根本不知道受众是谁，我们只不过对受众进行取样，然后以为他们代表了全部的受众。我们手上有一把的报纸和杂志，而我们所有的一切，都是基于人口学的调查情况上，很少了解广告的效应如何。而且，我们主要的前提就是如果这个广告曾经赢得过一个奖项，那它就一定是一个非常好的广告。这，其实就是我们现行的一些假设。

……

整合营销就是要结合所有的在线的、线上的和线下的营销方式。我是怎样开始考虑这个整合式的营销系统的呢？这个系统，又帮助了我了解今天的市场。

在今天的市场中，消费者决定和控制了他们使用的媒体系统。我们可以不断的发送信息，但是我们的受众，来决定到底他们要不要接受我们的信息。而且今天的市场，发展得非常快。而且在东方的发展速度超过了西方，主要是东西方的基础架构的不同。在美国，我们完全是在移动以后方面落后的，我们再也不能迎头赶上了，这是因为我们不会再建立起一套新的基础架构，适合于移动技术的需要。所以任何时候任何人要讲到移动技术，他们会说这是美国的情况，这就像是在乌干达的情况一样。尽管我认为乌干达的移动技术基础架构比我们还好。在美国的移动技术的发展情况，你会发现我们做的什么都没做，就算我们做了可能也是错的。

我们今天还在使用推式的对外的方法，在东方快速发展的市场上也是如此，配置资源还是根据传统的西方外流式的系统，我们唯一做的事情就是改变了工具的名称。现在叫做广告、社交网络。但是我们没有改变流程、系统和做法，只不过改变了一些我们要分配给的那些资源的名称。

……

唐·舒尔茨在这段演讲中,首先阐述了传统的市场营销模式,然后指出其已经不能很好的适应现代的发展速度和市场经济条件了。在这个基础上,他提出了自己的"整合营销"概念,并通过东西方对比的方式加以说明。演讲结构清晰,是很典型的经济演讲。

(三)学术演讲

学术演讲是就科学领域中的问题,向公众发表研究成果或过程、传授科学知识和学术见解的演讲。学术演讲的使用场合多为教师或学者的课堂、学术座谈会、学术讨论会、学术报告会等。

学术演讲必须具有科学内容性质,其特点是:科学性内容,系统的结构,深刻的论证,独到的见解,富于逻辑,拥有专门的术语。学术演讲虽然多出自学者和专家,但与广大高校学生联系得也很紧密。一方面,高校学生可以通过聆听各类学术讲座,增加科学知识,促进专业发展;另一方面,可以激发高校学生创新实践的兴趣,促进研究型人才的培养。

学术演讲,是学术知识的内容与口才演讲的形式的结合,可以说就是科学性和艺术性的一种综合成果。所以想要讲好学术演讲,必须要坚持两大基本的原则:首先,坚持演讲内容的科学性,切不可信口开河;另外,还要将演讲的技巧融入到其中。

一场成功的学术演讲,是既能让听众获得科学知识,又能让听众感受口才之美的,那如何将演讲技巧融入到科学的内容之中?需要做好以下三点:第一,做好学术演讲的文体转换,将平淡冗长的学术报告等转化成演讲稿;第二,做好学术演讲的媒介转换,将书面的汇报转化成多媒体的视听演讲;第三,做好学术演讲的情景调控,将严肃的报告情景转化为既庄重又活跃的交流情景。

【案例分析3-3】

以下是民族音乐家傅华根在美国国会图书馆所做的《中国弓弦乐器的由来和二胡发音之我见》的演讲节选。

就一般的乐器发展史来看,最早产生的乐器是打击乐器和吹管乐器,然后出现的是弦鸣的弹拨乐器,最后出现的才是弦鸣的弓弦乐器。远古的原始人在日常的生活实践中,发现用棒之类的东西打击一些不同的石块、陶土等固体物质会产生音高不同的声音,同时吹一些大小、长短不同的芦苇管之类的管子、动物的骨头或陶土制成的某些器皿时也会发出音高不同的声音,于是就慢慢地形成了音调很简单的原始打击乐器和吹管乐器。随着社会文明的不断发展,人们在长期的社会生活实践中,发现用丝或其他类似的纤维做成的线、绳之类张紧后,用手弹拨会发出声音,张紧程度不一样,线的粗细不一样,发出声音的高低也不一样,于是慢慢地产生了弦鸣的弹拨乐器。

……

弓弦乐器与弹拨乐器的主要区别在于弹拨乐器是用拨子、指甲等来弹奏的,而弓弦乐器则是用弓上的马尾摩擦琴弦而进行演奏的。中国胡琴类弓弦乐器的始祖奚琴在唐以前乃为弹弦乐器,它是怎样由弹弦乐器慢慢过渡到用竹轧的弓弦乐器,进而再过渡到用马尾擦奏的弓弦乐器的呢?

从前面的讨论中,我们知道唐时已出现乐器史上最早的弓弦乐器轧筝。轧筝是用竹片摩擦琴弦而发音的。奚族居住之地与西域之间的匈奴、突厥等民族在当时都没有任何关于棒擦的弓弦乐器的记载资料,至今所发现的考古资料中也没有这方面的任何依据,所以胡琴类弓弦乐器的鼻祖奚琴由弹弦乐器演变为用竹轧的弓弦乐器的过程中,受到中原地区发展较为成熟,流传区域已相当广泛的弓弦乐器轧筝的影响的可能性是相当大的。

……

这段学术演讲是介绍中国传统弓弦乐器知识的,内容科学且逻辑严谨。由于很好地进行了问题转化,让人感觉并不枯燥,反而激起了听众对中国乐器的强烈兴趣。

(四)法庭演讲

法庭演讲是演讲艺术中最古老的类型之一。这类演讲主要用于法庭控告、法庭申述和法庭辩护,例如起诉词、辩护词、申诉词等,主要为从事律师、法律顾问等职业的人员常用。法庭演讲的特点:充分确凿的论据,固定形式的程序,客观详尽的旁证,雄辩逻辑的力量。法庭演讲的主要目的是摆事实讲道理,以法服人,以理服人,维护法律公平和社会正义。

法庭演讲获得成功的首要条件是用"法"得当,法庭上能否辩胜,关键在于是否占有法律条文中正义和真理的一方,因此用什么"法"是一个基本问题。法庭演讲获得成功的必要条件是尊重客观事实,用确凿的论据去证明观点,说服他人。法庭演讲要获得成功,还要运用各种演讲的艺术和技巧,具体到法庭上的演讲,就要求一方面用娓娓动听的口才去折服法官,另一方面注重对听众心理的影响,比如激起公愤,博得怜悯,表示友好与信任,避免敌视与猜疑等。

【案例分析 3-4】

以下是某法庭演讲的节选。

审判长、陪审员:

本案案情非常简单,被告××对我×年×月×日递交的《控告书》的三项请求(即第×项、第×项和第×项)既不处理,也不给予任何答复,被告不履行法定职责的事实清楚,证据确凿,法院如果真正能做到依法办案,就应该根据《中华人民共和国行政诉讼法》(以下简称《行政诉讼法》)第五十四条第(三)项和《信访条例》第三十二条的规定,判决被告在一定期限内履行法定职责,并给予我书面答复。

……

这篇法庭演讲注重事实和法律条文,没有任何文学色彩,体现了法庭演讲的基本特征。

(五)教育演讲

教育演讲也称为课堂演讲,它是学校师生教育教学过程中的一种讲授知识、交流思想、探讨学问、进行道德和素质教育的演讲。教育演讲的特点:目的明确,科学严谨,语言简明,富于启迪。

教育演讲分为教师演讲和学生演讲两种。教师演讲是教师向学生传授科学文化知识、进行思想品德教育所作的演讲,如课堂讲授、读书讲座等,它是决定教育、教学效果优劣的关键因素之一,善于演讲是教师职业的第一需要;学生演讲是学生为提高自身综合素质、练习口语表达能力所做的演讲,如班干部竞选演讲、班会谈论、课堂发言等。

(六)礼仪演讲

礼仪演讲通常指在公众节假日或国家、社团、个人的重要仪式和庆典上进行的讲话,既包括欢乐、愉快的节庆演说、迎新演讲、联欢演说、开业演说、婚礼演说、祝寿演说、开幕词、闭幕词、祝酒词、颂词等,也包括悲伤、难过的悼词、祭词、纪念演说、告别演说等。

礼仪演讲是调节人际关系的重要手段和环节。其中祝贺性演讲通常用来颂扬国家、团体、个人的成就,在实事求是和得体的基础上,以动听的词语取悦听众;凭吊性演讲用来表达追悼纪念之情,或缅怀死者生平,或颂扬其功绩,目的是寄托哀思,激励来者。在修辞上,它们比较接近文学语体。

【案例分析3-5】

以下是国际奥委会主席罗格在2008年北京奥运会闭幕式上的致辞。

亲爱的中国朋友们,今晚,我们即将走到16天光辉历程的终点。这些日子,将在我们的心中永远珍藏,感谢中国人民,感谢所有出色的志愿者,感谢北京奥组委。

通过本届奥运会,世界更多地了解了中国,中国更多地了解了世界,来自204个国家和地区奥委会的运动健儿们在光彩夺目的场馆里同场竞技,用他们的精湛记忆博得了我们的赞叹。新的奥运明星诞生了,往日的奥运明星又一次带来惊喜,我们分享他们的欢笑和泪水,我们钦佩他们的才能与风采,我们将长久铭记再次见证的辉煌成就。

在庆祝奥运会圆满成功之际,让我们一起祝福才华洋溢的残奥会运动健儿们,希望他们在即将到来的残奥会上取得优秀的成绩。他们也令我们倍感鼓舞,今晚在场的每位运动员们,你们是真正的楷模,你们充分展示了体育的凝聚力。

来自冲突国家竞技对手的热情拥抱之中闪耀着奥林匹克精神的光辉。希望你们回国后让这种精神生生不息,世代永存。

这是一届真正的无与伦比的奥运会,现在,遵照惯例,我宣布第29届奥林匹克运动会闭幕,并号召全世界青年四年后在伦敦举办的第30届奥林匹克运动会上相聚,谢谢大家!

罗格主席的这篇致辞虽然简短,但结构清晰、感情浓烈、语言真挚。他首先表达了对中国成功举办奥运会的谢意和赞扬,然后简单回顾了奥运会的精彩记忆,接着预祝残奥会的圆满成功,最后还号召各国健儿为下届奥运会做好准备。

(七)其他内容的演讲

从内容上划分演讲,还包括管理演讲、道德演讲、宗教演讲等。

管理演讲是为了完成一定的管理目标,向公众发表的总结、动员、汇报、交流等讲话。管理演讲的基本特征:功利目的突出,条理清晰,有一定的格式。

道德演讲是以人生观、精神文明等为基本内容,对群众进行思想品德教育的讲话。这种教育方式很受各级机关单位的重视,例如,近年来中宣部组织的各类巡回报告团的演讲。道德演讲的基本特征:声情并茂,以理服人,具有强烈的教育和启示作用。

宗教演讲是对教徒、群众发表的宣传教义、教规,讲授宗教故事,激发宗教热情的讲话。宗教演讲的基本特征:语言通俗,实例丰富,精神感染力较强。

三、从表达上划分

从表达方式上划分,演讲可以分为叙事型、议论型、抒情型、鼓动型四类。

(一)叙事型演讲

叙事型演讲具有记叙文的一般特性,是一种叙述事件发生经过、原由、人物生平事迹的演讲,也称为记叙式演讲。叙事型演讲主要用于报告某一地区、某一单位的政治、经济、文化发展情况,以及某项工作的开展情况,或报告参观访问、参加会议的情况,或报告某人或自己的生平事迹等。

叙事型演讲的内容决定了它不允许演讲者在思想和艺术两方面作更多的创造,而必须要从客观事实出发并加以发挥,同时要以叙述为主要表达方式。对叙事型演讲的艺术发挥,主要集中在三个方面:风格的独特性,事件的故事性,语言的生动性。

(二)议论型演讲

议论型演讲是一种运用逻辑手段来证明演讲者所提出的论点并使人信服的演讲,可以分为立论和驳论两种。立论式演讲以论为主,驳论式演讲以驳为主。但无论是立论还是驳论,都要求辩中不可少论,论中不可少辩。

议论型演讲的目的在于,把"理"说通、说透,令人"信",令人"服"。因此,议论型演讲特别要求演讲者的观点必须鲜明,论据必须严密,论证必须充分,语言必须充满雄辩的魅力。

(三)抒情型演讲

抒情型演讲是一种以抒发演讲者的主观情怀为主,融情于理,融情于事,情、理、事交融,以情动人的演讲,也称为主情式演讲。抒情型演讲的目的是以"情"动人,因此要求占主体部分的内容是热情奔放的抒情,有时辅之以简洁的叙事,有一定的议论成分。

抒情型演讲的一般特点:感情浓烈,真挚诚恳,语言优美,感染力较强。

(四)鼓动型演讲

鼓动型演讲是指通过演讲者的意志创造一种磅礴的气势,鼓励、动员、号召听众接受演讲者所提倡的理念,从而奋发行动的激励式演讲。如战争、战斗动员,救灾动员,鼓励人们参加某一行动,从事某一事业,增强某一毅力等演讲。

鼓动型演讲要求演讲者必须把自己的观点、主张、道理讲得清楚明白,既要讲清行动的正义性和必要性,又要讲清行动的可能性和迫切性。

【案例分析 3-6】

以下是巴顿将军所作的题为《你们是真正的男子汉》的战前动员演讲的节选。

战争,是不甘屈服的男子汉最能表现自我的竞争机会。战争会逼出伟大,剔除弱小。美国人素以成为雄中之雄而自感自豪,而且他们自己也是雄中之雄。大家要记住:敌人和你们一样害怕,很可能比你们更怕。他们并非刀枪不入。

……

我们有世界上最好的给养、最好的武器装备、最旺盛的斗志和最棒的战士。

……

我麾下的将士从不投降。我不想听到我手下的任何战士被俘的消息,除非他们先受了伤。即使受了伤,也可以还击。这不是吹大牛,我希望所有部下,都学习利比亚作战的一位少尉,当时一个德国鬼子用手枪顶着他的胸膛,他甩下钢盔,一只手拨开手枪,另一只手抓住钢盔,把那个德国鬼子打得七窍流血。在此之前,他的一侧肺叶已经被一颗子弹打穿。这,才是一个真正的男子汉!

不是所有的英雄都像传奇故事里描述的那样,军中每个战士都扮演着同样重要的角色。千万不要吊儿郎当,以为自己的任务无足轻重。每个人都有自己的任务,而且必须做好。每个人都是这根链条上必不可少的环节。各位可以设想一下,假如某个卡车司机,突然不愿忍受头顶呼啸的炮弹,一头扎到路边的水沟隐蔽。那将产生怎样的后果。

......

巴顿将军这篇激情洋溢的动员演讲,首先用"荣誉感"激发士兵们的士气,然后用对比的手法消除士兵对战争的恐惧感,最后还用实例向士兵们阐明什么才是真正的男子汉。整个演讲有理有情,风格激昂,达到了鼓舞士气的重要作用。

四、演讲类型的其他划分方法

(一)从演讲表现风格上的划分

演讲风格按基本情调和表现手法的不同,大体可分为慷慨激昂、情感深沉、哲理严谨、明快活泼四大类型。

1. 慷慨激昂型

慷慨激昂型演讲是演讲者用火热的情感和洋溢的热情去吸引听众的演讲。它表现为节奏快、起伏大,音量对比强烈,语言声情并茂、铿锵有力,利用对听众施加感情影响的手段,去达到牵引听众理解演讲主题的目的。它适合于富有鼓动性、号召性和呼吁性为内容的演讲。它易于激发听众的感情,催人奋起,具有强大的感染力,能产生较好的鼓动效果。

2. 情感深沉型

情感深沉型演讲,其感情色彩深沉浓厚,节奏较慢,平铺直叙,娓娓道来,音量对比较弱,音色较柔和,语调起伏不大。它的特点是发人深省,具有启发性,适合于正统、庄重、严肃、悲壮的演讲主题和内容的演讲。

【案例分析 3-7】

以下是汶川地震后,某学校在默哀三分钟之前的一个简短演讲。

2008年5月12日下午2点28分,四川省发生里氏8.0级强烈地震,震中位于阿坝州汶川县。地震造成伤亡惨重,目前已有四万多人遇难,500多万人无家可归。人民解放军开赴第一线抗灾救人,温家宝总理亲临第一线指挥。

前一天还鲜活的生命转瞬即逝,昔日美丽的家园已变成如今残破的废墟,无数个家庭不再完整。看着被破坏的房屋和坍塌的道路,听着丧失亲人悲痛的哭声和获救后因激动而无法言语的哽咽,我们的心一次又一次地被震动。

灾难无情,人有情。在这场自然灾难面前,人的生命显得是那样的脆弱,但在灾难降临后,13亿中华儿女的凝聚力又一次得到了升华。灾区的救援工作牵动着无数华夏儿女的心,所有人都希望那些正处于水深火热中的同胞早日得到救助。

为表达全国各族人民对四川汶川大地震遇难同胞的深切哀悼,国务院决定,2008年5月19日至21日为全国哀悼日。在此期间,全国和各驻外机构下半旗致哀,停止公共娱乐活动,外交部和我国驻外使领馆设立吊唁簿。5月19日14时28分起,全国人民默哀3分钟。届时汽车、火车、舰船鸣笛,防空警报鸣响。

默哀,只短短三分钟;哀悼日,也不过三天时间。但这三分钟、这三天,对我们的影响,或将持续一生——它让我们明白,该如何对待生命、尊重生命;它让我们明白,在灾难面前,在平时的工作生活中,我们该如何热爱这个国家,如何对待我们的同胞。

现在,为表示对汶川大地震遇难同胞的深切哀悼,让这一刻在我们的记忆中永存。铭记灾难,告慰遇难者,请大家集体默哀三分钟!

这篇演讲虽然很短,但无疑透露出十分浓烈的情感,节奏比较缓慢,起伏也不大。作为默哀之前的演讲,它正统、庄重、严肃、悲壮的特点也符合了这样一个情景。

3. 哲理严谨型

哲理严谨型演讲是演讲者通过严密的思考和准确的逻辑推理去吸引听众的演讲。它的特征表现为语言经过严密且谨慎的加工,情调稳定,没有过多的语言变化;形象材料少,没有过多的记事描述;居主导地位的是对判断进行分析,使判断严密无隙,互相贯通。热衷此种风格的演讲者,追求的是听众的通达事理、聪颖明智。由于这类演讲逻辑性很强,适合于一些哲理的陈述,是说理时常采用的一种演讲风格类型。

4. 明快活泼型

明快活泼型演讲的明显特征是节奏明快,语言变化幅度大,情调多变,富有表情,感情热烈,表达通俗,喜用比喻,表现力强,语言幽默而形象、清新而生动,令人感到十分亲切。明快活泼型演讲能使演讲会场的气氛活跃、融洽,能给听众带来欢乐和活力,让听众在轻松愉快的氛围中受到教育和得到启发。

(二)从演讲场所上划分

演讲场地是演讲的重要外部因素,按演讲场地的不同,可以将演讲划分为巡回演讲、法庭演讲、大会演讲、街头演讲、课堂演讲、宴会演讲、广播或电视演讲等。

巡回演讲是指演讲者以地区、省市、国家甚至全球为范围,设定不同的演讲站点,面对不同地方的听众,就同一演讲主题和内容进行的演讲。例如 2010 年蔡康永在全国范围内进行的,以"说话之道"为主题的全国高校巡回演讲。

街头演讲是指演讲者在没有事先预备固定场地的情况下,以街头为随机的演讲场地所发表的演讲。街头演讲多用于初学演讲者"练胆",对提升演讲者的自信,锻炼演讲者的应变能力等都有益处。

广播或电视演讲是指演讲者通过广播或电视等媒体,对公众进行的演讲。广播或电视演讲还可以分为两类:一是有现场观众的广播或电视演讲;二是没有现场观众的广播或电视演讲。

(三)从演讲方法上划分

从演讲的方法上划分,演讲又可以分为读稿演讲、背诵演讲、提纲演讲、即兴演讲、辩论演讲、对话演讲、配乐演讲、模拟演讲等。

读稿演讲主要适用于严肃的会议、新闻采访、工作汇报及对时间要求比较精确的场合，因此也具有缺乏生气、不便交流的缺点。其特点为：准备充分，字斟句酌，严谨精确。

提纲演讲是演讲者在演讲前只准备好提纲稿，在演讲过程中根据提纲自行发挥的演讲。提纲演讲主要适用于课堂讲授、辩论比赛等。其特点为：主题鲜明，结构完整，选材灵活。

对话演讲是演讲者在演讲过程中通过与听众或观众的对话，推进演讲内容的一种特殊演讲方法。对话演讲对演讲者的交流性能力、应变能力和控场能力都是一种很大的考验，例如2009年11月，奥巴马总统在上海科技馆与中国青年进行的对话演讲。

（四）从演讲时间上划分

另外，还可以简单地从时间上对演讲进行划分，把演讲分为长篇演讲、短篇演讲、微型演讲和限时演讲四种。

限时演讲就是演讲组织者规定演讲者在某一时间内完成的演讲，它主要适用于演讲比赛、课堂教学、招聘面试等场合。

演讲有很多不同的分类方法，因此也就有了多种多样的类型，并且每一种类型的演讲都有自己的要求和惯例。虽然这些分类中所包含的类型之间，并非完全都是平行关系，也有一些类型会出现交叉、从属等现象，但给演讲一个较为详尽的类型划分也是有必要的，一是可以帮助演讲者在写演讲稿时遵循原则，二是可以帮助演讲者不断改善各种演讲的技能。

【思考与练习】

1. 知识点复习

(1)什么是即兴演讲？即兴演讲有哪些特征？

(2)什么是命题演讲？命题演讲有哪些特征？

(3)从表达上划分，演讲大致可以分为哪四种类型？

(4)从演讲风格上划分，演讲大致可以分为哪四种类型？

2. 实训练习

(1)阅读下面三篇演讲词，从内容上分辨其所属的类型，并说明理由。

①奥巴马总统就职演说节选。

同胞们：

我今天站在这里，深感面前使命的重大，深谢你们赋予的信任，并铭记我们前辈所付的代价。我感谢布什总统对国家的贡献以及他在整个过渡阶段给予的大度合作。

至此，有四十四个美国人发出总统誓言。这些字词曾在蒸蒸日上的繁荣时期和宁静安详的和平年代诵读。但是间或，它们也响彻在阴云密布、风暴降临的时刻。美国能够历经这些时刻而勇往直前，不仅因为当政者具有才干或远见，而且也因为"我们人民"始终坚信我们先辈的理想，对我们的建国理念忠贞不渝。

前辈们如此，我们这一代美国人也要如此。

……

我们仍是一个年轻的国家，但用圣经的话说，现在是抛弃幼稚的时候了。现在应是我们让永恒的精神发扬光大的时侯，应是选择创造更佳历史业绩的时侯，应是将代代相传的宝贵财富、崇高理想向前发展的时侯：上帝赋予所有人平等、所有人自由和所有人充分追求幸福的机会。

在重申我们国家伟大精神的同时，我们懂得，伟大从非天生，而是必须赢得。我们的历程从来不是走捷径或退而求其次的历程。它不是弱者的道路——它不属于好逸恶劳或只图名利享受的人；这条路属于冒险者，实干家，创造者——有些人享有盛名，但大多数是默默无闻耕耘劳作的男女志士，是他们带我们走向通往繁荣和自由的漫长崎岖之路。

为了我们，他们打点起贫寒的行装上路，远涉重洋，追求新生活。

为了我们，他们在血汗工厂劳作，在西部原野拓荒，忍着鞭笞之痛在坚硬的土地上耕耘。

为了我们，他们奔赴疆场，英勇捐躯，长眠于康科德、葛底斯堡、诺曼底和溪山。

为了我们能够过上更好的生活，他们前赴后继，历尽艰辛，全力奉献，不辞劳苦，直至双手结起层层老茧。他们看到的美国超越了我们每一个人的雄心壮志，也超越了所有种族、财富或派系的差异。

……

现在，有人怀疑我们的雄心壮志——他们说我们的体制不能承受太多的宏伟规划。他们的记忆是短暂的，因为他们忘记了这个国家已经取得的成就，忘记了一旦共同的目标插上理想的翅膀、现实的要求鼓起勇气的风帆，自由的人民就会爆发出无穷的创造力。

这些怀疑论者的错误在于，他们没有意识到政治现实已经发生了变化，长期以来耗掉我们太多精力的陈腐政治论争已经不再适用。今天，我们的问题不在于政府的大小，而在于政府能否起作用，政府能否帮助家庭找到薪水合适的工作、给他们可以负担得起的医疗保障并让他们体面地退休。哪个方案能给予肯定的答案，我们就推进哪个方案。哪个方案的答案是否定的，我们就选择终止。而掌管纳税人税金的人应当承担起责任，合理支出，摒弃陋习，磊落做事，只有这样才能在政府和人民之间重建至关重要的相互信任。

②伽利略演讲《地球在转动》节选。

昨天我们决定在今天碰头,把那些自然规律的性质和功用谈谈清楚,并且尽量地谈得详细一点。关于自然规律,到目前为止,一方面有拥护亚里士多德和托勒密立场的人提出的那些,另一方面还有哥白尼体系的信徒提出的那些。由于哥白尼把地球放在运动的天体中间,说地球是像行星一样的一个球,所以我们的讨论不妨从考察逍遥学派攻击哥白尼这个假设不能成立的理由开始,看看他们提出些什么论证,论证的效力究竟多大。

在我们的时代,的确有些新的事情和新观察到的现象,如果亚里士多德现在还活着的话,我敢说他一定会改变自己的看法。这一点我们从他自己的哲学论述方式上,也会很容易地推论出来,因为他在书上说天不变等等,是由于没有人看见天上产生过新东西,也没有看见什么旧东西消失,言下之意,他好像在告诉我们,如果他看见了这类事情,他就会作出相反的结论;他这样把感觉经验放在自然理性之上是很对的。如果他不重视感觉经验,他就不会根据没有人看见过天有变化而推断天不变了。

……

亚里士多德承认,由于距离太远很难看见天体上的情形,而且承认,哪一个人的眼睛能更清楚地描绘它们,就能更有把握地从哲学上论述它们。现在多谢有了望远镜,我已经能够使天体离我们比离亚里士多德近三四十倍,因此能够辨别出天体上的许多事情,都是亚里士多德所没有看见的;别的不谈,单是这些太阳黑子就是他绝对看不到的。所以我们要比亚里士多德更有把握地对待天体和太阳。

某些现在还健在的先生们,有一次去听某博士在一所有名的大学里演讲,这位博士听见有人把望远镜形容一番,可是自己还没有见过,就说这个发明是从亚里士多德那里学来的。他叫人把一本课本拿来,在书中某处找到关于天上的星星为什么白天可以在一口深井里看得见的理由。这时候那位博士就说:"你们看,这里的井就代表管子;这里的浓厚气体就是发明玻璃镜片的根据。"最后他还谈到光线穿过比较浓厚和黑暗的透明液体使视力加强的道理。

实际的情形并不完全如此。你说说,如果亚里士多德当时在场,听见那位博士把他说成是望远镜的发明者,他是不是会比那些嘲笑那位博士和他那些解释的人,感到更加气愤呢?你难道会怀疑,如果亚里士多德能看到天上的那些新发现,他将改变自己的意见,并修正自己的著作,使之能包括那些最合理的学说吗?那些浅薄到非要坚持他曾经说过的一切话的鄙陋的人,难道他不会抛弃他们吗?怎么说呢?如果亚里士多德是他们所想象的那种人,他将是顽固不化、头脑固执、不可理喻的人,一个专横的人,把一切别的人都当作笨牛,把他自己的意志当作命令,而凌驾于感觉、经验和自然界本身之上。给亚里士多德戴上权威和王冠的,是他的那些信徒,他自己并没有窃取这种权威地位,或者据为己有。由于披着别人的外衣藏起来比公开出头露面方便得多,他们变得非常怯懦,不敢越出亚里士多德一步;他们宁可随便地否定他们亲眼看见的天上那些变化,而不肯动亚里士多德的天界一根毫毛。

③普京在红场进行的纪念第二次世界大战胜利60周年演讲节选。

亲爱的俄罗斯公民!

尊敬的各位来宾!

三军将士们!

今天是伟大胜利的纪念日,是和平的节日,是正义胜利的节日,是善良战胜邪恶、自由战胜暴虐的节日。我向你们表示祝贺。

已经过去60年了。但每一年的5月9日我们都哀悼那些逝者,回顾那场战争。那是一场呼唤我们的理性、呼唤我们崇高责任感的战争。它使我们深深地意识到,当时的世界处于怎样的悬崖之边缘,暴力和种族仇视、屠杀和凌辱会导致多么可怕的后果。

我们将永远牢记这些暴行给人类带来的恐惧、屈辱和死亡。

我们将永远尊敬所有在当时献出生命的人、浴血奋战过的人和在后方忘我劳动的人。

我们将永远缅怀死者。作为被拯救者,我们向他们致以人类最崇高的谢意。

……

亲爱的朋友们!

我们从没有把胜利分成是自己的和他人的。我们将永远牢记盟友的帮助,包括美国、英国、法国、反希特勒联盟的其他国家,以及德国和意大利的反法西斯人士。今天,我们在这里向所有抵抗过纳粹的欧洲人致敬。

然而我们还知道,苏联在战争的年代里失去了数千万公民。那些在战场上牺牲的战士来自前苏联各个民族。

苏联各族人民和所有加盟共和国当时遭受了无法弥补的损失。伤痛降临到每一座房屋、每一个家庭。因此,5月9日对独立国家联合体的所有成员国来说都是一个神圣的日子。

我们有着同样的不幸,有着同样的记忆,对子孙后代也有着同样的责任。我们应当将这种同史同源、同心同德和同愿同望之精神传递给后人。

我相信,除了和睦相处、友好相待,我们别无选择。

俄罗斯愿意与我们的近邻和世界上所有国家建立友好关系,这种关系不应仅仅依靠过往的教训来维系巩固,而且应面向我们共同的未来。

……

尊敬的俄罗斯公民!

尊敬的各位来宾！

对我国来说，无论是过去还是将来，5月9日永远是一个神圣的日子，永远是一个使我们大家受到鼓舞、得到升华的节日。这一天，我们的内心百感交集——有高兴也有哀伤，有悲悯也有崇敬。

这一天唤起我们最崇高的道德良知，使我们有机会再一次向那些施予我们生存、劳作、快乐、创造和相互理解之自由的人表达敬意。

在我国，胜利日是最具亲情和真情的全民节日。对前苏联各族人民来说，胜利日永远是人民创建丰功伟绩的日子。而对欧洲和全球各国来说，胜利日永远是一个拯救世界的日子。我们的祖辈与父辈为了国家的荣誉和自由不惜付出生命。他们团结一心，捍卫了自己的祖国。今天，我要向所有参加过伟大卫国战争的老战士们深鞠一躬，祝你们健康长寿。

胜利属于老兵！光荣属于俄罗斯！祝你们胜利日快乐！

(2)在专业班级内部，组织一次无命题的限时即兴演讲活动。要求每位参与者既要上台进行即兴演讲，又要做好其他演讲者的听众。

第二节 演讲稿的写作——腹有诗书气自华

演讲稿又称为演讲词，是演讲者发表演讲时所使用的文稿，是演讲内容的书面形式。演讲稿是进行现场演讲的主要内容依据，是人们在宣传活动和工作交流中的一种常用文体。它可以用来交流思想、感情，表达主张、见解；也可以用来介绍自己的学习、工作情况和经验……演讲稿具有宣传、鼓动、教育和欣赏等作用，它可以把演讲者的观点、主张与思想感情传达给听众及读者，使他们信服并在思想感情上产生共鸣。

古人云：凡事预则立，不预则废。其意思是说，不论做什么事，事先做好了准备，就能成功，否则，会失败。演讲当中，成功的演讲者必定离不开好的演讲稿，即便是精彩的即兴演讲，也需要事先打好腹稿。嗓音条件再好的歌手也无法将一首曲调刺耳难听的歌曲唱得绕梁三日；同样，技巧再好的演讲者也无力将肤浅空洞的内容演绎得天花乱坠。当今社会功利性越来越强，很多人往往过于追求显眼、华丽的技巧，反而忽视了最实质的内容，这正是很多演讲不尽如人意的原因。我们应当注重和锻炼演讲技巧，但演讲的内容才是真正的核心。好的演讲稿能够帮助演讲者加深对主题、内容的理解和熟悉，开拓思维，增强语言表现力。同时，还有助于把握演讲时间，做到心中有数，有助于缓解紧张情绪，提高演讲的质量。

需要注意的是，演讲稿不同于一般的文学作品，它有其独有的特点，一篇好的演讲稿应该具备针对性、口语性、鼓动性和现场性。

一、明确立意,选定主题

所谓立意,是指演讲者对于问题的观点,或者是想告诉大家的主旨,亦或是想要达到的目的。而主题,就是演讲的中心话题。演讲不同于普通的聊天、胡侃,不可无的放矢。所以,演讲稿的撰写必须在一个有社会或科学价值、有现实意义或学术意义的特定问题中展开。

一篇演讲稿应该有一个集中、鲜明的主题。无中心、无主次、杂乱无章的演讲是没有人愿意听的。一般来说,一篇演讲稿只能有一个中心,全篇内容都必须紧紧围绕着这个中心去铺陈,这样才能使听众得到深刻的印象。

演讲者总是根据演讲的性质、目的来确定选题的。若被邀请做学术演讲,就应该介绍自己最新的研究成果或自己掌握的最新的学术信息;如果是在思想教育性的活动上做演讲,就应该针对现实中最新鲜的现象和听众最关心的问题发表见解;如果是竞选演说或就职演说,则更要把握住听众的理想和愿望来选题。

二、搜索素材,精心甄选

材料是演讲稿的"血肉",材料的选择和使用在演讲稿的写作过程中是一个重要的环节。材料的选择和使用一般需要注意以下两点。

(1)围绕主题筛选材料。

主题是演讲稿的思想观点,是演讲的宗旨所在。材料是主题形成的基础,又是表现主题的支柱。演讲稿的思想观点必须靠材料来支撑,材料必须能充分地表现主题,有力地支持主题。所以,凡是能充分说明、突出、烘托主题的材料就应该选用,否则就得舍弃,要力争做到材料与观点的高度统一。另外,还应该尽量选择那些新颖的、典型的、真实的材料,使主题表现得更深刻、更有力。

(2)针对听众的情况选择材料。

材料的选择还要考虑到不同听众的情况。听众的思想状况、文化程度、职业状况、生活观念及心理需求等,都和演讲有着密不可分的关系。因而,选用的材料要尽量贴近听众的生活,这样,不仅容易使他们感同身受,而且听起来也会饶有兴趣。一般而言,对青少年的演讲更应该形象鲜明、生动有趣、寓理于事、深入浅出,要尽量选择他们所熟悉的人或事;对工人、农民的演讲,要幽默风趣、通俗浅显、贴近生活,尽可能以他们周围的人和发生在他们中间的事情为例;而对知识分子的演讲,使用材料更应该注重文化层次。

三、巧妙构思,安排结构

不同类型和不同内容的演讲稿,其结构方式也各不相同,但一般情况下,演讲稿都分为三个部分——开头、主体、结尾。演讲稿的写作与一般文章的写作要求大致相同,都要求做到"凤头"、"猪肚"、"豹尾",但演讲稿的写作又有特殊的要求。

(一)开头要先声夺人,富有吸引力

演讲稿的开头要做到引人入胜。善于始者,成功已半。演讲稿怎样才能做到先声夺人、吸引听众、激发兴趣呢?一般有以下几种方法。

1. 开门见山

直接从演讲的题目谈起,引出演讲的中心。

【案例分析3-8】

雨果的《纪念伏尔泰逝世一百周年的演说》的开头:

一百年前的今天,一颗巨星陨落了,但他是永生的。他走的时候有长寿的岁月,有等身的著作,还挑起过最荣耀的也是最艰巨的责任,即培育良知、教化人类。

演讲的开头即道出全篇的主旨——纪念一位伟人逝世一百周年。第一句话就切入主题,给人一种庄重严肃的氛围,立意鲜明,简单扼要。

2. 引用名言

名言、警句、诗歌、谚语等大多都具有内涵丰富、节奏明快的特点,将它们作为演讲稿的开头不仅富有力量还能引人深思。

【案例分析3-9】

《做文明礼貌之人》的开头:

俗话说,"人无德不立,国无德不兴"。由此可知,行为品德无论对个人还是对国家乃至整个民族都是非常重要的。一个高素质、有教养的现代文明人,必须具有良好的文明礼貌素质。

这是典型的引用式开头,讲的看似是谁都知道的大道理,却是每个人都要践行一生的准则。这十个字铿锵有力,掷地有声。起到了很好的点题作用,显得很有气势。

3. 设置悬念

用反问、设问等方式设置悬念,吸引听众,使其注意力跟随演讲者的思维积极思考。

【案例分析3-10】

闻一多《最后一次演讲》的开头:

这几天,大家晓得,在昆明出现了历史上最卑劣最无耻的事情!李先生究竟犯了什么罪,竟遭此毒手?他只不过用笔写写文章,用嘴说说话,而他所写的,所说的,都无非是一个没有失掉良心的中国人的话!大家都有一支笔,都有一张嘴,有什么理由拿出来讲啊!有事实拿出来说啊!为什么要打要杀,而且又不敢光明正大地来打来杀,而偷偷摸摸地来暗杀?这成什么话?

演讲的开头提出问题,而且是一个让民众心中满是愤慨的问题。有力地质问反动派,唤起听众的共鸣,渲染了一种悲愤的意境,让每个人的思绪都随着演讲者的讲述展开,慢慢了解这背后的黑幕,充分表达了对反动派的仇恨。

4. 创设情境

这种开头往往是,先介绍相关背景或对事情发生的时间、地点、人物作必要的说明,为演讲作铺垫。

【案例分析 3-11】

恩格斯《在马克思墓前的讲话》的开头:

3月14日下午两点三刻,当代最伟大的思想家停止思想了。让他一个人留在房里还不到两分钟,当我们进去的时候,便发现他在安乐椅上安静地睡着了——但已经永远睡着了。

恩格斯将好友马克思的去世说成是"睡着",这一手法巧妙地表达了作者对好友和战友的深切缅怀和无比崇敬,与当时的环境和人们的心情相呼应,突出的是一种愿逝者安息的情感。

演讲稿除以上几种开头方式外,还有讲故事、讲道理、新闻报道等开头的方式,但不管使用哪种开头方式,都必须以吸引听众为宗旨,切忌拖沓冗长、平淡乏味、缺少新意。

(二)主体要充实丰富,层层深入

"文似看山不喜平",演讲稿的主体部分必须做到有重点、有层次。层次是指演讲稿思想内容的表现次序,它体现着演讲者思路展开的步骤,也反映了演讲者对客观事物认识的过程,它是根据演讲的时空特点对演讲材料加以选取和组合而形成的。层次要求环环相扣,层层深入,步步推向高潮。高潮,即演讲中最精彩、最激动人心的段落。只有这样,主体充实丰富,才能紧紧抓住听众的心,使他们处于欲罢不能的情绪中,甚至是使听众达到"快者掀髯,愤者扼腕,悲者掩泣,羡者色飞"的状态。主体结构的安排一般有以下几种方式。

1. 总分式

先提出问题、观点或主张,然后分层加以阐述;或先分层阐述观点、主张,然后进行概括总结。值得注意的是,分层阐述时一般要采用并列结构,因为这种方式比较适合集中阐述问题。

2. 并列式

演讲者要把演讲的内容逐一并列排序,围绕演讲的中心论点,从不同角度、不同侧面一个接一个地加以阐述。需要注意的是,演讲的内容一般要围绕中心论点,按照时间、空间或逻辑顺序展开,论证中心论点。

3. 递进式

演讲者要按照由表入里、由浅入深或由小及大、由少及多的顺序，以层层深入、步步推进的方法，逐步阐明问题，讲清道理，揭示主题。采用递进式结构安排的演讲内容和要阐述的问题，必须要注意使它们既符合客观事物的发展规律又符合听众的认识规律。

4. 对比式

演讲者运用比较的方法阐明问题，即演讲者要让不同问题、不同段落之间形成正反对比、新旧对比、时间对比、空间对比等，使听众从事物的不同或对立中辨明是非曲直，认识中心论点的正确性。

以上各种方式最好是综合使用，但不管使用哪种方式，目的都是要吸引听众，使听众和演讲者产生共鸣，以取得良好的现场效果。

(三) 结尾要响亮有力，余音绕梁

结尾是演讲内容的自然收束。言简意赅、余音绕梁的结尾能够使听众精神振奋，并促使听众不断地思考回味；而松散疲沓、枯燥无味的结尾则会使人感到厌倦，并随着时间的推移而被遗忘。精彩有力的演讲结尾还能重新掀起高潮，极大地鼓舞听众，激发听众行动的愿望，使听众真正与演讲者实现情感上的共鸣，从而达到演讲的预期目的。以下列举的，是我们比较常见的几种结尾方式。

1. 总结式

这种方式要求在结尾概括全文的要点，揭示主题。

【案例分析 3-12】

苏格拉底《申辩》的结尾：

分别的时刻到了，我们各走各的路吧——我走向死亡，你们活下去。哪条路更好，唯有上帝知道。

2. 呼吁式

这种方式一般是采用呼吁的方式，提出希望，发出号召；作用是抒发情感，激励人心。这种结尾有利于号召听众奋然而起，具有强烈的鼓动色彩。

【案例分析 3-13】

罗斯福《一个遗臭万年的日子》的结尾：

我们不会后退。我们不会满足于原地踏步。作为美国人，我们要遵奉上帝的意志为国效力和走向前方！

3. 展望式

这种结尾通常是在演讲结束时提出任务，指明前途。

【案例分析 3-14】

马丁·路德·金的《我有一个梦想》的结尾：

当我们让自由之声响起来，让自由之声从每一个大小村庄、每一个州和每一个城市响起来时，我们将能够加速这一天的到来，那时，上帝的所有儿女，黑人和白人，犹太教徒和非犹太教徒，耶稣教徒和天主教徒，都将手携手，合唱一首古老的黑人灵歌："终于自由啦！终于自由啦！感谢全能的上帝，我们终于自由啦！"

4. 名言式

这种结尾饱含哲理，发人深思。采用名言、警句、诗歌、谚语等结尾，可以使演讲的主题得到有力证明，加强演讲的力度，丰富演讲的内涵，使听众在联想和印证中得到深刻启示。

【案例分析 3-15】

徐燕的《担负起天下的兴亡》的演讲结尾，恰当地运用了《毕业歌》中的歌词，犹如洪亮有力的歌声在耳、歌词切题，给人一股强大的鼓动力。

……沉睡、多病的祖国，已经到了醒来的时刻，让我们这一代人甩掉祖国贫穷落后的帽子，一个使世界为之震惊的繁荣昌盛的中国，就要出现在地球的东方。"同学们，快拿出力量，担负起天下的兴亡！"

需要注意的是，结尾无定法，妙在巧用。生搬硬套只能起负面作用。演讲的结尾要有一定的思想高度，要强劲有力，起到激励和鼓动的作用。切忌敷衍了事，草草收场，给人狗尾续貂或是虎头蛇尾的感觉，否则，一次精彩的演讲会因此黯然失色。

四、锤炼语言，富有文采

演讲者要表达自己的观点和情感必须借助语言这个交流思想的工具。因此，要提高演讲的质量，必须在语言的运用上下一番工夫。综合来看，演讲稿的语言一般具有以下四个特点。

（一）口语化

演讲稿不同于一般的文章，不是"看"的语言，而是"听"的语言。要多用通俗易懂的口语词，少用文绉绉的书面词语；多用明白晓畅的短句，少用冗长啰嗦的长句；可适当运用承上启下的关联词语或句子来引导听者的思路；可重复、强调某些词语或句子来加深听众的印象。"上口"和"入耳"是对演讲语言的基本要求。演讲，说出来的是一连串声音，听众听到的也是一连串声音。听众能否听懂，不仅要看演讲者能否说得好，更要看演讲稿是否写得好。如果演讲稿不"上口"，那么演讲的内容再好，也不能使听众"入耳"，完全听懂。演讲稿的"口语"不是日常的口头语言的复制,而是经过加工提炼的口头语言,要逻辑严密,语句通顺。由于演讲稿是作者写出来的,受书面语言的束缚较大,因此,就要冲破这种束缚,使演讲稿的语言口语化。为了做到这一点,写做演讲稿时,最好把长句改为短句,把倒装句改为正装句,把单音词换成双音词,将听众可能听不明白的文言词语、成语换掉或删去。

(二)准确精练

演讲中遣词造句要准确无误,表义精当,适合特定的语言环境和对象,要以最经济的语言输送出最大的信息量。

准确是指演讲稿使用的语言能够确切地表现讲述的对象——事物和道理,揭示它们的本质及其相互关系。作者要做到这一点,首先,要对表达的对象熟悉了解,认识必须清晰透彻;其次,要做到概念明确,判断恰当,用词贴切,句子组织结构合理。精练是指以最少的语言表达出最多的内容。要做到语言的精练,必须要对自己要讲的思想内容进行认真的思考,弄清道理,抓住要点,明确中心,这样,在演讲时就不会拖泥带水,紊乱芜杂。在此基础上,再注意文字的锤炼和推敲,做到精益求精,一字不多,一字不改。

(三)生动形象

根据内容和语境,选用多种修辞方式,增强演讲的感染力。例如,用比喻的手法把抽象的道理说得明白如话;用拟人的方式把无生命的事物说成有生命的;用适度夸张的语言渲染主题;用排比的方法增强语言的气势;用回环反复提示事物间的内在联系,加强感情的力度;用设问掀起语言的波澜,使语势起伏不平,丰富多彩。

(四)富有美感

演讲毕竟是一门语言艺术,而语言艺术,其本质依然是驾驭和使用文字的能力。子曰:"言之无文,行而不远。"演讲也是这样,没有文采,自然就缺乏吸引力。好的演讲稿应该能在唤起听众共鸣的同时,给人以美的享受,而"演讲之美"在很大程度上指的是语言之美。

1. 凝练的美

凝练的风格是由演讲者从表达演讲内容出发,准确运用蕴含丰富、意义深刻的词语和修辞方式,使句义的缀合以单独连接为主而形成的。用语集中而丰满、简洁而味长是凝练的主要特征。

【案例分析3-16】

以下是亚伯拉罕·林肯的《葛底斯堡演说》全文。

87年前,我们的先辈们在这个大陆上创立了一个新国家,它孕育于自由之中,奉行一切人生来平等的原则。

现在我们正从事一场伟大的内战,以考验这个国家,或者任何一个孕育于自由和奉行上述原则的国家是否能够长久存在下去。我们在这场战争中的一个伟大战场上集会。烈士们为使这个国家能够生存下去而献出了自己的生命,我们来到这里,是要把这个战场的一部分奉献给他们作为最后安息之所。我们这样做是完全应该而且是非常恰当的。

但是,从更广泛的意义上来说,这块土地我们不能够奉献,不能够圣化,不能够神化。

那些曾在这里战斗过的勇士们,活着的和去世的,已经把这块土地圣化了,这远不是我们微薄的力量所能增减的。我们今天在这里所说的话,全世界不大会注意,也不会长久地记住,但勇士们在这里所做过的事,全世界却永远不会忘记。毋宁说,倒是我们这些还活着的人,应该在这里把自己奉献于勇士们已经如此崇高地向前推进但尚未完成的事业。倒是我们应该在这里把自己奉献于仍然留在我们面前的伟大任务——我们要从这些光荣的死者身上汲取更多的献身精神,来完成他们已经完全彻底为之献身的事业;我们要在这里下定最大的决心,不让这些死者白白牺牲;我们要使国家在上帝福佑下得到自由的新生,要使这个民有、民治、民享的政府永世长存。

林肯的这篇著名演说,可以说是演说史上最为凝练和简短的经典之作,其思想的深刻,行文的严谨,语言的简练,确实是不愧彪炳青史的大手笔。林肯这段只有两分钟的演讲,后来获得了持续十分钟的掌声。

2. 繁丰的美

繁丰就是泼墨纵笔,不惜反复,话说得痛快尽致,意思表达得酣畅淋漓。其特点是句义复合,意义缀合,即在一个语义段落中,围绕一个命题或中心思想,反复描述或说明,或运用排比句式加重语气,深化主题。

【案例分析 3-17】

孙浃的演讲词《理解万岁》。

乘着创世纪的诺亚方舟,理解是那只窥探到大自然,衔回了橄榄枝的鸽子;

沿着千回百折的汨罗江,理解是屈原感叹社会而传唱于今的骚体长诗;

拨出高山流水的琴声,理解是蔡锷、小凤仙人生难得一知己的知音一曲。

反复的同义回环,渲染气氛,造就气势,强化节奏,加深情感,使理解之歌响遏行云、荡气回肠。

3. 朴实的美

朴实的语言特点是质朴无华,平白如水,清新自然,不加雕饰,少用比喻而多用白描,使语境语义纯净、真诚、厚重,形象亲切、生动、感人。语言的自然天成是一种美的极致。"理不直指,情不显出"。作者的感慨情致和见识自然地表露出来。

【案例分析 3-18】

也许,平庸会对你说:对酒当歌,人生几何?哪条大路平稳走哪条,保你一生快乐。

如果这样,你在平地上走了一辈子,临终时你依然在平地上;而别人在高峰上尽管只攀援半步,但他已经站在你的平地之上了。

以上是《路,在你脚下》的演讲词,格调厚朴,境界大气,气势磅礴,语言流畅,以高瞻远瞩的境界开拓攀登之路,鼓励听众"迈开无所畏惧的坚实脚步,走向憧憬,走向希望"!而这些美好哲理的表达,却是通过朴素简明的语言来点拨的。

4. 绮丽的美

绮丽是与朴实对应的语言风格。它多用形容词语和比喻、比拟等修辞方式,以及句子的整齐组合和双声叠韵词语的运用,力求达到绮美绚丽、情感浓郁的效果。演讲者要把事物的形状和事件的背景绘声绘色、栩栩如生地呈现给听众,必须恰如其分地把握语言色彩的明暗、感触的硬软及声调的响亮与沉郁,使演讲情景交融,丝丝入扣,出神入化,灿烂可观。

【案例分析 3-19】

冯艺的演讲词《我们正年轻》。

索取不属于我们,我们只有付出,我们的心声呀,就是我们开始自由呼吸的时候流出的,流出积蓄已久的真挚的爱,流出绿绿的幼稚,流出皎皎的天真,流出殷殷的血丝,我们一定能养育出那森林、那牛羊、那鲜花;当五彩的世界还在梦中,我们就毫不犹豫地仰起那红润的迷人的嘴唇……

演讲以绮丽的语言,深厚的情感,形成跌宕起伏的音律和景外有景的画面,并且通过每段落内部的意思衔接,蝉联而下,一气呵成,表示了事物之间的连锁、因果关系。

5. 庄严的美

庄严就是庄重肃穆、沉稳典雅的语言格调,它给人以高雅严谨、雄浑壮丽的感觉。庄严风格的形成因素,多因古词语的大量运用,以全称来称谓事物或运用正式交际场合的词语等。它常用于政论演讲及气氛庄重的场合。

【案例分析 3-20】

我经常到天安门广场散步,那规模浩大、气势宏伟的广场使人心旷神怡。广场中央屹立着用花岗石和汉白玉砌成的巍峨纪念碑,高高的碑心石上,用镏金板镶嵌着八个闪闪发光的大字:"人民英雄永垂不朽",每当我瞻仰碑的雄姿,心中就激起无际的波澜:这座人民英雄纪念碑是近百年来风云激荡的岁月中,革命先辈和广大爱国人民、青年用大无畏的革命精神和血肉之躯铸成的。它是我们民族的灵魂。

以上是魏久明《用青春建造新时代的丰碑》的演讲词,读来庄重典雅,慷慨激昂,气脉贯通,逻辑严密,演讲者用壮美多姿的语言于神圣拜谒的庄严场合,因而使人感受到了人民英雄纪念碑的高远博大,雄伟永恒。

6. 灵秀的美

灵秀的语言能给人以错落有序、轻松谐趣、色彩斑斓的优美感受。灵秀风格的形成,主要源于使用绘声绘色的词语,利用语义语句的错综奇变及句段篇章的词义重叠或变形多义组合等。它能增强演讲的鲜明性、生动性和抒情感。

【案例分析 3-21】

了烈钧的演讲词《赞美你,太阳》。

我赞美你,太阳!你照亮了人间的道路,照亮了历史的长河,孕育出一部壮美多姿的史诗。

汉语的文字可谓博大精深,对语言的驾驭和使用也是没有止境的,在撰写演讲稿的时候,不论使用怎样的语言,都需要把握一个原则:如何遣词造句是由演讲的主题和演讲者的风格决定的。

7. 豪放的美

豪放就是澎湃宏阔,激越高昂,豪壮刚健,英武奔放的语言风格,即人们常说的阳刚之美。豪放的语言风格听来使人感到博大高远,气势恢宏,雄阔俊伟,豪气英发。一般来说,男性演讲者比较倾向采用豪放的风格,女性则常用柔婉的风格。柔婉风格就是轻柔委婉,纤秀清丽,平和潇洒,曲折生姿的语言风格。不过,有一些女性演讲者也能将豪放的风格发挥出来,显示出巾帼不让须眉的气质。

演讲语言的风格与演讲者独特的生活经历、文化素养、个性特征等个人因素,同其所处的民族风俗、时代特征、文化背景等社会因素紧密相连。因此,演讲者语言风格也会因为地域、民族、语体、语言习惯等的不同而风格各异。

【案例分析 3-22】

以下是芦锡铭的题为《飞瀑前的沉思》的演讲节选。

朋友,你看过名山大川的飞瀑吗? 那简直是力与美的化身! 它那飞流直下的风姿似骏马奔驰般洒脱,它那砰然千里的气势如大江东去般雄浑。远远望去,仿佛一条驾雾腾飞的猛虎。于是我突发奇想,思索着一个人生的命题:积聚与腾飞!

这篇演讲直抒胸臆,直泄感情,语言气势与演讲词豪迈激越的思想内容统一在一起。其演讲的整个风格是雄健高昂、豪壮气势的。

【思考与练习】

1. 知识点复习

(1)为什么要写好演讲稿?

(2)好的演讲稿对演讲有什么实质的帮助?

(3)一篇好的演讲稿应该有哪些特点?结合一篇你认为比较好的演讲稿加以分析。

2. 实训练习

(1)阅读下面的演讲稿,分析其语言的美感。

为中华之崛起而读书——沿着伟人的足迹前进

刚才同学们热烈的掌声,让我想起了84年前的一阵掌声。84年前,也就是1911年,在沈阳东关小学的教室里,老师问:"你们读书的目的是什么?"有的同学回答说为了当官,有的说为了发财,也有的说为了光宗耀祖;年仅13岁的周恩来回答的却是"为中华之崛起而读书"。一语惊人,掌声四起。

人各有志。千百年来,对为什么而读书,有许多不同的回答,电视连续剧《八月桂花香》中,胡雪岩的父亲胡道宏,几十年寒窗苦读,捱到中举当官之日就中风而死;《儒林外史》中,吴敬梓笔下的范进,看到自己榜上有名竟当场发癫,在他们心中,"书中自有黄金屋,书中自有颜如玉","世上万般皆下品,唯有读书高",于是,读书当官,成了他们心中的理想,苦苦的追求。

胡道宏、范进是那么的可笑,可悲而又可怜,相比之下,他们读书的理想是那么的渺小而短浅。那么,周恩来为什么会树立起"为中华之崛起而读书"这一崇高而远大的理想呢?

我们都不会忘记,中国近代史上一页页屈辱的历史。

鸦片战争的失败,《辛丑条约》的签订,山东半岛的侵占,东北三省的沦陷,"东亚病夫"的屈辱,"华人与狗不得入内"的牌子……这耳闻目睹的事实,一桩桩烙印在少年周恩来的心坎。

岳飞的"精忠报国",文天祥的"人生自古谁无死,留取丹心照汗青"……一个个爱国英雄的事迹也深深地教育了他。

国家兴亡,匹夫有责。有志不在年高。少年周恩来正是痛心于祖国的落后挨打、饱受侵略,惨遭踩躏的现实,才立志为中华之崛起而读书。

我们不会忘记周恩来为实现他的理想而刻苦读书的历历往事:

图书馆,他专心致志,如饥似渴;旅行途中,他争分夺秒,不知疲倦;

"大江歌罢掉头东",他东渡日本,为的是寻求救国救民的真理;

他远涉重洋,赴法勤工俭学,为的正是中华之崛起……

读书,他不满足于学校,他投身社会,深入群众,向工人学习;

读书,他不满足于国内,他放眼世界,投身巴黎公社,洋为中用……

读书,周恩来不仅掌握了丰富的知识,为以后的革命工作打下了坚实的基础,也让他找到了救国救民的真理,更坚定了他的共产主义信念。

踏着伟人的足迹,回首历历往事,我们激动不已,面对现实,我们不禁感慨万千。时下,教授下海,学生也下海。大学生下海,中学生小学生也下海。有些学生退出象牙塔的教室,占据商品琳琅满目的三尺柜台,俨然一个精明的大老板;还有些学生60分万岁不亏本,80分惊喜要红包,还美其名曰有商业头脑,一切向钱看。他们跟年少的周恩来比,真是相差太远了。

志当存高远。有了崇高的理想就有了巨大的精神动力,有了远大的理想就有了恒久的精神动力。那么,我们又应当树立什么样的理想呢?

大家都清楚,我国还是一个发展中的国家。人均收入、综合国力跟发达国家相比,还有一定的距离。"为中华之崛起而读书"应当成为我们共同的理想。

然而,中华之崛起、民族的强大,光靠理想是不够的,要科技、要文化、要一大批掌握了一定科学技术的建设者,作为跨世纪的新一代,我们应当刻苦学习,为真正实现中华之崛起而奋斗。

同学们,让我们沿着伟人的足迹,为中华之崛起而读书,奔向21世纪。

(摘自百度贴吧,http://tieba.baidu.com/f? kz=846364078)

(2)结合本章节所讲述的内容,撰写一篇演讲稿。

第三节 演讲的技巧——秀出真我的风采

想要提高演讲水平,获得良好的演讲效果,就需要掌握一些必备的演讲技巧。本节将从三个方面阐述演讲的技巧问题:演讲的表达技巧、演讲稿的记忆技巧和演讲法。

一、演讲的表达技巧

(一)语言表达的要求

书面语和口语是两种不同形式的语言文体。书面语诉诸视觉,可以仔细查看、辨认、思索;口语诉诸听觉,只能在短时间内通过听到的内容来理解其表达。演讲语言使用的是特殊的口语而不是书面语,这里有两层含义:一是演讲的语言是基于口语表达的,演讲稿不能代替演讲本身;二是演讲的口语又不同于一般日常交流的口语,是经过一定的提炼加工的。

为了能让听众在短时间内通过演讲者的口头表述,接收到更多的信息,达到演讲的目的,演讲者需要遵循以下要求来设定自己的演讲语言。

1. 准确清晰

对于一场成功的演讲,演讲者首先是要将信息准确地传达给听众,因此,演讲使用的语言一定要确切、清晰地表现出所要讲述的事实和思想,揭示出它们的本质和联系。只有准确的语言才能逼真地反映出现实面貌和思想实际,才能被听众接受,达到宣传、教育、影响听众的目的。

要想使演讲的语言准确清晰,首先要求演讲者自己的思想明确,演讲者如果对客观事物没有看清、看透,自己的思想尚且处于模糊状态,用语自然就不能准确。其次,演讲者应具备丰富的词汇量,词汇的贫乏往往会导致词不达意,演讲者如果能掌握丰富的词汇,就能更好地筛选出最能反映事物或概念的词语来。

另外,演讲者还要注意准确运用词语的感情色彩,特别是一些词的感情色彩是非常鲜明而细微的,只有仔细推敲、体味、比较,才能区别词语的褒贬色彩。例如,表达一个人死了,由于感情不同,用词也不同,如可用"牺牲"、"去死"、"走了"、"死了"、"完蛋了"、"见上帝去了"等。这些词表现的虽然都是同一个意思,但其感情色彩却是截然不同的。

2. 通俗易懂

有些演讲者总想在演讲中多用点"优美词语",于是堆砌辞藻,咬文嚼字,趋于雕琢。而这正是演讲所忌讳的。如果演讲的语言不通俗,听众听不懂,就会影响演讲的效果。

为了使演讲的语言通俗易懂,就必须坚持"演讲语言要口语化"的原则。首先,要解决思想认识问题,不要一动笔就往书面语言上靠。写完后自己照稿念一念,看看是否上口,然后把那些不适合演讲的书面语改为口语化的语言。其次,要注意选择那些有利于口语表达的词语和句式。双音节和多音节的词语比单音节的词语容易上口,而且也好听。例如,"我要写演讲稿时"就不如"当我要写演讲稿的时候"好听。

3. 灵活流畅

即使只是日常生活中的语言交流,都需要达到流畅的程度,就更不用说是演讲了。可以说,演讲的语言必须是流畅的。同时,演讲的语言还要有一定灵活性,为了更好地适应表达,可以将各种句式结合起来灵活使用。

【案例分析3-23】

卓别林在电影《大独裁者》里,有一篇精彩的演说《为自由而战》,以下节选的是其中的一段。

哈娜,你听见我在说什么吗?不管这会儿在哪里,你抬起头来看看呀!抬起头来看呀,哈娜!乌云正在消散!阳光照射出来!我们正在离开黑暗,进入光明!我们正在进入一个新的世界——一个更可爱的世界,那里的人将克服他们的贪婪,他们的仇恨,他们的残忍。抬起头来看呀,哈娜!人的灵魂已经长了翅膀,他们终于要振翅飞翔了。他们飞到了虹霓里——飞到了希望的光辉里。抬起头来看呀,哈娜!抬起头来看呀!

在这段演讲中,以短句为主,长短句相结合;以陈述句为主,疑问句、祈使句、感叹句相交错。正是这富于变化的灵活句式,让演讲者的演讲变得充满魅力。

4. 情真意切

成功的演讲要能说服人、启迪人,但同时也要能感染人、打动人。要使听众听了演讲后产生激动、兴奋和共鸣的感情,不仅心服还要心动,最后还愿意拿出实际行动。演讲中仅靠客观冷静的分析和论证,是达不到这种效果的,只有演讲的语言情真意切,才可能做到。

情真是指演讲的内容和表达要有真挚的感情。有的演讲者在演讲时会运用大量的抒情手段,有时甚至声泪俱下,不能不说是没投入,但听众却不为所动,这是为什么呢?因为这些演讲者演讲时没有什么真情实感,只是为演讲内容贴上情感的标签而已。只有发自肺腑的真情才能动人心弦,有多少真情就有多少感染力,只有揭示出感情的内心依据,传达出情感世界的微妙之处,才能给人以"真"的感觉。另外,感情要有底蕴才有力度,否则即使是真情也会由于浅薄的表达而显得轻飘无力。

意切是指表达的旨意切合内容和听众的接受要求。要想演讲的语言容易感人,就要做到说自己的话,表达自己的"意"。有些演讲者,爱使用一些"时髦"词,或是套话,或是从报刊、书籍上摘抄下来的,生硬地拼在一起的话。这样的语言听起来挺"新鲜",却常常因情不真、意不切而显得苍白。马克思曾经说过:"你怎么想就怎么写,怎么写就怎么说。"只有忠实地使用自己的语言,才能真正体现出情真意切。

5. 风格独特

演讲风格是不同个性的演讲者在特定的语言环境中,对语言进行自成一体,别具一格的选择、加工、锤炼而形成的。因此个性化的演讲语言最能体现出演讲风格。一位成功的演讲者需要精心塑造属于自己的演讲语言的风格。

演讲语言的风格多种多样,主要是建立在演讲稿的语言风格基础上的。在前一节中,已经对几种常见的演讲稿风格进行了介绍,在此不再赘述。

(二)非语言表达的配合

1. 精神饱满

对演讲者来说,语言表达虽然是最需要被重视的,但一些非语言的表达也会对演讲效果产生影响,也值得每一位演讲者重视。而在演讲中,排在所有非语言表达首位的是对演讲者精神状态的要求,即要求演讲者必须精神饱满。

精神饱满是形容人的一种精神振作、精力充沛、情绪饱满的状态的。一位成功的演讲者,不管是准备运用多少演讲技巧,准备采取哪种演讲风格,都需要有饱满的精神作为基础。这不仅是因为精神饱满的演讲者能容易对演讲过程进行操控,也是因为一个人的精神状态会影响其外在气质。

精神饱满的演讲者,其外在气质一定是容光焕发、富有朝气、姿态端正、动作潇洒的,而精神萎靡的演讲者,势必会表现出暗淡无神、缺乏情感的外在气质,也就很难达到感染听众的目的了。

2. 表情自然

演讲者应该要用真实自然的表情去面对听众,并和他们进行眼神上的交流。有一种观点认为,演讲成功的秘诀在于夸张的动作和表情。这样的观点是片面的。对演讲者而言,并非表情越夸张,感染力就越强。因为过于夸张的表情会有很重的表演痕迹,虽然很有戏剧效果,但演讲不是戏剧,这样反而会给听众留下做作的印象。

一般来讲,在演讲过程中,表情自然、面带微笑,并善于运用眼神来传情的演讲者才是最高超的演讲者。对于演讲中的眼神技巧,可以适当地进行使用,比如前视法、环视法、侧视法、点视法、虚视法、闭目法、仰视法和俯视法等,这些方法在前面的章节中都已经做过介绍,但这些眼神技巧的使用前提,都是要保持表情自然,不能显得过于刻意和夸张。

3. 身姿得体

演讲中的非语言中有一种叫做身姿语言。身姿语言是指手臂以外的身体躯干的动作所传递的演讲信息,它包括了头、胸、腹、腰、背、肩、腿和脚的动作。身姿语言的运用使演讲者在表达上更加丰富多彩,信息含量也增大了不少。

但是,与"表情自然"的要求一样,演讲中,也并非大量使用夸张动作,就能起到良好的效果。如果一个演讲者在演讲过程中动作过多,表现夸张,反而会引起听众的反感。因为演讲虽然需要运用不少"演"的技巧,但毕竟与戏剧等表演艺术有本质区别。因此,演讲者必须适时运用身姿语言,使之得体有效。

4. 手势得当

在演讲中,与身姿语言相补充的还有手势语言。手势语言主要就是指演讲者运用手势,辅助语言来指示具体对象,形象化地表达情感或比划抽象的概念。有人曾经总结过几种常见的演讲手势,主要有上举、下压和平移等几类,各类中又分单手、双手两种,每种又可以作拳式、掌式、屈肘翻腕式等。但在实际的演讲中,手势运用是有很大讲究的,具体要求就是要"得当"。

手势得当,一方面是指手势应该是随着演说内容、听众情绪、场上气氛等,在演讲者的支配下自然而出。演讲手势绝不是用一个模子刻出来的,而是需要通过听别人演讲等方式来模仿学习,进而创造而成的。另一方面,手势得当还指演讲者要正确运用手势的含义。例如,手向上、向前、向内往往表达希望、成功、肯定等积极意义的内容,而手向下、向后、向外,往往表达批判、蔑视、否定等消极意义的内容。如果在演讲中使用反了,就会造成听众的困惑,影响演讲效果。

（三）幽默的运用

幽默是人的聪明才智的标志,它要求演讲者具有较强的驾驭语言的能力。幽默的动作则是人际交流中的润滑剂,它要求演讲者具有较强的行为操控能力。在演讲中适当地使用幽默,能活跃会场气氛,缩短与听众之间的距离,增进听众和演讲者的沟通,收到意想不到的效果。

1. 幽默的作用

幽默在演讲中主要有以下三方面的作用。

第一,融洽关系,愉悦听众。幽默的特点是富于风趣,使人发笑,又意味深长,发人深思。幽默是情趣与哲理的有机统一,它的形式是轻松愉快的,但它揭示的道理却是深刻的。这就要求演讲者不能老板着面孔讲大道理,而是要在谈笑风生中阐述自己的主张和观点。运用幽默这一艺术手法,能使听众在笑声中茅塞顿开,愉快地接受演讲的观点和思想。也就是说,运用幽默艺术手法进行演讲,既能使听众在心理上产生愉快感,使听众轻松、欢快,同时又能有效地传递演讲的内容。

第二,调节气氛,吸引听众。运用幽默,能够活跃气氛,缓解紧张气氛,化解矛盾。因此,要使演讲能在愉快、轻松的氛围中顺利进行,就得适时使用幽默。抗日战争初期,陈毅率领新四军到达浙江开化县,当地的一抗日组织召开了一个盛大的欢迎会。当请陈毅讲话时,主持人称陈毅为"将军"。陈毅登上讲台,接过话大声说:"我叫陈毅,耳东陈,毅力的毅。刚才主持先生称我将军,实在不敢当,我现在还不是将军。当然叫我将军也可以。我是受全国老百姓的委托去'将'日本鬼子的'军'。这一'将'直到把它们'将'死为止……"这段讲话,既自然风趣,又富有哲理,既活跃了会场气氛,又紧紧抓住了听众。

第三,表达委婉,启迪听众。幽默的语言委婉含蓄,言近而旨远,词浅而意深。它跟平铺直叙、赤裸裸地说理不仅形式各异,效果也迥然不同。在演讲中,如果一味采取"硬碰硬"的训斥方式,只会使受教育者心里出现一种对抗的情绪。而借助于幽默,用轻松的口吻,带有哲理性的笑话,可以使听众在善意的嬉笑中受到教育,可以说幽默是一种含笑的批评,它比板起面孔声色俱厉的呵斥更容易使人接受。

2. 幽默的运用规律

在演讲中,幽默的运用是有规律可循的,具体的规律总结如下。

第一,多用于即兴。在演讲中,许多幽默的语言和动作并不是事先在演讲稿中就有的,而是演讲者在演讲过程中突发奇想,即兴发挥的。

第二，多用于开场和结尾。令人喜悦的开场白是演讲成功的基础，所以不少成功的演讲者，都会在开场采用风趣幽默的语言和内容来吸引听众，使听众产生好感，缩短距离，集中注意力。而以风趣幽默的语言结尾，就如在丰盛的大餐过后，奉上一道味美的甜点，是妙不可言的。

有"幽默大师"之称的林语堂先生，每次演讲都会有一些令人捧腹的妙语。一次，他应邀参加台北一所学校的毕业典礼，在他前面有不少人做演讲，都讲得十分冗长，轮到他演讲时，已经十一点半了，学生们已经不太耐烦了。林语堂走上讲台，开口就说："绅士的演讲，应当像女孩子穿的迷你裙一样，愈短愈好。"此言一出，全场哄堂大笑。林语堂的这句幽默，并不是浅薄的幽默，而是蕴涵着深刻的思想智慧。这句形象而深刻地指出演讲应遵循的原则，现在已成为演讲界无人不知的名言了。

第三，多用于随机应变。不管是即兴演讲还是命题演讲，都需要应变能力，而幽默则是演讲者发挥应变能力最得力的助手。富于幽默的人，往往能在紧急情况下，可以临场不乱，用幽默的语言使自己从某种困窘、尴尬的环境中解脱出来，从而变被动为主动，并使演讲的内容得到升华。

第四，多用于讽刺或批评。幽默可以使人笑，但幽默和讽刺也有着鲜明的共性，经常相互伴随。因此，演讲者常运用夸张比喻和曲折含蓄的幽默手法来鞭挞丑恶的现象、邪恶的势力或批评错误的东西。

【案例分析 3-24】

1946 年 5 月，远东国际军事法庭审判以东条英机为首的 28 名日本甲级战犯，曾因排定法庭座次，10 个参与国的法官们展开一场激烈的争论。中国法官理应排坐在庭长左边的第二把交椅，可是由于当时中国国力不强，而被各强权国所否定。在这种情况下，唯一出庭的中国法官，首先从正面阐明，排座次应按日本投降时各受降国的签字顺序排列，这是唯一正确的原则立场。接着他微微一笑说："当然，如果各位同仁不赞成这一办法，我们不妨找一个体重测量器来，然后以体重大小排座，体重者在中，体轻者居旁。"各国法官听了忍俊不禁。庭长笑着说："你的建议很好，但它只适用于拳击比赛。"中国法官接着回答说："若不以受降国签字次序排座，那还是按体重排好。这样纵使我被置末位亦心安理得，并且可以以此对我的国家有所交代，一旦他们认为我坐在边上不合适，可以派一名比我肥胖的来换我呀。"这回答引得法官们大笑。

在举世瞩目的国际法庭上，法官的座次是按体重来排定，真是天大的笑话！中国法官正是用这样的笑话辛辣地嘲弄帝国主义分子践踏国际公理的丑恶嘴脸。在这种谬论强制公理的险恶形势下，也许论证证明都很难奏效，幽默才是反驳的最有力的武器。

3. 增强幽默感的途径

第一，要求演讲者自己要心胸开阔，性格开朗，思想健康，情趣高尚。如果演讲者心胸狭窄，郁郁寡欢，自私自利，刁钻刻薄，那他也决不会运用好幽默感的。第二，幽默感不是人人都有的，它是理智和经验的一部分，因此，演讲者要具备较高的观察力、想象力和联想力，只有这样才能凭借对生活的深刻体验和对事物的敏锐观察，借助于模拟、拈连、夸张、讽刺、反语、比喻、双关、假设、联想、自嘲、错位等手法讲出幽默的话来。第三，幽默的能力源于先天智慧，又在于后天培养。幽默来自演讲者的聪明才智，一个孤陋寡闻、知识浅薄、经验贫乏的人是不会有幽默感的。只有深通古今中外的文化、学识宏富渊博、阅历丰富的人，才能借助于综合素养，显示出幽默感来。

演讲者要从以上这三个方面下工夫，才有可能培养出自己的幽默感，使自己的演讲因幽默的运用而变得妙趣横生。

4. 使用幽默的注意事项

演讲需要幽默，演讲者在演讲中如果恰到好处地运用幽默，就能够准确、形象地表达自己的思想，从而帮助听众理解演讲的内容，接受演讲的观点，增进演讲者与听众的感情交流。但是，演讲者在运用幽默的时候，应注意以下三点。

第一，演讲者运用幽默的艺术手法，并不是为了哗众取宠，以显示自己的巧舌如簧；也不是为了逗引听众，博取廉价的笑声。幽默的运用必须服从于演讲的主题，突出演讲的中心。否则就是为幽默而幽默，成了喧宾夺主的单纯笑料。演讲中一定要把幽默与那些调侃、滑稽夸张的打逗、耍贫嘴，甚至出洋相加以区别，否则将有损演讲的风雅。

第二，幽默来自演讲者丰富的生活体验和对生活现象敏锐的观察与思考。幽默是智慧的闪光，是知识的结晶。幽默的语言必须是富有哲理的，而不是在讲坛上插科打诨或开玩笑。因此，演讲者倘无丰富的生活体验和广博的知识，却硬要运用幽默的语言演讲，其幽默就可能沦为低级趣味的滑稽。

第三，幽默的运用还需看场合和演讲的具体情况而定。例如，在庄重或悲哀的场合，不宜多用幽默的语言，而在喜庆的宴会上发表演讲，则可通篇妙趣横生、诙谐幽默。

第四，演讲中运用幽默的手法，要力求做到"三戒"和"三要"。这是当代演讲大师李燕杰在谈到演讲运用幽默时提出来的。

"三戒"是：一戒俗，"包袱"切不可庸俗、低级；二戒离，切不可离题，只顾逗人乐而忘记了演讲的主题；三戒多，一次演讲切不可有过多的滑稽，因为演讲比起相声和其他表演艺术来更加要求严肃性。

"三要"是：一要及时，"包袱"要甩在火候上，就是要注意观察听众的情绪，做好铺垫,甩"包袱"时才能给人以"水到渠成,瓜熟蒂落"之感;二要适度,不顾会场气氛、听众情绪、演讲内容而随意玩笑,信口戏谑,只会使人感到厌烦;三要庄重,当引发听众大笑时,演讲者自己不能站在台上跟着大笑,而应有控制自己情绪的能力。

二、演讲稿的记忆技巧

对于命题演讲来说,演讲者一般都准备有演讲稿。演讲是否能取得成功,与演讲者对演讲稿记得熟不熟有着密切的关系。如果一个演讲者在讲台上机械地背诵自己的演讲稿,那绝对不能算是成功的演讲。

一般认为,演讲稿的记忆可分为三步。第一步是识读,即阅读。大体了解整体与细节,把握题旨,掌握例证阐述的关节,包括引述的事实、名人名言等,其中最有说服力的是准确无误的数字。第二步是响读。朱熹说过,凡读书,需要读得字字响亮,不可误一字,不可牵强暗记。这样,才能达到他所说的"逐句玩味"、"反复精读"、"诵之宜舒缓不迫,字字分明"。只有如此,演讲词才能从有理有据、有情有感、有声有色的响读中加以体会和记忆。同时,可预先设计演讲的动作、表情和姿态,琢磨演讲词临场情境与听众交流的心理和生理反馈。甚至一个字的读音,一句话的抑扬顿挫,标点的运用,语气的恰到好处,也无不在其中。响读是演讲词记忆的关键之处。第三步是情读。就是要理解感受演讲词的情调,注意适度和真实。特别是在做演讲时,切忌漫无节制的感情宣泄。缺乏控制的感情抒发,会令人产生厌恶感;虚伪的感情表演,会丧失听众的信任。

综上可见,对演讲稿的一般记忆,一要用眼睛——阅读,二要使口舌——响读,三要动心思——情读。但是,在实践中要记住某一类型的演讲稿,具体还要根据演讲稿的文体特点及结构来选择更具体的记忆技巧和方法。

(一)理清逻辑构成

对于大部分议论类型的演讲稿,主要采用的是"抓逻辑构成"的记忆方法。

在议论类型的演讲稿中,最重要的就是论点(观点)和论据(材料),没有观点,这篇演讲稿就等于没有灵魂;若无材料,观点也就说服不了人。因此,记忆议论类演讲稿时,首先要明确观点,其次就是要记牢材料。

但仅仅这些是不够的,因为要记住它,最重要的地方是,把握用材料论据阐述思想观点的过程,即论证过程。这个过程就是逻辑构成,把它抓住,议论类演讲稿就能很快记住了。而抓住逻辑构成,就是要记住演讲稿的思想轨迹,这就是记忆议论类演讲稿的要领。议论类演讲稿的思想轨迹大致有基本型和变化型两种。

基本型,接近一般的议论文,按思维路线,通常表现出三序列的思路。首先是提出问题,即观点(论点)的提出,表示和强调;其次是分析问题,即论证观点(论点)正确与否,这要用材料——例证加以证明,事实真实可信令人信服;最后是解决问题,即得出结论,印证提出的观点,明确结论。

变化型,按思维路线又分为两种形式。一是简化式,类似于基本型的简化版,即演讲稿三段式。首先序论,提出问题;其次本论,分析问题;最后结论,解决问题。这种简化的演讲稿,尤其以此进行即兴演讲的准备为便。二是互置式,即将其结论放在开头,先直截了当地把结论告诉听众,然后再进行分析问题的演讲,基本就是首尾互置。

【案例分析 3-25】

以下是郎咸平在吉林大学所作的题为《你们为什么不好找工作》的演讲(节选)。

今天我要跟各位谈的就是一个新观点,也是我个人的研究心得,希望和各位同学分享。我清楚地告诉各位,今天的国际竞争已经不是企业的竞争,已经不是产品的竞争,而进入到了一个前所未有的,一个全新的产业链的竞争时代。

……

那么这种国际分工,和你们在座各位有什么关系呢?各位同学,你们是国家未来的领袖,不管在任何行业,你们的未来就是中国的未来。我要请问在座的各位同学,这个国际产业链的竞争和你们有什么关系?我请大家思考 20 秒……好啦,20 秒到了,你们想到了答案没有啊?怎么不说话?因为你们想到的答案都是错的。为什么是错的?那我告诉你,为什么大学生就业难。我们(政府)在大学扩招合并造出这么多大学生的时候,当初是个什么思维?因为当初我们国家大学生的比例严重地低于欧美平均。各位同学你们可以上网查资料。因此我们(政府)就误以为我们培养更多的大学生之后我们经济会更有质量,会更高速地发展。我们哪里知道,这个想法前提就有问题,大家知道为什么?美国为什么需要这么多大学生,而中国培育出这么多优秀大学生为什么失业?难道是你们同学努力程度不够?难道是你们同学不够用功?难道是你们同学专业不对口?我刚才讲的几句话应该是媒体里面所谈论的现状。同学们,全错。既不是你们不用功,也不是专业不对口。提起专业不对口这句话呢,我觉得特别可笑,可笑得一塌糊涂。我教了这么多的学校,就从来没看过哪个学校是专业对口的。那既然美国的大学生专业可以不对口,我们中国的大学生专业不对口有什么错呢?再想想,本科教育的目的是什么?本科教育的目的就是教育不对口。为什么呢?因为本科是通才教育,当然是不对口了。因为你不是专科啊,专科是要专业对口,但是大学本科教育就是通才教育。什么叫通才教育,美国大学生也是通才教育,也就是说美国大学生和你们一样,要学心理学、经济学、社会学、文学、哲学等。那么这些学问跟就业有什么关系?关系不大。但是本科教育的目的就是通才教育,那么既然我们要对大学生进行培训,说专业不对口,这本身就是一个错误,完全扭曲了大学教育的本质。

......

举个例子来讲,国内很多工厂,从董事长到门口的保安,没有一个大学生。为什么?因为它本来就不需要大学生,那么真正需要大学生的是什么呢?那就是产业链里面六大软环节需要大学生,包括产品设计、仓储运输、原料采购、订单处理、批发经营以及零售,是最需要大学生的。那么同学们,今天的中国是一个什么样的产业结构,是一个以一为主而不是一个以六为主的产业结构。这个产业结构本身就注定大学生失业问题的源头就在这里。我国的产业现状不足以支持这么高的大学生比例,这就是大学生找事难的原因。各位同学理解了么?那么为什么美国需要这么多大学生?因为美国所掌握的是产业链里最有价值的一部分。它需要通过大学的通才教育创造出更多的价值。但是有一点是我们一直忽略的,那就是我们甚至不理解国际产业链的分工当中我们国家是处于何等的劣势地位。所谓劣势,就是以制造业为主的中国,它产生了诸多的后遗症。和你们密切相关的,你们已经完全感受到了。就比如我们很多的大学生,毕业之后不得不考研究生,研究生读完了之后又失业。再考博士生,但是博士生要做本科生的事,你不觉得是很大的人才浪费么?但是本质问题,我带各位同学回到最原点,那就是国际产业链分工的竞争中,我们已经失败了。我们被定位在价值最差的制造环节,这个制造环节就是浪费资源、破坏环境、剥削劳工。而六大软环节,既不剥削劳工,又不浪费资源,更不破坏环境,却能创造出九倍的价值。大学生在这六大环节中才能学有所用,才能替国家创造出更多的财富。

......

郎咸平的这篇演讲从一个问题出发,将听众(主要是大学生们)关心的这个问题和当前的世界经济发展结合起来论述,思路十分清晰。记忆这样的演讲稿,记忆关键就是要抓住其逻辑构成。

(二)紧扣情感线索

对于大部分抒情类型的演讲稿,主要采用的是"抓情感线索"的记忆方法。

当代演讲家李燕杰说过,演讲,绝不是从记忆移入记忆,把现成的字句移到别人心中,而是要使自己心中的火与听众心中的火并燃。特别是抒情类型的演讲稿,它以情为主,主要目的是将演讲者的喜怒哀乐传达给听众。因此,对情感线索的把握,是记忆抒情类演讲稿的关键。

【案例分析3-26】

以下是一位气象工作者的演讲节选部分。

也许在大多数人的心目中,气象工作是神秘而又浪漫的,看天、报雨、说天气,可真正开始涉足这方土地,把生活交给气象事业的那天开始,我才明白,气象人是在用青春、热血铸造着新时代气象事业的丰碑。……

我成长在这块沃土,如一棵小树,把细小的根须伸入"气象"这块肥美的土地,吮吸着它的养分,呼吸着它的气息,感受着它的冷暖,欣喜于它的变化,也欣赏着它的魅力。气象事业正以它的耕耘而收获,以它的求索而前进,也正以它的奋进而博大。而默默耕耘这片沃土的气象人换了一代又一代,但他们毫无怨言。他们以站为家,勤勤恳恳,任劳任怨;与山风为伴,与飞雪共舞,以火一样的热情成就着自己的气象人生和祖国的气象事业,在他们的灵魂中,传承着老一代气象工作者的优良传统,在他们的精神里,闪耀着与时俱进的熠熠时代风采……

我已经成为了一个真正的"气象人","气象"再造了我,它在我善感的性格中渗进了一份执著,一份坚定,它使我懂得酸甜苦辣对人生都是营养;它也使我鄙夷那些慵懒而不思进取的人,敬仰那些卑微却奋斗不息的人;它教我在陷入困境能含苦如饴,因而无论在什么岗位工作,无论环境如何改变,我都能以愉快的心情去面对。我因工作而快乐,它教我在幸福时能够心静如水,因而无论幸福多么巨大,我都能泰然处之,平静以对;我因快乐而工作着,气象使我再次放飞梦想,以求见证它蓬勃的生机。

这篇演讲稿的最大特点就是以抒情为主,以情感人。要记下这样的演讲稿,就得抓它的感情线索:懵懂(初来乍到)——欣喜(不断学习)——快乐(融入工作)——期待(对未来)。按照这样的感情线索来记忆,这篇演讲稿就能很快记下来了。

(三)发挥联想记忆

联想,是一种当人脑接受某一刺激时,浮现出与该刺激有关的事物形象的心理过程,也是一种重要的构思方式。它的特点是,当一种事物和另一种事物有一定联系时,往往会从这种事物想到另外一种事物。而发挥联想来记忆,就是利用识记对象与客观现实的联系、已知与未知的联系、材料内部各部分之间的联系来记忆,是现代记忆科学研究的新成果。

前面介绍的两种记忆演讲稿的方法都是基于对人类左脑的使用,而发挥联想的记忆方法,实际上是要开发右脑记忆。人的右脑是掌管图像的,图像越清晰、越形象、越生动活泼、越奇特,记忆存盘越容易被唤醒。因此,在运用前两种记忆方法将演讲稿的框架记下来之后,再采用联想法来记忆其中使用的数据和史实材料,就能使左右脑充分调动起来,将演讲稿准确地记忆下来。

例如,在某篇演讲稿中使用到了三国鼎立和淝水之战的史实材料,怎么准确地记住这两个史实材料呢?运用联想法会记得更准、更牢。公元 220 年,曹丕建魏,定都于洛阳,需记的内容有"220"、"曹丕"、"建魏"、"洛阳"等项,可用联想为"曹丕喂(魏)洛羊(阳),一天二两(22)饼(0)"。同理可联想为"刘备守成都(蜀),一天二两(22)药(1)";"孙权建吴业(建业),养了三只鸭(222)"。而淝水之战发生于公元 383 年,通过淝可联想到肥胖,由肥胖想到胖娃娃,而"8"字的两个圆正好是胖娃娃的头和身体,两个"3"则是两个耳朵。

通过联想来记忆,既有趣又有效,特别适用于演讲稿中的数据材料和史实材料。而记忆演讲稿,需要根据演讲稿的具体情况将这三种记忆方法组合起来综合运用,这样才能获得更好的记忆效果。

三、演讲法探秘

一场成功的演讲要建立在记熟演讲稿的基础之上,并且也需要一些演讲技巧,如使用适当的手势等,而各种演讲法的得当运用无疑是成功演讲的重要因素。下面介绍几种常用的演讲法。

(一)使用论据去推理

1. 什么是论据

证据是亚里士多德称为逻各斯的东西中的要素之一,这就是一个演讲者的逻辑诉求力,实例、数据、证明材料等都是证据。逻各斯的另外一个重要因素是推理,它与证据合并起来后,有助于使演讲者的观点更有说服力。在实际的生活当中,我们每天都要用到推理,推理是根据证据得出结论的一个过程。演讲中的推理则是生活领域中的推理活动的延伸。演讲者首先要确保自己的推理是可靠的,然后才能做到让听众赞同自己的推理过程。

2. 使用论据的重要性

听众大都不喜欢演讲者一概而论的话,怀疑仅靠逻辑论证而得到的东西,如果演讲者希望有说服力,那他必须用证据来论证自己的观点,每当他说出容易引起争论的话,都应该拿证据来证明自己是正确的。在学生演讲中,证据就尤其重要了,因为研究显示,初始可信度很高的演讲人,跟可信度较低的演讲人比较起来,所需要的论证材料少一些,而很少有学生是其演讲话题上的专家。在一些演讲的实际进行过程中,听众不仅仅只是对演讲者的观点产生怀疑,还会在演讲的每一处向演讲者的观点提出挑战,会在心里较劲,会萌生反对意见。为了避免听众产生这样的情绪,获得演讲的成功,利用强有力的证据去推理无疑是最好的方式。

3. 如何使用论据

使用论据去推理,关键是如何使用论据,这需要做好以下四个方面的工作。

第一,利用具体的证据。不管使用哪一种证据,如果演讲者是使用具体而不是一概而论的词语表达出来,那它的说服力会大得多。例如,在关于噪声污染的一次演讲当中,演讲人并没有说:"很多人都有听力损失。"听众会搞不清楚到底是多少人。如果这样说:"2 800万美国人有严重的听力损失。"演讲者就把自己的观点表达得有效果得多,不仅显示了自己对这些事实有很强的把握感,而且强调了自己的可信度。

第二,利用全新的证据。引述听众已经知晓的数字和事实,那演讲者获取的东西也会极少。如果这些事实和数字过去没有说服听众,现在也照样不会说服他们。所以演讲者必须超过听众已经知道的东西,拿出全新的证据来,让听众明白现在应该被这个说法说服,因为现在又发现了新的论据。找到这样的证据并不容易,一般来说,需要演讲者在平时就注意观察、积累和创新,但是一旦掌握新材料后,在演讲中得到的回报一定会更大。

第三,利用来源可靠的资料。一般听众都会觉得,可靠和令人满意的资料比不太可靠的资料有说服力得多。毕竟,听众会对看起来有偏见或以自我利益为中心的证据心存疑虑。例如,在评估航空业的安全状态时,评估人员会被不偏不倚的航空业专家的意见所说服,而不会听信航空公司总裁的意见。如果一位演讲者希望自己的演讲更有说服力,尤其是面对那些精明的听众时,就应该依靠来自不带偏见的客观资料,例如史实、原理等。

第四,利用紧密联系论点的论据。进行演讲,特别是说服型演讲时,演讲者需要利用证据论证一个观点。但是,许多演讲新手提出证据的时候,经常脱离了自己想要证明的论点。不少演讲初学者反映,自己不指望听众能自行形成他希望听众们得出的结论。造成这种现象的很重要原因就是利用证据的时候,偏离了论点,没有让听众明白自己的观点。

【案例分析 3-27】

假定一位演讲者引述了下面关于美国草原狼数量增长的证据。

尽管在 100 多年时间里,一直都被人类无情猎杀和诱捕,但是,草原狼现在还是生活在除夏威夷之外的所有州内。根据《史密森》杂志,密西西比州有超过 20 万头草原狼,马萨诸塞州和宾夕法尼亚州都有数千头,在纽约市的某些地区,也有为数不少的草原狼。

(摘自《演讲的艺术》,S·卢卡斯著,海南出版社,2002)

这份证据的要点是什么?演讲者要表明什么观点呢?控制美国草原狼的数量的举措还应该加强,因为有太多的草原狼?或者说,控制美国草原狼的数量的计划是无用的,因此应该停下来?根据上述证据,听众可以做出这两个结论中的任何一个。为了防止出现这种情况,演讲者应该把自己的结论向听众表达清楚,并按照自己的结论阐述这个论据。

(二)小心谨慎归纳

1. 归纳法的定义

归纳法用于演讲,就是指以大量个别知识为前提,概括出一个一般性结论的演讲方法。在实际的生活当中,人们经常运用归纳来得出结论,比如在买葡萄的时候,消费者往往先尝一尝,如果都很甜,就归纳出所有的葡萄都很甜的结论,就会放心地买上一大串。

2. 归纳法的分类

归纳法一般分为两种:第一,简单枚举法,通过典型的事例,概括出一个一般性的结论;第二,科学归纳法,以科学的研究分析作为主要依据,从探求一类事物与某种属性之间的内在联系、现象之间的因果联系,概括出一般性结论。

一般来说,演讲者能在演讲中运用的归纳方法就是"简单枚举",这又大致有两种角度:一种角度是考察一类的全部个别对象,根据它们具有某属性而概括出一般结论;另一种角度是考察一类中的部分个体对象,根据它们具有某种属性而概括出一般的结论。

3. 归纳法的优缺点

从以上介绍可以看出,归纳就是从可见的各种事实经验、例证里面概括出一个说法,其实这属于一种理论假说。首先,由归纳法得出的结论,并不一定等于客观不变的真理,没有人能够保证这个结论永远正确。其次,归纳法所列举的事实,也没人保证会一直客观存在,正如每天都能看到太阳从东边升起来,但并不意味太阳以后也将一直如此。

因此,综合归纳法的优缺点,演讲者在演讲中可以适当使用归纳法,但是使用时一定要谨慎。在论辩演讲中,使用归纳法则很容易让对手抓住把柄,进行反驳。

【案例分析 3-28】

汉朝因为腐败而灭亡;唐朝因为腐败而灭亡;宋朝因为腐败而灭亡;元朝因为腐败而灭亡;罗马帝国因为腐败而灭亡;巴比伦帝国因为腐败而灭亡……所以,腐败会导致国家的灭亡。

(摘自《经理人十万个为什么——如何提高讲话水平》,卢小平编著,北京大学出版社,2005)

这是一个归纳推理,得出的结论是"腐败会导致国家灭亡"。因为建立在古今中外的事实基础上,而具有一般性、概括性,所以说服力也很强。但如果在论证"腐败会导致国家灭亡"的论点时,所列举的例子不够多,也不够具有代表性,就容易被反驳了。比如只举了一国历史的例子,则不能说明其他国家也如此;只举古代例子,则不能说明现代国家也是如此。

(三)逻辑严密演绎

1. 定义

演绎法,就是从普遍性结论或一般性事理推导出个别性结论,是由定义、根本规律等出发一步步递推,逻辑严密结论可靠,且能体现事物的特性。

2. 如何使用演绎法

演绎法的主要形式是三段论,即大前提、小前提和结论。大前提是一般事理;小前提是论证的个别事物;结论就是论点。但在演讲中,根据表达生动等的要求,对三段论的表述也可以作灵活的处理,有时会省略大前提,有时会省略小前提。

【案例分析 3-29】

1944年，毛泽东在张思德同志的追悼会上发表的题为《为人民服务》的讲话中，就用到过演绎法。

人总是要死的，但死的意义有不同。中国古时候有个文学家叫做司马迁的说过："人固有一死，或重于泰山，或轻于鸿毛。"为人民利益而死，就比泰山还重；替法西斯卖力，替剥削人民和压迫人民的人去死，就比鸿毛还轻。张思德同志是为人民利益而死的，他的死是比泰山还要重的。因为我们是为人民服务的，所以，我们如果有缺点，就不怕别人批评指出。不管是什么人，谁向我们指出都行。只要你说得对，我们就改正。你说的办法对人民有好处，我们就照你的办。

这段话中就包含着一个完整的演绎论证。"为人民利益而死，就比泰山还重"，是普遍性原理，是"大前提"；"张思德同志是为人民利益而死的"，是已知的判断，是"小前提"；"他的死是比泰山还要重的"则是结论，也是论点。

3. 演绎法的缺点

演绎法也是有缺点的：第一，演绎法不能解决思维活动中前提的真实性问题，即如果"前提"有误的话，即便没有违反逻辑规则，也不能保证结论的正确；第二，演绎法不具有绝对性普遍意义，因为演绎法是从一般推知个别事实，只说明了一般与个别的统一，不能揭示出一般与个别的差异；第三，演绎法只是从逻辑上保证其结论的正确性，而不能从内容上确保其结论的真理性。

演讲者在使用演绎法演讲时，最重要的是确保"前提"的真实无误。特别是在论辩演讲中，一旦"前提"有误，即使结论是正确的，也很容易被对手驳倒。

（四）巧引名言名句

1. 引用名言名句的好处

古今中外的名言名句，都是经过时间和实践验证过的，是具有经典性和权威性的言论，因此，在演讲中巧妙地引用名言名句，能产生不少积极作用。大致包括两个方面的好处：一是增加说服力和权威性；二是增加语言美和文化性。从具体来说，在演讲开头引用名言名句，可以达到引人入胜，为整个演讲奠定基调的作用；在演讲中间引用名言名句，可以产生丰富论据、精练语言、启发听众等的作用；在演讲结尾引用名言名句，可以达到令人回味，再次强调演讲宗旨的作用。

而在一些特殊演讲中，巧妙的引用更会起到意想不到的好效果。

【案例分析 3-30】

2010年11月，英国首相卡梅伦访华，并在北京大学进行了演讲。以下是编者对其演讲内容的翻译节选。

二十年前，我作为一个学生来到香港。这一年是1985年。邓小平与撒切尔夫人在那时签署了具有历史意义的联合声明。对香港的顺利交接，意义非凡，是世界历史上两个国家相互合作和相互尊重的典范。

从那时起，中国开始发生翻天覆地的巨变。中国国歌号召中国人民站起来，"起来起来"，现在中国民众不仅在他们自己的国家站了起来，而且屹立于世界。人们再也不可能在谈论全球经济时，不包括已连续三十年，平均每年以百分之十的速度增长的这个国家了。

……

简单地说：中国已重新以一个大国的形象出现在世界上。感到威胁或感到机遇，是现在人们可以对此做出的两种反应。他们可以把中国的崛起视为威胁，当然，也可以看做是一个机遇，所以他们可以选择对中国实行贸易壁垒政策，也可以选择向中国开放市场。

……

最近几天，英国与中国签署了新业务，新业务涉及几乎整个英国公司，地区遍布中国各大城市，价值高达数十亿英镑。……

因此，正如我开始所讲。中国的发展，中国的成功，对英国有利，对世界也有利。中国越来越富裕，并不意味着世界的其他国家将会越来越穷。那种认为中国在世界上的再次崛起会使其他国家必然衰落的观点是完全不正确的。全球化并不是一场零和游戏，如果我们能正确地处理贸易纠纷，如果我们能找到一个更好的方法来管理，我们就可以一起成长。但是，如果我们不这样做，那我们都将受到影响。

我先前提到的，英国在上海世博会的"蒲公英"展馆。我们非常自豪的是，它获得了梦寐以求的奖项，这证明它非常受中国游客的欢迎。从本质上说，这象征着中英关系的潜力。两个不同的国家，上一届和下一届的奥运会东道主，像蒲公英一样播撒着和平发展、友好关系的种子，这种子将在未来生长和开花。这也暗合了孔子说的那句话："四海之内，皆兄弟也。"

是的，我们会遇到挫折。

是的，我们需要不断去克服困难。

是的，我们必须持之以恒。

但是，这是值得的——对于英国、中国和世界。

在这场将近半小时的演讲中，有两处精彩的引用，博得了全场听众的热烈响应。一是卡梅伦引用中国国歌形容中国的崛起："中国国歌号召中国人民站起来，'起来起来'，现在中国民众不仅在他们自己的国家站了起来，而且屹立于世界。"二是在演讲接近尾声时，他引用了《论语》里的话"四海之内，皆兄弟也"来形容中英友谊。这两次绝妙的引用，首先显示了这位外国首相的真诚态度，其次表明了自己对中国的了解，最后还拉近了自己和听众的距离。

2. 注意事项

当然，在演讲中引用名言名句，并不是随意的，需要注意以下几点：第一，所引的名言名句要与演讲的主题相照应,与演讲主题无关的引用只会引发听众的困惑;第二,要有针对性的选择一些听众都知晓的名言名句,这样能使听众更快明白你要表达的意思,而不需要你再多费口舌去解释;第三,尽量选用更具权威性的名言名句,这样效果会更强烈;最后,不要过于刻意的在演讲中进行引用,以免给听众留下"卖弄学问"的不良印象。

(五)借助辅助实物

演讲中的辅助实物是指演讲者选取一些实物来帮助自己达到演讲的目的。演讲的辅助实物一般来源于生活中比较常见的物品,辅助物使用得当会大大增加演讲的精彩程度,是一位优秀的演讲者必须掌握的重要演讲法。

1. 使用辅助实物的好处

在演讲中使用听众可听可见的辅助实物,具有多种优点,而最突出的优点主要有以下三个。

第一,有助于演讲者更为清晰的表达。如果一位演讲者在讨论打字机的用法,同时把打字机拿出来亲自示范给大家看,那一定会比单纯说明清晰得多。特别是进入 21 世纪后,这是一个视觉时代,大部分人都养成了读图的习惯,如果能在演讲中运用一些听众可见的辅助物,就能取得更佳的演讲效果。

第二,引发听众兴趣,吸引听众注意力。研究表明,由可听可视的实物所引发的兴趣是很强烈的,因此,现代许多领域都普遍使用辅助实物,特别是在演讲当中。

第三,辅助实物的影响更具保留的优势。据科学研究,辅助实物留在人类脑海中印象的保留时间,通常会比语言更长。也就是说,演讲者可以通过运用辅助实物,使自己的观点更容易地、更长久地被听众记住。

事实上,如果利用得当,辅助实物几乎可以对演讲的各个层面产生强化作用。一项演讲学研究显示,一个普通的演讲者,如果在自己的演讲中利用辅助实物,他给人的印象是准备更充分、更可信,也更有专业精神。根据同一项研究表明,辅助实物可提高演讲的说服力达 40% 以上。还有资料表明,辅助实物还是消除怯场的可靠办法,因为辅助实物使听众的注意力从演讲者身上离开,从而使演讲者缓解紧张情绪,在整体上获得更大的自信。

2. 几种常见的辅助实物

演讲中能借用的辅助实物有很多种,演讲者既可以使用其中一种,也可以多种结合起来使用,下面要介绍几种常见的辅助实物。

(1)演讲中提到的事物。

演讲中提到的事物,即演讲者在演讲中提到的某个事物,为了增加听众对其直观认识,而将其展示给听众。例如,某位喜欢高山滑雪的演讲者,准备在一次演讲中向听众们传授"如何选择合适的滑雪设备"。到演讲的那天,他拿了一副雪橇、一双皮靴、一些绑带和滑雪服到演讲现场。之后,他很容易就把应该寻找的合适的用具解释清楚了。

因为是把滑雪用具直接拿给听众看了,而不是间接地告诉听众,所以演讲者在解释自己想法的时候效率要高得多,而且还使以前不了解或不喜欢滑雪的听众对他的演讲产生了很大的兴趣。这个例子说明,把演讲中提到的实物拿到现场去展示,是澄清自己的想法,并让这些想法产生戏剧效果的好办法。作为一名演讲者,如果你要谈的是音乐之美,为什么不带一件拿手的乐器去现场,好让听众和观众听见、看见呢?如果你的演讲涉及的是不同灯管的分类,把每一种类别的灯管拿给听众和观众们看一下,不是很好的一个主意吗?如果你在演讲中会介绍到一些关于芭比娃娃的事情,何不把芭比娃娃拿到现场去给听众和观众看呢?

(2)活的物体。

在某些情况下,演讲者还可以把活的物体当做演讲的辅助实物。对活的物体使用得当,会产生特别戏剧化的效果,能使演讲者的演讲更有趣,也更容易被听众记住。在演讲界,陶行知先生利用大公鸡做的那场演讲已经是人尽皆知。

我国著名的教育家陶行知先生,有一次到武汉大学进行演讲。演讲开始后,他走上讲台,不慌不忙地从箱子里拿出一只大公鸡。台下的听众全愣了,不知道陶先生要做什么。只见陶先生从容不迫地又掏出一把米放在桌子上,然后按住公鸡的头,强迫它吃米,可是大公鸡只叫不吃。怎么才能让公鸡吃米呢?他掰开公鸡的嘴,把米往公鸡嘴里塞,大公鸡拼命挣扎,还是不肯吃。然后,陶先生轻轻地松开手,把大公鸡放在桌子上,自己则向后退了几步,不一会,大公鸡就自己吃起米来。这时,陶先生才开始说话:"我认为,教育就跟喂鸡一样,老师强迫学生去学习,把知识硬塞给他,他是不情愿学的。即使学也食而不化,过不了多久,他还是会把知识还给老师的。但如果让他们自由地学习,充分发挥他们的主观能动性,那效果一定会好得多!"话音一落,台下顿时掌声雷动,所有听众都为陶先生这样特殊的演讲叫好。

从这个实例中可以看到,合理利用活的物体作为演讲的辅助实物,确实有利于突出演讲效果。但是活的物体不易控制,演讲者对之必须谨慎考虑,而且有些演讲场合也不适合使用活的物体,如在医院进行的演讲等。

(3)模型和照片。

由于各种原因,有很多物体并不适合于在演讲中被用作辅助实物。有些太大,难以运到现场;有些又太小,听众根本看不清楚;还有一些也许在日常生活中根本找不到,如果演讲者想拿博物馆的某件文物做演讲,相信博物馆是不会同意他那么做的。因此,演讲者必须要借用其他形式的辅助实物。

如果演讲者要讨论的东西太大、太小或得不到,首先考虑的是,是否可以做一个模型。有一种模型是小比例的实物模型,适合演讲中一些大型事物的讲解。例如一位演讲者,在演讲中谈到了与泰坦尼克号游轮的沉没相关的事件,于是他展示了一艘泰坦尼克号的小比例模型进行解释,收到了不错的演讲效果。还有一种模型是大比例的实物模型,例如一场学术演讲中,演讲者需要向听众解释原子的基本结构,但是原子核太小了,即使带到现场听众也看不见,于是他就使用了大比例模型作为演讲辅助实物,最终清晰阐述了演讲内容。最后,有些模型也可以做成原样大小,例如在一场号召大家学习一些必要的急救知识的演讲中,演讲者讲到心肺复苏术时,将从红十字会借来的一具原样大小的假人模型展示出来,并亲自示范,使听众更加清楚地了解了如何使用这一急救术。

如果既不适合使用实物,也找不到模型,那就可以利用照片作为替代。在法庭演讲中,律师们经常利用照片显示犯罪现场,或者用来展示证据。但是,除非有办法把照片放大,否则,照片在一般演讲中的效果也不会太好。因为正常大小的照片既不能使听众看得很清晰,也不方便在听众当中传看,传看照片会使听众分心。那么,如何把照片放大到足够让现场听众看清的程度?在新技术出现之前,这样的问题还无法得到解决,但现在却可以利用演讲现场提供的投影仪,很容易地把这个问题解决掉,而且使用的费用并不昂贵。

(4)图画和图表。

图画和图表也可以被演讲者用来作为辅助实物。图画和图表虽然与照片相似,但它们用途的侧重却是不一样的。一般来说,照片是为了展示演讲中涉及的真实现象;图画可能是为了展示演讲的丰富多彩;图表则是为了更准确地显示数据材料。因此,图画和图表在其真实程度上会逊色于照片,但同样也是演讲中重要的辅助实物。

例如,一位演讲者就沙画艺术做演讲,他希望听众知道沙画是个什么样子,并且要解释其象征主义意义和宗教意义,于是向大家展示了一幅沙画作品(如图3-1所示),如果没有这一辅助实物,全由演讲者用语言引导,听众是不可能完全清楚了解演讲者的想法的。

图3-1　沙画作品

地图是另一种十分容易展示的图画。例如，一位演讲者在演讲中讲到古希腊文明的兴起和其地理位置有关，为了更好地说明这一观点，他展示了古希腊地图（如图3-2所示），使听众直观了解到古希腊拥有很长的海岸线，这样四通八达的地理位置，使希腊便于学习外来文化和输出自己的文化。

在演讲中准确使用图表，是简化和澄清一些数据材料的好方法。一般来说，听众不太容易掌握一连串复杂的数字，而演讲者可以利用图表显示统计这些数据的趋势和模式，帮助听众理解。作为辅助实物的所有图表，都应该是清晰、简单和宽松的。

最常见、最简单的图表是线图，也称为线状图、曲线图，主要用于技术分析，这种图形清楚地显示横纵轴的关联变化关系，适合两种因素相比较的情况，如时间和销量、年龄和身高等。图3-3所示就是一个简单的线图。

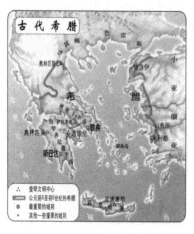

图3-2　古希腊地图　　　　　图3-3　线图

饼图，即饼状图表，包括扇状图，就是把圆划分为若干个部分来表示比例关系的图表，多用于简单的分布模式和比例的说明。由于饼图的结构特点，所以很适合被演讲者用来展示整体与部分的关系。在演讲中使用饼图时要注意，一块饼图中的分段数量应该尽可能少一些，一般来说两到五个分段是很理想的，在任何情况下都不应该超过八个部分，分段过多不利于在演讲的短时间内被理解清楚。如图3-4所示，就是一个简单的饼图。

柱状图，又称为直方图、条形图等，是显示两个或更多项目之间的比较关系的特别好的图表。和饼状图比较，柱状图可以同时表现出多组同类数据的组成情况，有容易理解的优势，不过表现同组的同类数据组成时，没有饼图那么清晰。图3-5所示，就是一个简单的柱状图。

表格型图表（见图3-6）在总结大块信息时特别有用。对于如何利用好表格，初

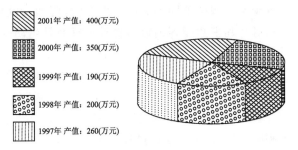

图 3-4　饼图

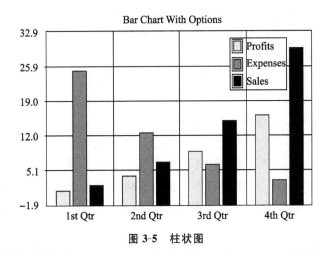

图 3-5　柱状图

学演讲者最容易犯的错误是,在表格当中堆积了过多的信息,使表格挤得满满的,根本看不清楚。表格上的项目不应该超过八个,表格中间的各项应该留有足够大的空隙。如果不能够在一张表格里面容纳必要的内容,可以再制一个表。如图 3-6 所示。

消费场所 \ 打折商品	服装/(%)	鞋、包/(%)	家用电器/(%)	其他商品/(%)
综合性百货商场	43.0	10.2	16.0	18.8
主题商场	22.6	25.0	28.4	43.8
超市	26.6	47.2	44.4	25.0
小店	7.8	17.6	11.2	12.4

图 3-6　表格型图表

(5)幻灯片与视频。

幻灯片与视频作为辅助实物,会起到非常特别的作用。当演讲者谈到丽江、张家界、黄山或西双版纳的主要景点时,播放这些地方的幻灯片会达到比较好的效果。或者当演讲者解释游乐园中不同种类的过山车时,可用一段视频来显示正在运转中的过山车。幻灯片和视频能容纳很多直观可感而且生动的形象,没有多少别的辅助实物可以与其媲美。

幻灯片,一般是演讲者自己通过计算机,运用专门的软件来设计。比如美国微软公司的 PowerPoint 软件。当然也有一些专业的公司,会帮助演讲者设计制作幻灯片。利用幻灯片,演讲者可以把自己要演讲的内容提纲,以及前面提到的照片、图画、图片、图表等都融入进去,使得演讲过程更加丰富多彩。

视频,既可以是自己拍摄编辑的,也可以借用现成的。通过购买光碟的形式,或通过网络下载的形式获得视频,在现在已经十分流行了。如果演讲中只需要一段视频,也可以通过专业的软件进行编辑和剪裁。

(6)多媒体的辅助实物。

在这个多媒体运用已经十分普遍的时代,音视结合的演讲已经不再是很困难的事情了。演讲者既然可以利用照片、图画、图表、视频等可视的辅助实物,当然也可以利用声音、声响、音乐等音频的辅助实物。

上文提到的 PowerPoint 软件,不仅能用于生成幻灯片,还能将其与视频和音频材料结合起来,这就形成了多媒体演讲。在演讲期间,演讲者可以利用计算机来控制多媒体演示的顺序、内容和时间。由于多媒体材料是演讲者在演讲之前就准备好的,所以在演讲中能留出大量的时间与听众进行交流,从而达到更好的沟通效果。

当然,多媒体的辅助实物也有自身的缺陷,跟任何一种科技用品一样,它有可能会坏损。如果有可能的话,演讲者应该在听众到来之前,提前调好计算机、投影仪等设备,再次检查所有用品,并确保自己已经非常了解这些设备的用法,出现简单问题时可以自行处理。准备的内容一定要有备份,以备不时之需。

更为重要的是,演讲者必须要有一旦所有多媒体设备坏掉也能够进行正常演讲的准备。如果出现这样的情况,弥补性的演讲可能会没有原先设计的效果好,但是总比完全不能够演讲强。听众会同情演讲者的处境,而如果一位演讲者能在恶劣的条件下照样完成自己的演讲,同样会博得听众的敬意。

(7)演讲者本身。

有时候,演讲者可以把自己的身体当作辅助实物,如一些演讲者可能会在演讲过程中,为聋哑人表演手势,展示传统舞蹈的技巧,玩一些魔术等。当然,拿演讲者自己做演示,要求经过一些特别的训练,以便使所说的话和做出来的动作协调起来,正好符合分配好的演讲时间要求。如果演示的某一过程不足或超过演讲者所预计的时间,就可能会给整个演讲带来负面影响。

不过,运用成功的自我演示,将会大大有利于增强演讲的效果。例如,以演讲者就哑剧艺术做一次演讲为例,在这次演讲中,演讲者通过自身的动作示范,说明了表演哑剧的一些基本技巧。演讲中,他不仅说明自己的观点,减缓了自己在演讲期间的紧张感,还让听众完全沉浸在整个演讲过程当中。

3. 展示辅助实物的注意事项

在演讲中选择和利用辅助实物的时候,首先应该选择得当,其次还要正确了解如何在演讲中展示它们。不管设计的辅助实物多么好,如果不能正确地展示它们,清楚明白地讨论它们,把它们跟演讲的其他部分贯穿在一起,那么,所花的一切工夫全都是白费。此外,有以下一些注意事项,可以帮助演讲者在演讲中充分地利用好辅助实物。

第一,避免用黑板充当辅助实物。可能在一般人看来,拿黑板当辅助实物是个好主意。但事实上,在演讲期间,演讲者有太多的事情要做,基本没有时间考虑如何在黑板上清晰地书写内容。特别是当演讲者花时间在黑板上写字时,是背对着听众的,时间一长就容易让听众产生厌倦感。当然,如果演讲中非得用到黑板,一定要确保写在黑板上的字清晰可见,并且字号要足够大,让所有听众都看得见。

第二,辅助实物要放在听众看得见的地方。演讲者可以提前看看演讲现场,决定把辅助实物放在什么地方。放置辅助实物的一般原则为:不要放在挡住听众视线的地方;放置在演讲者的一侧,方便演讲者用胳膊指向它;如果挡住了与演讲者同边的听众的视线,可以借助指向物,如铅笔、尺子等,使它可以放在较远一点的地方;演讲者在展示模型等辅助实物时,有必要的话,可以一边讨论一边把它举起来给听众看。

第三,避免在听众中传看辅助实物。正如在提到照片时讲到的,辅助实物一旦到了听众手里进行传看,就会使一些听众对辅助实物的兴趣超过对演讲者产生的兴趣。在辅助实物传递的过程当中,这些听众可能不知道你讲到哪里了。为所有听众每人准备一份分发品也不是解决的办法,事实上,在演讲过程中分发东西只会引起听众争抢,使得场面失控。当然,如果确实有需要听众拿回去的物品,演讲者应该在完成演讲之后再分发。

第四,讨论到相关地方再展示辅助实物。传看辅助实物会让听众分心,在演讲过程中展示辅助实物也会遇到相似的情况。如果辅助实物一开始就放在看得见的地方,总会有一些听众会花时间看这些辅助实物而不是集中心思听演讲。因此,演讲者应该先把它们放在看不见的地方,直到快要讲到这些东西时再拿出来。在完成了讨论之后,应该再把它们放回到看不见的地方,这样才能防止听众分心。

第五,对着听众讲解,而非对着辅助实物讲解。演讲者在解释辅助实物时,最容易犯的错就是,跟听众断开视线联系,而转向对着辅助实物说话。正确的做法是,演讲者可以一边面对听众讲,一边看着辅助实物。只有跟听众保持视线联系,才能得到反馈,知道辅助实物和自己的讲解是否为听众所理解。

第六,对辅助实物进行解释时要清晰、简洁。辅助实物自身并不能够解释自身,它们需要演讲者来翻译,需要演讲者来使它们与听众产生联系。辅助实物最终的用处是使听众明白通过它们能看到什么,以及怎么看懂它们。但是,不少初学演讲者自己都还没有准确地了解辅助实物的意义,就急急忙忙地奔向辅助实物。因此,演讲者首先应该自己做好准备,把握住辅助实物的意义,然后才能清晰、简洁地告诉听众。

【思考与练习】

1. 知识点复习

(1)作为一个演讲者,应该如何提高自己的幽默感?

(2)演讲稿的一般记忆分为哪三步?

(3)在演讲中如何正确使用论据?

(4)在演讲中使用"演绎法"有哪些缺点?

(5)在演讲中使用辅助实物有什么优点?

(6)在演讲中使用多媒体时,有什么重要缺点?应如何应对?

2. 实训练习

(1)分析下列演讲的标题,按自己的理解给它们设计出得当的演讲风格。

①成功其实很简单

②感恩之心

③保护环境,从我做起

④人生若只如初见

⑤幸福是什么

⑥困境是一种财富

(2)下面是三篇演讲稿,请按照其内容和结构,设计出最合适的记忆组合方法。

①鲁迅:《流氓与文学》(1931年4月17日在上海东亚同文书院演讲)。

流氓是什么呢?流氓等于无赖子,加上壮士加三百代言。流氓的造成大约有两种东西,一种是孔子之徒,就是儒;一种是墨子之徒,就是侠。这两种东西本来也很好,可是后来他们的思想堕落,就慢慢的演成了所谓流氓。

司马迁说过,"儒以文乱法",而"侠以武犯禁",由此可见儒和侠的流毒了。太史公为什么要说这样的话呢?因为他是道家,道家是主张"无为而治"的,这种思想可以说是"癞蛤蟆想吃天鹅肉",简直是空想,实际上做不到的。

儒墨的思想恰好搅乱道家"无为而治"的主义,司马迁站在道家的立场上,所以要反对他们。可是也不可太轻视流氓,因为流氓要是得了时机,也是很厉害的。凡是一个时代,政治要是衰弱,流氓就乘机而起,闹的乱七八糟,一塌糊涂,甚至于将政府推翻,取而代之的时候也不少。像刘备从前就是一个流氓,后来也居然称为先主;刘邦出身也是一个流氓,后来伐秦灭楚,就当了汉高祖;还有朱洪武(明太祖)等等的都是如此。

以上全说的是流氓,可是和文学又有什么关系呢?就是说流氓一得势力,文学就要破产。我们看一看,国民党北伐成功以后,新的文学还能存在么?嗐!早就灭亡了。为什么呢?就是因为他们没有新的计划,恐怕也"无暇及此",既然不新便要复旧,所谓"不进则退"就是这个意思。

本来他的目的,就是要取得本身的地位,及至本身有了地位,就要用旧的方法,来控制一切。如同现在提倡拳术、进行考试制度什么的,这都是旧有的。现在又要进行广大,这岂不是复旧么?为什么在革命未成功的时候,说人家"吃大菜,抽大烟,娶小老婆"是不对的,一旦自己有了钱也是这样,这就是因为他的目的本来如此。他所有用的方法也不过是"儒的诡辩"和"侠的威胁"。

从前有《奔流》、《拓荒者》、《萌芽月刊》三种刊物,比较都有点左倾赤色,现在全被禁止了。听说在禁止之前,就暗地里逮捕作者,秘密枪毙,并且还活埋了一位。嗐!你瞧!这比秦始皇还厉害若干倍哪!

兄弟从前作了一本《呐喊》,书皮用的是红颜色,以表示白话俗语的意思。后来有一个学生,带着这本书到南方来,半路上被官家给检查出来了,硬说他有赤色的嫌疑就给毙了。这就和刘备禁酒一样。刘备说,凡查着有酿酒器具的就把他杀了,有一个臣跟他说,凡是男人都该杀,因为他们都有犯淫器具。可是他为什么行这种野蛮的手段呢?就是因为他出身微贱,怕人家看不起,所以用这种手段以禁止人家的讥讪诽谤。这种情形在从前还有,像明太祖出身也很微贱,后来当了皇帝怕人家轻视,所以常看人家文章。有一个人,他的文章里头有一句,是"光天之下",太祖认为这句的意思是"秃天子之下",因为明太祖本来当过和尚,所以说有意侮辱他,就把这个人给杀了。像这样儿,还能长久么?所以说"马上得天下,不能以马上治之"。

②简尼弗尔·康纳德(威斯康星大学学生)的《终极礼物》。

你是否至少17岁了?你是否至少有110磅的体重?你是否觉得自己足够健康?

如果你对上述问题的回答是肯定的,那你每两个月就应该献一次血。根据我对全班的调查,我发现,只有一半的人献过血,13个同学当中只有一个人定期献血。适合献血者的参与最近很少,因而造成严重的问题,需要我们立即采取行动。我查过大量资料,自己也进行了两年多的献血活动,我慢慢意识到这个问题的确严重,而且也明白问题很容易就能解决掉。

今天,我想向大家说明,为什么现在很缺乏献血者,并鼓励大家采取行动,满足这一需求。我们首先来看看当前对供血者的紧迫需求。

如果缺乏合格献血者,许多美国人的生命安全就会受到威胁。我在美国红十字会网站查到很多资料,根据这个网站的资料,仅在美国一个国家,每3秒钟就有人经历一次输血,这表明不管白天黑夜,每小时都需要3 000加仑(1加仑=3.785 4升)的血液。因献血而受益的人包括癌症患者、器官移植病人和动外科手术的病人。甚至连未成熟的婴儿和创伤受害人都可以从献血中受益。对血液的需求从来都没有间断过,因此,献血者也不能间断。

让我们来讲讲布鲁克的故事吧,这是一个三岁的小姑娘,有一头漂亮的金发和蓝色的眼睛。布鲁克得了癌症,做了很大的外科手术取掉腹部的肿瘤。她的一生有一半时间都在医院里接受化疗和其他治疗,因为每次化疗之后,她体内的白细胞都会减少,因此导致感染。

根据德克萨斯儿童医院的说法,布鲁克的治疗需要血制品,共需要约508个血单位的更新价值,而到目前,她只更换了250个血单位。她还需要250多个血单位才能继续她的治疗。如果她得不到这份血,她就没有办法活着去幼儿园,不能够参加学校的舞会,也不能够结婚,而所有这些奢侈品都是我们常人想当然就能得到的。

这些日子以来,像布鲁克这样的病例极为常见,但因为20名适合献血者当中只有1名去献血,献血率在稳定下降,每年下降2%。考虑到我们这里有差不多一半人一辈子的某些时候都会接受一次输血,这些事实就更让人着急了。

大家现在明白了缺乏献血者的问题的严重性了。所幸,这是个很容易就能解决的问题。我们在座的每一个人都可成为这个解决方案的一部分。要拯救宝贵的生命,我们需要做的一切只不过是到最近的红十字会去献血。……

许多人可能想到会很疼,还怕针头,因此很担心。我承认第一次献血时也很害怕,但是,后来我意识到根本没有什么值得害怕的。扎针头时的疼痛跟有人抓了你的胳膊一下子一样,一秒钟就完了,虽然针头还在你胳膊里面,但再也感觉不到疼了。我前面说过,不可能因为献血而感染上艾滋病。

大家已经明白缺乏献血的问题很容易解决,解决起来也很安全,我们现在来看看,献血之后,会有多么大的变化。你献出来的每一份血浆都可以帮助救活多达三条人命。大家看,你献的血会以三种方式加以分类,血红细胞、白细胞和血小板。这些血制品分开存放,用于不同类型的治疗。红细胞用来治疗血友病,白细胞用来抗感染,血小板因对控制出血有帮助而用在有白血病和其他形式的癌症病人身上。

你献一次血便有可能拯救三条人命,而且这个数字还可以翻几倍,使你的欢乐更多。大家看,你们一年可以献六次血。这六次献血可以帮助多达18个人。想一想,如果你献血十年,那你能够拯救的生命就达到180人。谁知道呢,这么多生命当中，有一条可能属于一位朋友，一个家人，甚至是你自己，在此，你现在就可以提前为你自己的外科手术献血了。

我们现在知道，献一次血会引起很大的不同，我希望鼓励大家采取行动。我请大家表明态度，成为一名定期献血者。你一天的四十五分钟只是一生的满足当中极小的一个代价，因为大家知道了自己有可能拯救一条生命。如果你以前从来没有献过血，那你应该认真打量自己的内心，看看有没有勇气成为一名敢于佩戴"我是头次献血者"的标牌。如果你以前献过血，再想想你从献血当中得到的快乐吧。……

请利用这次机会拯救生命，让自己感觉价值百万美元。拿出终极礼物吧，那是生命的礼物。献血吧！

③马云的《世界靠懒人支撑》。

今天是我第一次和雅虎的朋友们面对面交流。我希望把我成功的经验和大家分享，尽管我认为你们其中的绝大多数勤劳聪明的人都无法从中获益，但我坚信，一定有个别懒得去判断我讲的是否正确就效仿的人，可以获益匪浅。

让我们开启今天的话题吧！

世界上很多非常聪明并且受过高等教育的人无法成功，就是因为他们从小就受到了错误的教育，他们养成了勤劳的恶习。很多人都记得爱迪生说的那句话吧：天才就是99%的汗水加上1%的灵感。并且被这句话误导了一生。勤勤恳恳的奋斗，最终却碌碌无为。其实爱迪生是因为懒得想他成功的真正原因，所以就编了这句话来误导我们。

很多人可能认为我是在胡说八道，好，让我用100个例子来证实你们的错误吧！事实胜于雄辩。

世界上最富有的人，比尔·盖茨，他是个程序员，懒得读书，他就退学了。他又懒得记那些复杂的 dos 命令，于是，他就编了个图形的界面程序，叫什么来着？我忘了，懒得记这些东西。于是，全世界的电脑都长着相同的脸，而他也成了世界首富。

世界上最值钱的品牌，可口可乐。它的老板更懒，尽管中国的茶文化历史悠久，巴西的咖啡香味浓郁，但他实在太懒了，弄点糖精加上凉水，装瓶就卖。于是全世界有人的地方，大家都在喝那种像血一样的液体。

世界上最好的足球运动员，罗纳尔多，他在场上连动都懒得动，就在对方的门前站着。等球砸到他的时候，踢一脚。这就是全世界身价最高的运动员了。有的人说，他带球的速度惊人，那是废话，别人一场跑90分钟，他就跑15秒，当然要快些了。

世界上最厉害的餐饮企业，麦当劳，它的老板也是懒得出奇，懒得学习法国大餐的精美,懒得掌握中餐的复杂技巧。弄两片破面包夹块牛肉就卖,结果全世界都能看到那个 M 的标志。必胜客的老板,懒得把馅饼的馅装进去,直接撒在发面饼上边就卖,结果大家管那叫 PIZZA,比 10 张馅饼还贵。

还有更聪明的懒人:

懒得爬楼,于是他们发明了电梯;

懒得走路,于是他们制造出汽车、火车和飞机;

懒得一个一个地杀人,于是他们发明了原子弹;

懒得每次去计算,于是他们发明了数学公式;

懒得出去听音乐会,于是他们发明了唱片、磁带和 CD;

这样的例子太多了,我都懒地再说了。

还有那句废话也要提一下,生命在于运动,你见过哪个运动员长寿了?世界上最长寿的人还不是那些连肉都懒地吃的和尚?

如果没有这些懒人,我们现在生活在什么样的环境里,我都懒地想!

人是这样,动物也如此。世界上最长寿的动物叫乌龟,它们一辈子几乎不怎么动,就趴在那里,结果能活一千年。他们懒地走,但和勤劳好动的兔子赛跑,谁赢了?牛最勤劳,结果人们给它吃草,却还要挤它的奶。熊猫傻了吧唧的,什么也不干,抱着根竹子能啃一天,人们亲昵地称它为"国宝"。

回到我们的工作中,看看你公司里每天最早来最晚走,一天像发条一样忙个不停的人,他是不是工资最低的?那个每天游手好闲,没事就发呆的家伙,是不是工资最高,据说还有不少公司的股票呢!

我以上所举的例子,只是想说明一个问题,这个世界实际上是靠懒人来支撑的。世界如此的精彩都是拜懒人所赐。现在你应该知道你不成功的主要原因了吧!

懒不是傻懒,如果你想少干,就要想出懒的方法。要懒出风格,懒出境界。像我从小就懒,连长肉都懒得长,这就是境界。

(3)根据下面提供的几则情景和演讲素材,设计出合适的辅助实物来使用。

①你是一家企业的生产部门经理,下个月你要在公司最大的报告厅,就"生产的安全问题"向全体职工代表做演讲。演讲中,你会谈及一些安全事故,演讲目的是呼吁大家要重视生产的安全问题。

②你是一个小区的业主,你所在的小区经常会有被主人抛弃的流浪宠物。你打算在下次的业主代表大会上作一个演讲,希望能促成在小区成立一个流浪小动物救助站。

③你是一位培训师,下周你将对学员进行一场关于"成功"的励志演讲。你希望能在演讲中调动起学员们的热情,并激发他们奋勇前行、获取成功的动力。

(4)选择一篇演讲稿,用适当的方法记忆。然后在同班好友面前进行脱稿演讲的练习。注意将语言表达与非语言表达结合起来,并在演讲练习中运用适当的演讲法。

第四节 概说辩论——纵横捭阖的舌战之美

在日常生活中,因不同意见产生的争论几乎无处不在,这些争论就是辩论演讲的最初源头。辩论演讲也简称为辩论,是观点对立的双方就一个有争议的问题,以驳倒对方的观点,树立己方观点为目的的口才训练。无论是东方还是西方,对辩论及辩论艺术的探究都是源远流长的。西方早在古希腊时期就兴盛辩论之风,亚里士多德就著有《辩论常识篇》、《辩谬篇》等。中国在春秋战国时期就有诸子百家到各国游说辩论的史实,后来六朝时期的文论家刘勰在《文心雕龙·论说》中还明确强调过辩论的重要:"一言之辩,重于九鼎之宝,三寸之舌,强于百万之师。"

辩论有什么好处呢?概括来说,可以用《战国策》中一段话来说明:"夫辩者,将以明是非之分,审治乱之纪,明同异之处,察名实之理,处利害,决嫌疑。"具体来说,辩论有助于人们发现和认识真理;可以开发人的智力;可以增长知识;可以培养良好的口才;可以提高应变能力;可以培养竞争意识。在本节中,将介绍辩论的相关理论知识和一些重要的辩论技巧。

一、关于"辩论"的知识

(一)所谓"辩"

从词语组成上来看,"辩论"分为两个部分:一是"辩",辩驳,即依据一定的理由来反驳某种观点;二是"论",论理,即依据一定的道理说明自己的观点。"辩论"合起来就是反驳他人的观点并说明自己的观点。而"辩论"的魅力主要体现在"辩"的环节上。

"辩",即为争论是非、说明真假。而"辩"又可以分为雄辩、诡辩、巧辩、强辩等类型。下面就各种"辩"做一个简要的介绍。

1. 雄辩

"雄辩"之"雄",意为强有力。在议论与争论中,运用卓越的智慧、钢铁的逻辑、出色的言辩明辨是非、出奇制胜,可谓雄辩。悠悠数千年的中国古代文明,造就了无数的雄辩家。中国古代有"辩者"一词,就是专指以论辩为业的雄辩家们。

在现代社会中,"雄辩"更能帮助人们在各种谈判中获得现实利益。天津就有位著名的赵光裕律师,他曾以雄辩之才为我国合资企业赢得数十万元的经济利益。

天津某公司与美国某公司准备签订一份合资合同。美方代表提出,要将商标等工业产权折合成美元作为美国投资构成的一部分。这意味着,美国可以少拿出一大笔钱,而每年分红照样。如果照此办理,中方损失就太大了;但若不如此,中方一时又拿不出更好的主意。这时,担任中方谈判律师的赵光裕凝思片刻,沉着应战:"美方商标已经在中国依法注册,当然应受保护,非经议妥代价,任何人无权使用。……但是,这和本合同无关。双方经理已经商定,合资企业产品的45%由美方负责外销,55%由中方负责内销。内销产品不用美方商标。至于外销部分用什么商标,那是美方的事,反正产品是美方负责销掉。如果美方为了自己销售方便,外销部分采用自己的商标,这怎么能要合资企业付费呢?"这一番雄辩可谓精彩,赵律师以敏捷的思维,无可辩驳的逻辑,证明了美方"将商标权作为投资构成"的荒谬。结果,美方的两位代表无以应答,最终放弃了这项提案。

2. 诡辩

诡辩之"诡",有奸猾、狡黠之意。如果说雄辩是从正确的客观实际出发、据理以辩的话,那么诡辩就是从主观因素出发,以似是而非的逻辑关系来构成联系,为谎言进行辩护。诡辩可分为广义与狭义两种:广义的诡辩是指哲学上的诡辩理论,如"诡辩论"、"诡辩术";狭义的诡辩是指违反常识的似是而非的议论。古希腊时代不仅出现了很多雄辩家,也产生了不少诡辩家。

最著名的诡辩莫过于古希腊的"半费之讼"。古希腊有个叫欧提勒斯的人向普罗塔哥拉斯所学法律。两人订下合同:学生先付一半学费,另一半待学生毕业后第一次出面打赢官司时付清。但欧氏毕业后,迟迟不出庭打官司,老先生收费心切,就向法庭提出了诉讼。老先生在讼词中有这样的推理:如果欧氏这次官司打赢了,那么按照合同,他应付我另一半学费;如果欧氏这次官司打输了,那么按照法庭判决,他也应付我另一半学费。不管这次官司欧氏是赢是输,他总应付我另一半学费。没想到,学生却对此进行了诡辩:如果我这次官司打赢,那么按照法庭判决,我不应支付另一半学费;如果我这次官司打输,那么按照合同,我也不应支付另一半学费。这次官司我或赢或输,怎么也不应支付另一半学费。这场官司难倒了法官,无法作出判决。

其实,师生两人的推理都不合理,都违反了同一律。同一律要求,在同一个思维过程中,思维的对象必须保持同一,而那位老先生在推论"是否应付另一半学费"时,却采用了两个不同前提即不同的思维对象。按照合同,学生赢了该付学费,按照法庭判决,学生输了仍该付学费,实际上是不同情况下都采用的有利自己的标准。而学生的反驳也是如法炮制,最后,两人都陷入了似是而非的诡辩。可见,诡辩在形式上看来似乎天衣无缝,但实质上是违背逻辑规律的。

3. 巧辩

巧辩与诡辩两个词在古代是没有什么大差异的。"巧"与"诡"在词义上本来就存在着交叉,但也有区别:诡辩的论题是假的,而巧辩可能是真的。如果是正义的一方利用诡辩术制服了邪恶或荒谬的一方,往往就称之为"巧辩"。

东汉末年有个学者叫郭林宗,名声很大却十分迷信。一次,他要工匠将院中一棵大树砍倒,别人问原因时,郭林宗说:"我看了一本专讲设计宅院的书,书中讲,房子院套四方方,像个'口',院子当中有棵树,木在口中不吉祥,你想想,木在口中不是'困'吗?以后办事样样都困难了。"一位叫徐稚的少年听了觉得可笑:"照你这么说,你的房子也不能住人了。你看,房子院套四方,像个'口',房子里头住着人,人在口中不吉祥,因为那不是个'囚'吗?住在房里的人不都成了囚犯?"郭被驳得哑口无言,再也不做砍树的蠢事了。徐稚正是利用一种似是而非的诡辩术驳倒了郭林宗,他先由郭那里"借来"一个虚假前提——"物体名称符号决定它们的内容与本质",进而构造出另一个虚假联系——"人住进'口'形房屋等于囚犯",那么结论不言自明,庭中之树自然也无法为"困"了。徐稚的辩驳就称之为巧辩。

4. 强辩

强辩之"强",有勉强、硬要之意。强辩与诡辩在本质上是相同的,但二者也有一些不同。一般来说,胡搅蛮缠、强词夺理为强辩;多多少少运用一点逻辑或常识愚弄对方为诡辩。即诡辩往往有迷惑人的表面逻辑,而强辩就是一种不讲道理。

有这样一个故事。有个人到医院看病,医生客气地让他坐下,病人说:"为什么要我坐呢?难道你要剥夺我的不坐权吗?"医生无法,便倒了一杯水:"请喝水吧。"病人说:"这样谈问题是片面的,不是所有的水都能喝,例如,你如果在水里掺上氯化钾,就绝对不能喝。"医生说:"我这里并没有放毒药嘛,你放心!"病人说:"谁说你放了毒药?难道我诬告你放了毒药?难道检察院起诉上说我说你放了毒药?你这才是放了比毒药还毒的毒药!"医生无可奈何,换了个话题:"今天天气不错。"病人都说:"纯粹胡说八道!你这里天气不错,并不等于全世界在今天都是好天气,例如北极,今天天气就很坏。"医生哭笑不得,只好说:"你走吧!"病人说:"你无权命令我走,这是医院,你不可能逮捕我,你也不可能枪毙我。"这位病人的言论就是一番典型的胡搅蛮缠、强词夺理的强辩。

综上所述,雄辩、诡辩、巧辩、强辩都是谈话、争论中的不同辩论形态。大家在进行辩论时。应该以雄辩和巧辩为目标,一方面要识破诡辩,另一方面也要避免强辩。

(二)辩论的特征

辩论是说话艺术的延伸,是有声语言的最高境界,除了具备各种口语表达的一般特征外,还应具有观点的对立性和语言的攻击性的基本特征。具体来说,辩论具有以下一些特征。

1. 对抗性

辩论是双方站在尖锐对立的立场上,通过辩论确立自己的观点,否定对方的观点。因此,观点的对立,语言的对抗是辩论的主要特征。辩论的对抗性特点首先体现在双方观点的对立性上,当人们对某一问题产生意见分歧时,就具备了辩明是非对错的需要。辩论双方所持的观点往往是针锋相对的,这种认识上的矛盾就成为双方对抗争论的焦点。

如一般在辩论赛中出现的辩题,都带有很强的对抗色彩。例如,近朱者赤,近墨者黑(正方);近朱者未必赤,近墨者未必黑(反方)。又如,应该先成家后立业(正方);应该先立业后成家(反方)。

同时,辩论的对抗性特点还表现在语言上的直接交锋。辩论双方短兵相接,唇枪舌剑,各抒己见,努力论证自己的观点,批驳对方的观点,呈现出一种攻与守的对抗状态。

2. 综合性

生活充满着矛盾,要想解决矛盾,明辨是非,维护真理,就离不开辩论。大到国家外交,商务谈判,法律诉讼,小到日常生活中的口角、纠纷,甚至玩笑都会用到辩论。辩论集道德修养、文化积累、知识结构、逻辑思辨、心理素质、竞争意识、语言艺术、仪表仪态、整体配合为一体,既有逻辑的纷争,又有理论的对抗,更有价值的高下取舍,是真正的综合素质较量。

如复旦大学辩论队在参加1993年的全国大专辩论赛之前进行过5个月的艰苦训练,共举行了50场专家讲座,进行了100场模拟比赛,经过了这样的过程,使队员的综合素质得到了极大提高。赛后,参赛队员都认为,参加一次这样的辩论赛,胜似读了几年研究生。

3. 逻辑性

辩论的逻辑性主要体现在逻辑思维的运用上。逻辑思维是思维的一种高级形式,以抽象的概念、判断和推理作为思维的基本形式,以分析、综合、比较、抽象、概括和具体化作为思维的基本过程,从而揭露事物的本质特征和规律性联系。

逻辑的力量在辩论中表现得最为显著,观点的论证就是一个逻辑推理的过程。辩论时需要根据人们的逻辑思维习惯摆事实、讲道理,用已知的概念和判断推出预计的结论。因此,辩论最常用的方法就是逻辑推理,严密的推理具有强大的说服力,而在批驳对方时,能指出对方论证逻辑上的漏洞则比任何否定都要彻底。可以说,逻辑是辩论的基础。

4. 策略性

辩论又被称为论战,战则有术,术即谋划策略,辩论中要想捍卫自己的观点,令他人信服,就需要讲究方式方法,讲究策略,怎样进攻,从哪几个方面进攻,怎样防守,设想对方可能从哪些方面进攻,己方如何防备,并要设计一些方案、问题,出其不意地反击对方,使己方观点得到承认,使真理得到传播。

5. 技巧性

辩论的取胜之道全在一个"巧"字，有时甚至不一定观点正确。辩论的技巧主要表现在以下两个方面：一是及时、适当地运用辩论技法；二是语言准确、简洁、生动、有攻击力，具有雄辩色彩。

如在辩论赛中，反方观点是"家大业大，浪费促进社会发展"，一般都认为浪费是很耻辱的，还非要说它促进社会发展，怎么辩论呢？其实，辩论演讲是需要技巧的口才训练，并不是要得出一个真理，辩论者只要坚守住自己的观点从一个角度进行辩论，就可以取胜。后来辩论选手这样举例：比如我刚买了一件羽绒服，我不喜欢它的样式我就把它放入箱底淘汰掉了，再买件新的。我家境殷实，就是题目所说的"家大业大"呀，我的购买促进了羽绒服制造业的发展。大家说是不是这样呢？最后，比赛结果是反方辩手取得了胜利。因此，掌握一定的辩论技巧可以帮助取胜，关于具体的辩论技巧，将在后面作详细介绍。

6. 应对性

辩论中的信息是通过声音，双向、快速地传递的，信息量大。而辩论的进程是受到辩论双方制约的，任何一方都不能绝对左右谈话的内容和进展。虽然辩论之前可进行充分的准备，但对方的情况是不可能估计得完全准确的，只能在辩论现场听取了对方发言之后灵活处理、随机应变、临场发挥。

此外，辩论者临场的竞技状态与现场气氛对辩论过程和结果也会产生影响，比如辩论者的身体状况、心理状况，观众的情绪波动、心理倾向，意外变故等，都会使辩论形势发生变化。因此，辩论时要求双方思维敏捷，反应快速，根据辩论过程中出现的情况，做出快速的应变对答，以压倒对方，赢得听众。

（三）辩论的分类

辩论的分类就和演讲的分类一样，划分标准不同，所分的类别就不同。例如，从内容和形式上分，辩论可分为日常辩论、决策辩论、外交辩论、学术争鸣、答辩、法庭辩论和赛场辩论等。由于大家常见的辩论主要是发生在赛场上的辩论，因此这里采用一种比较简略的划分方法，把以获得辩论赛的胜利为目的的辩论称为竞赛类辩论，其他辩论都通称为实用类辩论。

1. 实用类辩论

实用类辩论就是指在日常生活中，诸如外交、军事、商务谈判、法庭辩论等，一切以解决实际问题为目的而进行的辩论。

2. 竞赛类辩论

竞赛类辩论就是指针对某一辩题，正反双方组成辩论队，在主持人的协调下有组织、有听众、有评判，并按一定程序进行的辩论。

（四）辩论的基本原则

辩论是一种双边活动，要想顺利展开就会要求参与者遵守一些必要的原则，具体如下。

1. 平等性原则

平等性原则主要是针对道德上提出的要求,是指辩论各方都有平等的辩护和反驳的权利,辩论各方在人格上是平等的。在辩论中,只能以理服人,以理取胜,依靠事实和道理取胜。在辩论中,故意曲解对方的语意,甚至进行人身攻击,都是违反平等性原则的。

2. 逻辑原则

前面已经提到,逻辑是辩论的基础。逻辑原则又包括几大"律":同一律、矛盾律、排中律和充足理由律。

同一律是指在统一思想过程中,每一思想都有其确定性。表现在辩论中,就是要求辩论各方在同一思维过程中使用有确定内涵和外延的概念,而且双方都能体会这些概念。同时,同一律还要求辩论各方在确定的同一思维过程中,所涉及的概念应力求一致。

矛盾律是指在同一思维过程中,一个思想的肯定和否定不能同时是真的,其中必有一个是假的。表现在辩论中,就是要求辩者对辩题的看法不能既肯定又否定,或者前后矛盾,所使用的论据也不能前后不一致。

排中律原则是指在同一思维过程中,两个互相矛盾的思想必有一个是真的。表现在辩论中,主要是要求辩论各方的观点要互相矛盾,有对抗性。

充足理由律是指要有充足的根据。表现在辩论中,就是要求辩者在说明观点时,必须要准备好充足的论据,并且论据要和观点相关联。

3. 反诡辩的原则

前面已经介绍过"诡辩"了,诡辩其实是似是而非的谬论,貌似正确,其实是反逻辑的。因为诡辩总是以伪装真理的面目出现,因此危害很大。在辩论中,就是要求辩者首先坚持自己不使用诡辩,然后还要具备一定的反诡辩的能力,警惕陷入对方的诡辩陷阱。

(五)辩论赛制的介绍

辩论赛是在正反双方之间进行的,双方队员的组成一般是设"主辩"(或称"一辩")一人,"助辩"(或称"二辩"、"三辩"等)一至三人。组成成员各司其职,又协同作战。辩论赛的赛制是人为制订的,它可依据场地、参加人员进行设定,因此,辩论赛的赛制有多种,并且还随着时间的发展而不断发展。这里只介绍几种比较常见的辩论赛制。

1. 新加坡赛制

这种赛制在1993年、1995年、1997年和2001年的国际大专辩论赛中被采用。主要是两队,四对四的模式,其基本程序如下。

第一步,由正方一辩陈词 3 分钟,接着由反方一辩陈词 3 分钟。第二步,由正方二辩陈词 3 分钟,接着由反方二辩陈词 3 分钟。第三步,由正方三辩陈词 3 分钟,接着由反方三辩陈词 3 分钟。第四步是自由辩论阶段,累计时间双方各用时 4 分钟。最后是总结陈词,先由反方四辩进行总结陈词 4 分钟,接着由正方四辩总结陈词 4 分钟。

2. 自由人赛制

这种赛制在 1999 年国际大专辩论赛中被采用,主要特点是在双方辩论队中加入了"自由人",即每队有四个人,三位辩手加一位自由人。这种辩论赛制的基本程序如下。

第一步,由正方一辩陈词 3 分钟,接着由反方一辩陈词 3 分钟。第二步,由反方自由人发言,累计计时 2 分钟,接着由正方自由人发言,累计计时 2 分钟。第三步,由正方二辩分别向反方的三位辩手提问,累计 20 秒,反方回答时间为 1 分钟,接着由反方二辩分别向正方三位辩手提问,累计 20 秒,正方回答时间为 1 分钟。第四步,由正方二辩进行盘问小结 2 分钟,接着由反方二辩盘问小结 2 分钟。第五步,自由人对话(反方先)各累计计时 2 分钟。第六步,自由辩论(正方先)各累计计时 4 分钟。最后,由反方三辩总结陈词 3 分钟,接着正方 3 辩总结陈词 3 分钟。

3. 2004 年国际大专辩论赛制

2004 年国际大专辩论赛采用了这种新的赛制,将辩论过程分为了四关,具体如下。

第一关"知己知彼"。首先由正方任意辩手猜测反方立论 1 分钟,接着反方任意辩手猜测正方立论 1 分钟。然后,由正方任意辩手进行立论发言 3 分钟,接着反方任意辩手进行立论发言 3 分钟。最后由评委对本轮比赛当场打分并亮分。

第二关"防守反击"。首先由反方任意辩手针对正方立论进行反驳 1.5 分钟,接着由正方任意辩手针对反方的反驳进行再反驳,同时巩固本方立场 1.5 分钟。然后,由正方任意辩手针对反方立论进行反驳 1.5 分钟,接着反方任意辩手针对正方的反驳进行再反驳,同时巩固本方立场 1.5 分钟。最后由评委对本轮比赛当场打分并亮分。

第三关"短兵相见"。此阶段即自由辩论阶段,由正方先发言,每方各有 4 分钟发言时间。本轮结束后,由评委当场打分,但不亮分。

第四关"一锤定音"。首先,由两位提问嘉宾分别向反方提两个问题 1 分钟,接着反方任意辩手针对问题及本场赛事做总结陈词 3 分钟。然后,两位提问嘉宾分别向正方提两个问题 1 分钟,接着正方任意辩手针对问题及本场赛事做总结陈词 3 分钟。最后由评委当场打分。

4. 名校杯辩论赛制

这种赛制采用了两队,三对三的模式。正式开始之前先播出 3 分钟的有关辩题背景资料的录像,然后再分五个阶段进行辩论。

第一个阶段是"陈词阶段"。先由正方一辩发言,时间为 4 分钟。然后由反方一辩发言,时间为 4 分钟。接着由正方二辩发言,时间为 3 分钟。最后由反方二辩发言,时间为 3 分钟。

第二个阶段是"小品阶段"。正反方组织小品表演进一步阐述本方立场,各队用时不得超过 4 分钟。

第三个阶段是"自由辩论阶段"。由正方首先发言,然后反方发言,正反方依次轮流发言。每方发言累计用时 4 分钟。

第四个阶段是"盘问阶段"。由评委向正、反方指定参赛队员轮流发问。双方辩手回答用时各 30 秒。

第五个阶段是"总结阶段"。先由反方三辩总结陈词,用时 3 分钟。接着由正方三辩总结陈词,用时 3 分钟。

5. 美国标准奥瑞冈赛制

美国标准奥瑞冈赛制是有别于传统辩论的政策性辩论,此赛制的优点是过程紧密,能够对许多议题做出论证。缺点是在没有学过辩论的人眼中,对于其他赛制而言较为无趣。奥瑞冈赛制的参赛队伍由三个人组成——一辩、二辩和三辩,在辩论过程中担任不同职责。此赛制的基本程序如下。

第一步,由正方第一次申论(正方第一次发言)8 分钟,就本方的辩题进行立论性辩护,接着由反方二辩就正方第一次申论进行质询 3 分钟。第二步,由反方第一次申论(反方第一次发言)8 分钟,接着由正方一辩就反方第一次申论进行质询 3 分钟。第三步,由正方第二次申论(正方第二次发言)8 分钟,接着由反方一辩就正方第二次申论进行质询 3 分钟。第四步,由反方第二次申论(反方第二次发言)8 分钟,接着由正方二辩就反方第二次申论进行质询 3 分钟。第五步,由反方第一次辩驳性发言 4 分钟,接着由正方第一次辩驳性发言 4 分钟。最后,反方第二次辩驳性发言 4 分钟,接着由正方第二次辩驳性发言 4 分钟。

6. 2010"双星杯"赛制

2010"双星杯"国际大学群英辩论会在保持辩论赛原有传统的基础上,力求创新,引入一些原格局中所没有的表现手段,使辩论赛既具有细密深刻的理性思辨,又具有感性灵动的表达方式。辩论采用两队三对三模式,还引入了"证人",其程序主要包括以下五个阶段。

第一阶段是"开篇立论"。先由正方一辩进行立论,时间为 1 分 30 秒,接着由反方一辩进行立论,时间为 1 分 30 秒。

第二阶段是"举证质证"。正方"证人"先上场,正方举证 1 分 30 秒,接着反方质证 1 分 30 秒。然后反方"证人"上场,反方举证 1 分 30 秒,接着正方质证 1 分 30

秒。

第三阶段是"自由辩论"。由正方首先发言,然后反方发言,正反方依次轮流发言。每方累计用时为4分钟。

第四阶段是"超级辩论"。先由正方和一名评委辩论,双方辩论的总时间为4分钟。接着由反方和一名评委辩论,双方辩论的总时间为4分钟。

第五阶段是"总结陈词"。先由正方三辩总结陈词2分钟,接着由反方三辩总结陈词2分钟。同时评委退席合议,投票产生本场的获胜队伍和最佳辩手。

二、辩论赛前的准备

俗话说"知己知彼,百战不殆",辩论赛既然是双方对抗的形式,那么做好辩论赛前的准备工作是十分重要的。辩论赛前的准备工作可以从以下四个方面着手进行。

(一)找出合理的辩论角度

1. 辩题的要求

辩题是关系到一场辩论赛能否取得成功的最重要因素。因此,在赛前为辩手们准备一个好辩题是尤为重要的。一般来说,辩题应具备以下三个特点。

第一,辩题需要现实性与趣味性相结合。辩题必须是现实生活中人们普遍关心的问题,因为只有某一人群共同关注的热点问题才会极大地吸引参赛者和听众,能引发大家的思考和兴趣,辩论赛才会更有意义。例如,辩题"贸易保护主义是否能有效抑制"就既有现实意义也有趣味性。

第二,辩题要有可辩性。辩题需要产生针锋相对的观点,只有这样的辩论才有可能进行下去。例如,辩题"金钱追求和道德追求是否可以统一"就很有可辩性。

第三,辩题要有明确性。辩题要准确、明确,内涵过大的论题,例如,"人性本善还是本恶"这样的辩题就不是很明确,容易产生多义理解。

2. 从辩题中找角度

辩题一旦确定,就不能变更。但是蕴藏在辩题中的可辩角度是需要辩手自己去寻找的,而且也不一定是固定的。从辩题中找出一个合适的切入角度,是辩论获胜的基础,也常常能使己方在论点上的劣势转化为优势。例如,上文提到的一个辩题反方"家大业大,浪费促进社会发展",这样的观点本来劣势明显,但是由于辩手找到了从"浪费促进消费,消费促进生产"的角度去进行辩论,后来反而获得了比赛的胜利。

(二)收集有利的材料

常言说"事实胜于雄辩",任何立论框架和逻辑设计都首先依赖于事实的佐证。因此,为了能在辩论赛的进行过程中恰当地使用各种论据,在辩论赛之前收集、整理出那些对己方有利的材料是非常有必要的。搜集材料的方式多种多样,从自己亲身经历过的事情到从电视、广播、报纸、互联网上看到的事物,都可以成为辩论中的论据材料,一般来说,辩论赛前准备的材料要具有典型性、现实性、权威性和丰富性。

例如,在某辩论赛前,正方在准备"电视选秀对文化传播利大于弊"这个辩题的过程中,收集了大量电视选秀节目的例证,如娱乐类电视选秀(超级女声、我型我秀、好男儿、绝对唱响、红楼梦中人、美国偶像等)、财经类的电视选秀(创智赢家)、体育类的电视选秀(切尔西俱乐部在中国的选秀),将选秀节目涵盖的范围进行了拓宽,这样才能从多角度来论证对文化传播的好处。很明显,把电视选秀的范围仅仅局限在纷繁芜杂的娱乐圈是不利于正方的论证的。正是典型而丰富的材料准备,让正方最后取得了胜利。

(三)充分估计对方形势

在辩论赛中,辩论双方就同一个问题的两个对立面展开语言对抗,双方都需要找对自己有利的论点、论据和论证。因此,如果一方能够准确揣测出另一方的战略战术,设计出更有针对性的对策,就容易获胜。估计对方形势主要有以下两个方面的要求。

1. 站在对方的立场做深入的探究

估计对方可能提出的论点,论点中的概念和判断的内涵外延以及逻辑性、科学性如何;估计对方可能占有的论据,论证的真实性、概括性和适用范围如何;估计对方可能使用的论证方法,论证的严密性如何,等等。对这些问题进行细致的分析有助于找出对方的破绽,研究出相应的对策。

2. 揣摩对方的个性、心理

在有条件的情况下,对对方的辩手进行一些了解也有助于己方的辩论,例如,通过观看对方其他场次的比赛来了解他们的个性、心理素质、知识水平、语言风格、惯用的策略、弱点等情况,以便避长击短,合理安排己方人员,提早予以防备。

(四)设计严密的辩论战略

要想在辩论中取胜,只凭正确的辩论角度,充分的材料还是不够的,还需要考虑"怎么辩"的问题。即如何将己方所掌握的信息综合起来,并合理地进行安排,使之发挥出最大的作用。因此,辩论前要对整个辩论过程作一番周密的计划,即要求设计出严密的辩论战略。一般来说,辩论战略包含以下两个方面。

1. 设计辩论程序

这个辩论程序不是指辩论赛的赛制程序,而是指辩题论证的过程、攻守破立的时机、材料的分配、己方辩手的任务。

关于辩手的任务,以下就四对四的模式来举例分析。一般是由一辩阐述全部观点,表明己方立场,以立为主。二辩和三辩的主要任务是分别就不同的分论点进行强化,并在听取了对方的发言后进行驳辩。破立而合,承上启下,既巩固前面的战果,打击对方的论证,还要为后面的队友开辟道路、制造机会。四辩一般是做总结发言,既要全面总结我方的观点,又要总结对方的错漏。四位辩手在各司其职时还要注意分工合作,每位辩手不是作为独立的个体,而是作为整体中的一员来参赛的,应观点一致、团结协作、首尾相连、浑然一体。

2. 选择辩论方法

辩论方法的选择要根据辩题的特点、攻守防的战术需要、双方交锋的形势等因素来确定。常用的论证方法有归纳法、演绎法、类比法、反证法等立论法,驳论点、驳论据、驳论证等反驳法。

(五)培养良好的控场能力

辩论必须在友好、和谐、宽松的气氛中进行,这不仅有利于辩者充分发挥才智,更有利于对真理的探求。因此必须加强对辩论的控场能力培养。

1. 道德控制

辩论是为了交换意见,交流信息,加强对论题的多层面理解,而不像培根所批评的那样:"有些人在谈话方式上,只图博得机敏的虚名,却并不关心对真理的讨论。"辩论双方应持诚恳、谦虚、互相切磋、取长补短的态度。只有这样才会胜不骄、败不馁,才不会计较个人得失,才会树立起良好的"辩德"。

2. 心理控制

辩论者一般存在着两种心态:一是潜意识的对抗心理;二是自尊和"自我实现"的心理。这就需求辩论者在辩论中少用武断语言而代之以委婉的语气,温和语气的力量胜于雄辩。尽可能不要伤害和激怒对方,万一对方激动起来,不要针锋相对,火上浇油,最好的办法是沉默。沉默也是一种谈话艺术,沉默可以恢复心理平衡。当自己受到指斥甚至攻击时,也能克制和容忍,以便暂时顺应对方的心理满足,再抓住时机加以回击。

3. 审美控制

辩论是一种艺术,具有审美价值。见解精辟,辩论机智,妙语连珠,风趣幽默,这些都能给人以美的享受,使人折服。除此之外,举止大方、文雅,且有风度美,同样能使人易于接受。有效的控场是保证辩论顺利进行的重要前提,决不可以掉以轻心。

三、辩论的技巧

在辩论赛之前的准备工作无论怎样细致周到,都只是一个宏观的计划,具体到辩论中如何有效地实施这个计划,还需要根据现场情况随机应变,以智取胜。辩论属于演讲的一种,想要在辩论场上取胜,需要掌握演讲的一般技巧。但辩论作为一种特殊的演讲，又有不少特别的技巧要求。

前文提到过，辩论的取胜之道全在一个"巧"字。就是要求辩者要针对敌论的破绽，恰当运用辩论的技巧，一矢中的，达到以巧破千斤的效果。对任何一位辩论者来说，熟悉和掌握一些辩论技巧是必不可少的，它有助于临场的辩答得心应手。要做到这一点，首先要掌握一些常用的辩论技巧，然后还要学会应用辩论中的"攻"、"守"技巧，最后还应该了解一些特殊的辩论技巧。

（一）辩论的基本技巧

1. 归谬法

归谬法就是先假定对方的错误论题是正确的，然后以这种假设为充分条件，推出一个显然荒谬的结论，从结论的荒谬中，必然显现对方论题的荒谬性的一种反驳方法。

例如，有这样一个小故事。在明代科考中，为了防止考生顶替舞弊，考生在考前填写报考表时，应在相貌特征栏内，说明自己的相貌特征。某考生在该栏内写了"微须"两字。考官看了报考表，又看了考生，大发雷霆："好大的胆子，竟敢冒名顶替！你报考表上明明写着没有胡须，怎么嘴上长着小胡子？相貌不符，还不是冒名顶替吗？"考生很冤枉的回答："我表上明明写着微须，怎么说写着没有胡须？"考官振振有词地说："'微'就是'没有'之意，范仲淹在《岳阳楼记》中'微斯人，吾谁与归'一句中的'微'，就是'没有'的意思。"考生听后反唇相讥："古书云，'孔子微服过宋'，如果'微'只作'没有'讲，孔子岂不是赤身裸体到了宋国去了？"考官被问得瞠目结舌。这个故事中的考生就是使用归谬法让考官无言以对的。

2. 诠释法

诠释法就是通过揭示概念或论题的含义进行辩论的一种方法。据某报一则新闻，吴某因某女不愿继续与其恋爱而毁了某女的容貌。在法庭辩护阶段，公诉人在分析吴某的犯罪思想时指出，吴某在日记里多次记载要用各种手段报复某女，可见其早已萌发了犯罪思想。吴某的辩护人接着说："公诉人不应该把日记上的东西作为证据使用，我国刑法没有规定思想犯罪。"公诉人当即答辩道："我所说的是'犯罪思想'而不是'思想犯罪'，这是两个根本不同的概念。'犯罪思想'指的是犯罪分子的主观心理状态，这是犯罪构成的一个重要方面，如果不考察它，就无法弄清其犯罪的动机和目的，也就难以确定是故意犯罪还是过失犯罪，辩护人怎么能把两个完全不同的概念混为一谈，因废除'思想犯罪'而否定研究'犯罪思想'呢？"

不难看出，辩护人是企图将"犯罪思想"偷换成"思想犯罪"，以阻止公诉人分析罪犯的犯罪思想，达到解脱罪犯故意犯罪的目的。而公诉人通过诠释法及时阐述了"犯罪思想"的概念含义，迫使辩护人缴械投降。

3. 证明法

人们常说"事实胜于雄辩"，所以确凿、客观、公正的事实或数字，往往具有很强的说服力。在辩论中,有时并不需要过多的逻辑技巧,只需要把事实或数字一摆,是非就会一目了然。

例如,1990年山东大学曾就进口汽车的问题进行过一场辩论赛,正方认为进口汽车利大于弊,反方认为进口汽车弊大于利。在辩论过程中,双方各抒己见据理力争,最后正方代表总结说:"进口汽车虽然用去了一些经费,但也刺激和带动了本国汽车工业的发展,总体来看,还是利大于弊。"这时反方代表反驳说:"怎么能说'用去了一些经费'呢?'一些'究竟是多少?请看这笔巨大的经费事实。据报载,1981年至1986年五年里,全国进口汽车的费用达52亿美元。这笔钱用于国防建设,可以建成一个航空母舰舰队;用于科研,能上投资百万人民币的大型科研项目两万多个;用于提高工资,全国职工可提高28.6%。这些数字足以表明进口汽车所带来的严重的弊病。"面对反方确凿无误的数字和事实,正方语塞无词,只好败下阵来。

4. 反例法

反例就是与论点相反的例子。反例法就是指在面对武断的错误论断时,举出与错误论断相矛盾的事例来,而事例又是众所周知或举世公认的事实。反例法无疑是对错误论断的有力打击。

有一次,日本东京大学佛学教授柳田圣山参观上海玉佛寺。在大雄宝殿,柳田就洪钟使用的规矩、方法请教玉佛寺的法师,法师说:"庙里做隆重佛事的时候,七七四十九天,日日夜夜都要敲击洪钟。"柳田听完轻蔑地说道:"'七七'期间,白天敲,夜里是不敲的。因为佛教的规矩是'晨钟暮鼓',况且夜里敲钟,佛经经典上也无此记载。"法师没有争辩,柳田更面露得意之色。后来他们一起来到卖品部,柳田站在清代书法家俞樾手书的唐人张继诗《枫桥夜泊》作品前,仔细赏玩,喜爱备至。这时法师走上前去,随手在"寒山寺"、"夜半钟声"句上划了两个圈,柳田略有所思,随即大为震惊,马上立正、低头、合掌,连连向法师道歉致谢。

故事中的法师,虽然没有争辩,但使用这么一个人尽皆知的反例,对柳田进行了反驳。既表明了自己的修养,又达到了反驳的目的,实在是高明之举。

5. 类比法

类比法就是通过两个或两类事物的一些属性相同,推出它们的其他属性也相同的逻辑方法。这是反驳对方命题时很常用的一种方法。

例如,在20世纪30年代时,英国商人威尔斯蓄意敲诈,与香港茂隆皮箱行签订合同,订购3 000只皮箱,价值20万港元,如逾期或不按质量交货,由卖方赔偿损失50%。茂隆皮行如期交货,威尔斯却说皮箱中有木料,不是皮箱,合同中写明是皮箱。因此向法庭提出控诉,要求按合同规定赔偿损失,著名律师罗文锦在法庭上为茂隆皮箱行辩护。他取出口袋中的金表问法官:"这是什么?"法官答:"是金表。"罗律师又对法庭上所有的人说:"这金表除表壳是镀金的外,它的内部机件都是金制的吗?"旁听者纷纷议论:"当然不是。"罗律师说:"那么人们为什么又叫它金表呢?"原告理屈词穷,法庭最后以威尔斯诬告罪罚款5 000元结案。

故事中的罗律师正是用"虽然金表中的机件不是金的,但人们公认为金表"的事实针对"箱中虽然有木料,但还是皮箱"的命题类比,进行驳斥,最终获得了胜诉。

(二)辩论的进攻技巧

辩论中的进攻主要是指就对方的论点、论据、论证进行驳斥。在辩论中经常组织有力的进攻能使自己处于主动地位,可加强气势,避免被动挨打。这在辩论中是最难把握的,其技巧是丰富多彩的,其情态环境又是千差万别的,作为辩手如何在具体的情态环境中准确而巧妙地使用某一技巧,使之天衣无缝,恰到好处,这就是一位辩手水平的充分体现。

1. 进攻的准备和组织技巧

在辩论战略方案确定之后就应该考虑如何进行进攻的准备了。一般而言,辩手都应该根据自己所阐述的内容准备向对方发问的问题,若是初次上场,应该准备20个问题左右,如此,四个辩手准备的问题就应该大约有80个。提问的问题应该从以下三个层面上进行准备。

一是现象层面的问题,又称为事实层面问题。这类问题极易引起听众的共鸣,提得好则很容易出彩、出效果。但是需要注意的是,不可故作新奇而偏离辩题,那样会产生负效果。

二是理论层面的问题,又称为论据层面问题。即对本方论点给予引申,对对方的论据予以驳击的问题。这类问题,直问要提得尖锐,曲问要问得巧妙,反问要提得适时,逼问要问得机智,其效果就是让对方不好回答又无法回避。

三是价值层面的问题,又称为社会效应层面问题。即把对方论点、立场引申,从价值层面、社会效应层面去延伸它的效应看其是否具备说服力。这类问题既能够扩大自由辩论的战场,给对方造成被动,也是争取听众、评委认同的重要侧面。

辩论中的有效进攻应当体现出进攻的有序性,即看得出进攻的脉络,为了达到这个目标,场上应该有"灵魂队员",或者称为"主力辩手"。"主辩"一般由三辩或一辩、二辩来充当。灵魂队员的任务是:有冷静的把握整个自由辩论战斗局势的眼光,进攻务求有效;充当场上的指挥员,其发问不仅是对对方的进攻,也是对本方立论的揭示和强化;承担主动转移战场的任务,如在一个层面处于被动,僵住了,则要转向另一个层面,开辟新的进攻点和战场;对对方提出的危及本方底线、事关要害的问题,能够有效化险为夷、转危为安、化被动为主动;对本方误入对方圈套、陷于被动之中的局面,要能够挽回并再发起进攻。

进攻的组织要害就在于形成整体的有序流变性。进攻的组织在上场前可以有如下的检查指标。一是有没有组织者,即有没有"灵魂队员",其组织、应变能力如何?二是整个队伍与之有没有心悦诚服的默契和感应?三是整个队伍对特定的辩题的立场认识是否完全一致,有没有大的梗阻?四是准备了几个层面的问题,这些问题可以对付、支撑多难的场面?五是对于非常艰难的、苛刻的尖锐问题,本方研究到什么程度,有没有好的应对策略?六是如果辩论中出现险难的局面,那将会是一种什么状况?本方应该怎么对付?

2. 进攻的发问技巧

辩论中进攻的发问技巧有很多种,下面只简要列举其中的十七种。

第一,设置两难。即设置两难的问题,无论答此或答彼都将陷入被动,但是一定要对准话题。

第二,主动引申。即将对方的某个事实、某句话加以引申,造成本方主动、对方被动。

第三,以矛攻盾。即将对方论点和论据间的矛盾,这个辩手和那个辩手陈述中的矛盾,某个辩手陈词中的矛盾,答这个问题和答那个问题之间的矛盾或其他方面的矛盾予以披露。

第四,简问深涵。即问题很简单,但内涵很深厚,且与辩题密切相关。

第五,撕隙抓漏。即将对方的一小道缝隙撕裂撕大,将其明显的漏洞失误给予揭发提问。

第六,熟事新提。人往往对于身边、自身很熟悉的事物不经意,所谓熟视无睹,充耳不闻,或非常熟悉但只知道大概却不明白它的详细。一般对这类事情提问,也很容易让对方陷入被动。

第七,逼入死角。即把对方的问题逼入死角,再发问。

第八,多方追问。即从几个方向、几个侧面、几个层次上同时问一类问题。但是要注意的是,这类问题必须对准一个核心,即辩论的主要立场和观点,以造成合围的阵势,使对方没有招架的能力。

第九,夹击发问。即两个或多个人同时问同一类或同一个问题,造成夹击态势,使对方顾此失彼。

第十,问题同异。即面对同一个问题,以不同的角度提问,使对方难以自圆其说,应接不暇。

第十一,异题同问。抓住对方的不同问题、不同表述加以归纳,概总而问,从问题的深度与高度上使其无法把握。

第十二,反复逼问。对本方提出的对方非答不可的问题,对方闪避了,就可以反复逼问,但是一般不能超过三次,不可以无限发问。

第十三,辐射发问。即一个问题的提出时,同时威慑到对方四个辩手,犹如子母弹一般。

第十四，同义反复。即同一个问题，用不同的语言方式（或角度不同，或问语不同）发问。

第十五，近题遥问。即看似很近的事，用远视点来透视和提问。对方遥答往往答不得，近答又很难接上，陷入了难以捉摸、无从下手的窘境。

第十六，长抽短吊。即忽然提这样的问题忽然又提那样的问题，不离辩题却又忽东忽西，以思维的快捷与急智来取得主动。

第十七，答中之问。分为两种，一种是在对方答问时发现问题（包括陈词阶段发现的问题）予以提问，另一种是在自己回答对方问题时的反问。

3. 其他进攻技巧

第一，先发制人法。兵法云"先发制人后发制于人"。双方舌战，当一方握有充分论据，抓住有利时机，在另一方意想不到的情况下，首先采取行动，突然袭击，扰乱其心绪，打乱其阵脚，先声夺人而制胜。这是辩论中常用的有效方法。

第二，窥短击虚法。参加辩论双方宛如两军对垒，唇枪舌战，充分表现出辩论者的勇气和智慧。但是"智者千虑，必有一失"，在辩论中，辩论的双方或一方往往会出现一些失误。因此，机敏地捕捉战机是取得辩论成功的关键。

第三，两难推理法。就是辩论的一方将不同的前提条件都已穷尽，并将这些穷尽的前提条件加以引申，得出的各种结论都是对方难于接受的，而又要逼迫对方在难于接受的结论中进行选择，使对方陷于进退维谷的困境。

第四，间接反驳法。即在辩论中，本方先承认某一结论，再摆出事实推理，进而否认这一结论是谬误的。使用这种方法常常是迫于某种情势，遇到不宜正面出击的难题，只好避其锋芒，将纠缠不清的问题辩清楚。间接反驳的另一种方式是从反面入手，调换一下角色。指出在相反情况下，必然得出另一个相应的结果，而论敌又不愿接受相反情况下的结果，那么论敌推论的结果便不攻自破了。

第五，戏谑反击法。即用有趣的引人发笑的话开点玩笑来反击论敌言论的一种方法。在辩论的激烈阶段，双方的言辞难免带有一些感情色彩。若一方带有讽刺、揶揄的言辞，而另一方以戏谑法应付之，此时往往会产生奇特的现场效果：它不仅可调节气氛，于严肃中增添幽默，还能改变形势，于防守中实施反击。

（三）辩论的防守技巧

辩论就是由进攻和防守两个方面组成的，因此，不仅要有进攻的准备，还要有防守的准备。只会进攻不一定能够取胜，只有能攻能守的队伍才能在辩论中游刃有余。辩论中的防卫有两方面的含义：一是指在对方进攻之前就做好防护工作；二是在对方进攻之后做好防御工作。前者是尽量不给对方可乘之机，后者是赶紧补漏，亡羊补牢，防止一损俱损。

1. 常见的防守技巧

第一,加固"堡垒"法。最直接的防卫措施就是加强己方观点的坚固性,在获得了初步胜利时不能满足,而应进一步巩固成果,或不时地重复已被公认的于己有利的证词进行强调,或补充新的材料,加固观点的支柱,将人们的支持牢牢地吸引在己方这边。总之,要使对方在己方固若金汤的"堡垒"面前望而却步,攻而不下。

第二,模糊回答法。所谓模糊回答,是一种使用含义不确定的模糊语言不让对方精确地把握答语所有含义的方法,常用于外交辞令中。如常有某国领导人"高兴地接受了邀请,将在方便的时候访问某国"的说法。这里的"方便"并无确切含义,可以灵活解释。可见在特定场合中,模糊语言用得合情合理,恰如其分,就能为己所用,牢牢地守住自己的阵地,使对方难以辩驳。

第三,避重就轻法。辩论中不宜在于己不利的问题上过多纠缠,否则会疲于应对,步步后退,而应扬长避短,在自己的强项上与之周旋。另外,面对对方的责难应避重就轻,避开严重的错误,致命的追问,对那些无伤大局的问题给予轻描淡写的回答后,便立刻转换话题,转入对自己有利的方面。

2. 防守中的具体技巧

第一,盯人技巧。即各人盯住各人的对象进行防守。一般就是一辩回答一辩的问题,二辩回答二辩的问题,等等。这样就不会出现好回答的问题就抢着回答,难回答的问题就你推我让的现象。

第二,发挥长项。即根据各人的长项来分工,首先确认辩手各自的长项,如长于说理、长于说史、长于记忆、长于辨析,等等。

第三,高压技巧。一般在辩论赛中,由于参赛队的实力比较接近,所以很容易出现同位推顶的情况,破解的办法是采用高位迫压防守。如对方提出的是现象问题,就将之上升到理论高度上来回答;如对方提出的是现实问题,那就从历史的角度来回答;如对方提出的是具体问题、微观问题,就以全景认识、宏观认识来回答,以此类推。若此,对对方的问题以高位下罩的方式和统照下盖的方式使对方感到自己的思维位势稍逊一筹,进攻力也就随之弱化了。

第四,指误技巧。即不正面回答问题,而是指出对方所问问题在逻辑上、理论上、事实上、价值上、立场上、表达上和常识上的毛病。

第五,短答技巧。对于用一个字、一个词、一个成语、一个句子就能够答清,且能够反陷对方于被动的问题,就应该果断地使用短答。

第六,启导技巧。对于那些喜欢滔滔不绝有演讲欲而又容易动情、不易冷静理智的辩手和表现欲特盛的辩手,在回答问题时不妨巧妙启发他滔滔不绝地讲,其直接效果是消耗了对方的规定时间。

第七,揭弊技巧。在回答问题时,巧妙合理地揭示其弊端,使其问题本身站不住脚,这样便转守为进,防守的目的自然也就达到了。

第八,闪避技巧。对那些一两句话难以答清的问题,要采用合理闪避的方式,其要点是不离开辩题的立场。

第九,反复技巧。就是以同义反复的方式回答,但语言不同。

第十,侧击技巧。即不正面回答问题,而从侧面引出相关问题,反请对方来回答。

第十一,组接技巧。就是将对方的陈词、反问、答问中的语言予以组合来进行回答。

第十二,错接技巧。即有意错接问题,反让对方判断,以之主动防守。

3. 其他防守技巧补充

第一,节奏的把握。自由辩论的时间不长,但是由于争锋剧烈,对抗性强,故往往呈现出很强的快节奏。一般而言,一强到底,一胜到底的队伍不多,这就需要有韧劲和力量持久才能取胜。故有经验的辩论队往往是先弱后强,欲擒故纵。其利在于先让对方强,以观察其底气,辨别其优劣,再将其制伏。

第二,避锋折锐。针锋相对,往往会陷于对峙和僵持。你针尖我麦芒,你推我搡,既不利于取胜,现场效果也不好。故有经验的辩论队往往不正面迎击,而是闪避一旁,轻轻折断其锋锐。这种闪避不是回避问题,而是巧用智力,或侧击、或高压、或机智、或幽默,巧击要害,巧借场上效果来使对方退却。简言之,即以大智大巧而对,不以表面热闹、直硬相拼见高低。

第三,时间把握。即从严把握本方时间,有意启导、引导对方在无意识中把规定时间及早耗尽,以造成缺席审判的情势,这对己方极为有利。

第四,打乱阵脚。进攻组织有序,打乱对方的阵脚,使之兵未败而阵先乱。

第五,直击底线。有意识地对对方底线全力猛攻,使其自我动摇,无力接济,处于被动境地。

(四)辩论的其他技巧

1. 欲进先退

欲进先退是指在辩论中,当发现对方的观点明显有失偏颇时,辩论者为避免正面冲突,先退一步,承认其观点"正确",麻痹对方,实际上却是退中有进,时机成熟时便出其不意地反戈一击,后发制人。

【案例分析 3-31】

以下是古希腊著名哲学家苏格拉底在法庭上,为自己作的申辩词的节选。

公民们!我尊敬你们,我爱你们,但是我宁愿听从神,而不听从你们;只要一息尚存,我永不停止哲学的实践,要继续教导、劝勉我所遇到的每一个人,仍旧像惯常那样对他说:"朋友,你是伟大、强盛、以智慧著称的城邦雅典的公民,像你这样只图名利,不关心智慧和真理,不求改善自己的灵魂,难道不觉得羞耻吗?"如果那个人说,"是啊,可我是关心的呀!"我就不肯马上离开,也不让他走,向他提出问题,反复地盘问他。如果我发现他并无美德,却说他有,我就责备他把重要的事情看成不重要,把无价值的东西看成有价值。我要把这些话再三地向我所遇到的每一个人说,不管他年轻年老,不管他是公民还是侨民,但是特别要对本邦的公民说,因为他们是我的同胞。要知道,我这样做是执行神的命令;我相信,我这样做是我们国家最大的要事。因此我不做别的事情,只是劝说大家,敦促大家,不管老少,都不要只顾个人和财产,首先要关心改善自己的灵魂,这是更重要的事情。我告诉你们,金钱并不能带来美德,美德却可以给人带来金钱,以及个人和国家的其他一切好事。这就是我的教义。如果它败坏青年,那它就是坏人。如果有人说这不是我的教义,那他说的就不是真话……

……因为我可以断定,同胞们,我如果参加了政治活动的话,那我早就没命了,不会为你们或者为自己做出什么好事了。请不要因为我说出真相而生气,事实就是这样。一个人如果刚正不阿,力排众议,企图阻止本邦做出很多不公道、不合法的事情,他的生命就不会安全,不管在这里还是在别的地方都是这样的。一个真想为正义而斗争的人如果要活着,哪怕是活一个短暂的时期,那就必须当老百姓,绝不能担任公职。

(摘自《外国演讲辞名篇快读》,李天道主编,四川文艺出版社,2004)

在这篇申辩词中,苏格拉底用以退为进,以守为攻的方法和策略,以讥讽、嘲弄的语言和蔑视死亡的浩然之气,一步步、一件件辩驳了法庭和原告强加在自己头上的所谓罪名,陈述了事实的真相,揭露了对方的无知,使法官和原告处于真正的被告席上。他的每一句话无不闪烁着智慧的光辉。

2. 请君入瓮

在辩论中,要想有效地战胜对手,还可以运用"请君入瓮"法。"请君入瓮"出自《资治通鉴·唐纪二十》,意即以其人之道,还治其人之身,其结局是置"瓮"烤人者反成了入"瓮"受烤者。这是一种常用的辩论方法。"请君入瓮"法可置论辩对方于张口结舌,无力回答也无法回答的境地,从而彻底摧垮对方。

【案例分析3-32】

1954年7月26日,正在苏联访问的周恩来总理出席苏方招待会,在与苏联领导人祝酒时,他既不讲汉语,也不说俄语,而是用英语说:"干杯。"苏方领导人对此显得有些不悦,米高扬通过翻译质问道:"周,你为什么不说俄语呢?你是很精通我们的语言的呀!"周恩来当即反问道:"米高扬,你为什么不学汉语呢?我已经学了俄语啦。"米高扬抱怨说:"汉语是一门难学的语言。"周恩来迅速应答:"可汉语并不比俄语难学呵,如果你每天上午到中国使馆去,我们将非常乐意教你学汉语。你们这些人可没有借口不学中文呵。"米高扬一时语塞。这里,米高扬的话语中有一个荒谬的命题。在外交场合中,对方不该不用"我"方的语言说话,这是他拿来准备火烤周恩来的"瓮"。谁料,周恩来当即把它牢牢抓住,以其人之道,还治其人之身,同样要对方学会用"我"方的语言说话,亦即"请君入瓮",从而有力地战胜了对方。

不过,使用"请君入瓮"法需要注意以下几点。第一,要机敏而不失自尊。要不失时机地捉住要害,一语道破,把论辩对手置于烈火炙烤的"瓮"中而使之无法脱身。第二,要出其不意,攻其不备。第三,使用"请君入瓮"法要注意分寸,以免激怒对方,引发争吵。

辩论技巧多种多样,而技巧之间的组合也会随具体情况的变化而变化。因此,以上介绍的各种辩论技巧需要在辩论实战中不断有意识地运用,才能真正达到提高辩才的目的。在教材后的附录G中,选有辩论赛的文字实录稿,可供参阅。

四、辩论的注意事项

1. 忌"出口伤人"

辩论以真理为标准,双方在平等的原则下进行,因而双方要以理服人,以事实服人,以严密的逻辑性服人,以巧妙的辩论技法服人,要避免以诡辩服人,以恶语伤人等。

而在辩论中,最忌讳的就是人身攻击。这不仅是没有修养的粗俗之举,而且是没有道德的丑恶行为。如果在辩论中进行人身攻击,即使非常占理,也争不到别人的心悦诚服,相反,还可能引起在场的每一个人的反感。

2. 注重合作精神

辩论赛一般是集体的活动项目,竞赛的胜负要看整体效果。辩手首先是属于自己的辩论队,所以作为一个辩手,既要突出个人优势,敢于竞争,又要协同作战,讲究团队精神。

3. 忌"精于论而疏于听"

"论"与"听"是辩论中很重要的两个环节。不听或听不懂,就会对对方观点不明确,使"论"成无的之矢。因此,要"论"到点上,就必须注意倾听对方的论点、论据及两者之间的联系,注意倾听对方在用词造句上有无漏洞,注意倾听对方是否有诡辩现象。只有"精于听",驳击才能针锋相对,才能做到克敌制胜。

4. 避免无益争辩

当自己的想法、意见与人相左时,当自己的言行遭人非议时,人的本能可能就是奋起反驳。但是,如果这场争辩没有积极意义的话,那么大可不必动气,一笑置之最妙。同样,向别人提出挑战的时候,一定要选择有价值的辩题,选择那些能使自己和他人通过争辩都能受到启发的问题。

【思考与练习】

1. 知识点复习

(1)辩论有哪些基本特征？其基本原则是什么？

(2)请简述辩论赛中的"标准奥瑞冈赛制"，并说明其优缺点。

(3)在辩论中如何估计对方的形势？

(4)"灵魂队员"的任务是什么？

2. 实训练习

(1)试分析下列辩论中使用的基本技巧。

①在陕北行军途中，毛主席问阎长林："你是新四旅来的，为什么新四旅常打胜仗？"

阎长林回答："新四旅河北人多。"毛主席反驳道："河北名将颜良、文丑不是给山西人关云长杀了么？"

②加拿大前外交官切斯特·朗宁，1893年生于湖北襄阳。他父母是美籍传教士，朗宁幼年喝的是中国奶妈的乳汁。当他30岁竞选省议员时，反对派诽谤他曾经是喝中国人的奶长大的，身上有中国血统。他的支持者反驳说，按这种逻辑，喝什么奶就形成什么血统的话，那你们有没有人喝过加拿大的牛奶呢？在你们身上不是也有着加拿大牛的血统了吗？当然你们可能既喝过加拿大人的奶，又难免喝过一些加拿大的牛奶，那么在你们身上不是既有加拿大人的血统，又有着加拿大牛的血统吗？你们岂不都成了"人牛血统的混血儿?"

③《孟子·公孙丑章句下》中有以下记载。孟子到了齐国边境的平陆，对当地的邑宰(相当于现在的县长)说："如果你的战士一天三次失职，你开除他吗？"邑宰答道："不必等三次我就开除他了。"孟子说："那么你自己失职的地方也很多了：灾荒年成，你的百姓年老体弱抛尸露骨于山沟中，年轻力壮逃亡于四方的，已将近千人了。"邑宰说："这件事，不是我的力量能做得到的。"孟子说："譬如说现在有一个人，接受别人的牛羊，替人放牧，那一定为牛羊寻找牧场和草料了，如果牧场和草料都找不到，是把它退还原主，还是站在一边看着它们一个一个死去呢？"邑宰心悦诚服："那就是我的罪过了。"

④实验物理大师法拉第有一次在大庭广众中作电磁学的实验表演，实验结束后，有人责问法拉第："这有什么用呢？"法拉第不假思索地回答："请问，新生的婴儿有什么用呢？"

(2)就以下辩题(任选一组)，一对一进行10分钟的自由辩论。注意在辩论过程中运用适当的辩论技巧。

① 正方：温饱是谈到道德的必要条件；

反方：温饱不是谈道德的必要条件。
② 正方：使用网络对青少年来说利大于弊；
反方：使用网络对青少年来说弊大于利。
③ 正方：广告有利于大众消费；
反方：广告不利于大众消费。
④ 正方：文艺商品化利大于弊；
反方：文艺商品化弊大于利。
⑤ 正方：都市化有利于人类发展；
反方：都市化不利于人类发展。
⑥ 正方：现代社会更需要通才；
反方：现代社会更需要专才。

(3) 以专业为单位，举行一场完整的辩论赛，要求按照教材中提供的某种辩论赛制来筹备。

附录 A 声 母 表

b	p	m	f	d	t	n	l
ㄅ 玻	ㄆ 坡	ㄇ 摸	ㄈ 佛	ㄉ 得	ㄊ 特	ㄋ 讷	ㄌ 勒
g	k	h	j	q	x		
ㄍ 哥	ㄎ 科	ㄏ 喝	ㄐ 基	ㄑ 欺	ㄒ 希		
zh	ch	sh	r	z	c	s	
ㄓ 知	ㄔ 蚩	ㄕ 诗	ㄖ 日	ㄗ 资	ㄘ 雌	ㄙ 思	

附录 B 韵 母 表

		i ㄧ 衣	u ㄨ 乌	ü ㄩ 迂	ou ㄡ 欧	iou ㄧㄡ 忧		
a ㄚ 啊		ia ㄧㄚ 呀	ua ㄨㄚ 蛙		an ㄢ 安	ian ㄧㄢ 烟	uan ㄨㄢ 弯	üan ㄩㄢ 冤
o ㄛ 喔			uo ㄨㄛ 窝		en ㄣ 恩	in ㄧㄣ 因	uen ㄨㄣ 温	ün ㄩㄣ 晕
e ㄜ 鹅		ie ㄧㄝ 耶		üe ㄩㄝ 约	ang ㄤ 昂	iang ㄧㄤ 央	uang ㄨㄤ 汪	
ai ㄞ 哀			uai ㄨㄞ 歪		eng ㄥ 亨的韵母	ing ㄧㄥ 英	ueng ㄨㄥ 翁	
ei ㄟ 诶			uei ㄨㄟ 威		ong ㄨㄥ 轰的韵母	iong ㄩㄥ 雍		
ao ㄠ 熬		iao ㄧㄠ 腰						

附录 C n、l 辨音字表

	n	l
a	①那②拿③哪④那纳呐捺钠	①拉啦垃③喇④辣剌瘌蜡腊
e	①勒④乐	
i	②尼泥呢霓③你拟④腻匿	②离篱璃厘狸黎犁梨蜊③礼里理鲤李
u	②奴③努④怒	②卢庐炉芦轳颅③卤虏鲁橹④碌陆路赂鹭露（～水）录鹿辘绿（～林）
ü	③女	②驴③吕侣铝旅屡缕④虑滤律率（效～）氯绿
ai	③乃奶④奈耐	②来④赖癞
ie	③馁④内	①勒②雷擂镭③累（～进）垒儡蕾④累类泪肋
ao	②挠蛲铙③脑恼④闹	①捞②劳痨牢③老姥④涝烙酪
ou		①搂②楼喽耧③搂篓④陋漏露
ia		③俩
ie	①捏④聂蹑镊镍孽	③咧④列烈裂劣猎冽洌
iao	③鸟袅④尿	①撩②辽疗僚潦燎嘹聊寮③了④料廖了
iu	①妞②牛③扭纽④拗	①溜②刘流琉硫留榴瘤③柳绺④六镏陆
uo	②挪④懦诺糯	①罗（～嗦）捋②罗萝逻箩锣螺骡③裸④落洛络骆
üe	④虐	④略掠
an	②难男南楠④难	②兰栏篮蓝婪③懒览揽榄缆④烂滥
ang	②囊	①啷②狼郎廊榔螂琅③朗④浪
eng	②能	②棱③冷④愣
ong	②农浓脓④弄	②龙咙聋笼隆窿③垄拢陇④弄（～堂）
ian	①蔫拈②年粘鲇③撵捻碾④念	②怜连莲联帘廉镰③脸④炼链练恋敛殓
in	②您	②邻鳞麟林淋琳临③凛檩④吝蔺赁
iang	②娘④酿	②良凉梁粮量③两④亮晾谅辆量
ing	②宁拧柠咛凝③拧④宁泞佞拧	②灵龄伶蛉凌陵菱③岭领④令另
uan	③暖	②滦孪③卵④乱
un		①抡②仑伦沦轮④论

备注：表中的数字表示声调，①是阴平，②是阳平，③是上声，④是去声。

附录 D 普通话异读词审音表

A

阿①ā ～訇 ～罗汉 ～木林 ～姨
　②ē ～谀 ～附 ～胶 ～弥陀佛
挨①āi ～个 ～近
　②ái ～打 ～说
霭 ǎi（统读）
蔼 ǎi（统读）
隘 ài（统读）
谙 ān（统读）
埯 ǎn（统读）
昂 áng（统读）
凹 āo（统读）
拗①ào ～口
　②niù 执～ 脾气很～
坳 ào（统读）

B

拔 bá（统读）
把①bà 印～子 刀把子
　②bǎ ～手 ～柄
白 bái（统读）
膀 bǎng 翅～
蚌①bàng 蛤 gé～
　②bèng ～埠
傍 bàng（统读）
磅 bàng 过～
鲍 bāo（统读） ～牙
胞 bāo（统读）

薄①báo(语)常单用,如"纸很～"。
　②bó(文)多用于复音词。～弱　稀～　淡～　尖嘴～舌　单～　厚～
堡①bǎo　碉～　～垒
　②bǔ　～子　吴～　瓦窑～　柴沟～
　③pù　十里～
暴①bào　～露
　②pù　一～（曝）十寒
爆 bào（统读）
焙 bèi（统读）
惫 bèi（统读）
背 bèi　～脊　～静
鄙 bǐ（统读）
俾 bǐ（统读）
笔 bǐ（统读）
比 bǐ（统读）
臂①bì　手～　～膀
　②bei　胳～
庇 bì（统读）
髀 bì（统读）
避 bì（统读）
辟 bì　复～
裨 bì　～补　～益
婢 bì（统读）
痹 bì（统读）
壁 bì（统读）
蝙 biān（统读）
遍 biàn（统读）
骠①biāo　黄～马
　②piào　～骑(qí)　～勇
傧 bīn（统读）
缤 bīn（统读）
濒 bīn（统读）
鬓 bìn（统读）
屏①bǐng　～除　～弃　～气　～息

②píng ～藩 ～风

柄 bǐng（统读）

波 bō（统读）

播 bō（统读）

菠 bō（统读）

剥①bō（文） ～削
　②bāo（语）

泊①bó 淡～ 飘～ 停～
　②pō 湖～ 血～ 梁山～

帛 bó（统读）

勃 bó（统读）

钹 bó（统读）

伯①bó ～～(bo) 老～
　②bǎi 大～子（丈夫的哥哥）

箔 bó（统读）

簸①bǒ 颠～
　②bò ～箕

膊 bo 胳～

卜 bo 萝～

醭 bú（统读）

哺 bǔ（统读）

捕 bǔ（统读）

鹁 bǔ（统读）

埠 bù（统读）

C

残 cán（统读）

惭 cán（统读）

灿 càn（统读）

藏①cáng 矿～
　②zàng 宝～

糙 cāo（统读）

嘈 cáo（统读）

螬 cáo（统读）

厕 cè（统读）

岑 cén（统读）

差①chā（文）不～累黍 不～什么 偏～ 色～ ～别 视～ 误～ 电势～ 一念之～ ～池 ～错 言～语错 一～二错 阴错阳～ ～等 ～额 ～价 ～强人意 ～数 ～异

②chà（语） ～不多 ～不离 ～点儿

③cī 参～

猹 chá（统读）

搽 chá（统读）

阐 chǎn（统读）

羼 chàn（统读）

颤①chàn ～动 发～

②zhàn ～栗（战栗）打～（打战）

赣 chàn（统读）

伥 chāng（统读）

场①chǎng ～合 ～所 冷～ 捧～

②cháng 外～ 圩～（也作："墟场"。乡下的集市）～院 一～雨

③chang 排～

钞 chāo（统读）

巢 cháo（统读）

嘲 cháo ～讽 ～骂 ～笑

耖 chào（统读）

车①chē 安步当～ 杯水～薪 闭门造～ 螳臂当～

②jū （象棋棋子名称）

晨 chén（统读）

称 chèn ～心 ～意 ～职 对～ 相～

撑 chēng（统读）

乘（动作义,念 chéng） 包～制 ～便 ～风破浪 ～客 ～势 ～兴

橙 chéng（统读）

惩 chéng（统读）

澄①chéng（文） ～清（如"～清混乱"、"～清问题"）

②dèng（语）单用,如"把水～清了"。

痴 chī（统读）

吃 chī（统读）

弛 chí（统读）

褫 chǐ（统读）

尺 chǐ　～寸　～头

豉 chǐ（统读）

侈 chǐ（统读）

炽 chì（统读）

春 chōng（统读）

冲 chòng　～床

臭①chòu　遗～万年
　②xiù　乳～　铜～

储 chǔ（统读）

处 chǔ（动作义）　～罚　～分　～决　～理　～女　～置

畜①chù（名物义）　～力　家～　牲～　幼～
　②xù（动作义）　～产　～牧　～养

触 chù（统读）

搐 chù（统读）

绌 chù（统读）

黜 chù（统读）

闯 chuǎng（统读）

创①chuàng　草～　～举　首～　～造　～作
　②chuāng　～伤　重～

绰①chuò　～～有余
　②chuo　宽～

疵 cī（统读）

雌 cí（统读）

赐 cì（统读）

伺 cì　～候

枞①cōng　～树
　②zōng　～阳〔地名〕

从 cóng（统读）

丛 cóng（统读）

攒 cuán　万头～动　万箭～心

脆 cuì（统读）

撮①cuō　～儿　一～儿盐　一～儿匪帮

②zuǒ 一~儿毛
措 cuò(统读)

D
搭 dā(统读)
答①dá 报~ ~复
　②dā ~理 ~应
打 dá 苏~ 一~(十二个)
大①dà ~夫(古官名) ~王(如爆破~王、钢铁~王)
　②dài ~夫(医生) ~黄 ~王(如山~王) ~城〔地名〕
呆 dāi(统读)
傣 dǎi(统读)
逮①dài(文)如"~捕"。
　②dǎi(语)单用,如"~蚊子"、"~特务"。
当①dāng ~地 ~间儿 ~年(指过去) ~日(指过去) ~天(指过去)
　　~时(指过去) 螳臂~车
　②dàng 一个~俩 安步~车 适~ ~年(同一年) ~日(同一时候)
　　~天(同一天)
档 dàng(统读)
蹈 dǎo(统读)
导 dǎo(统读)
倒①dǎo 颠~ 颠~是非 颠~黑白 颠三~四 倾箱~箧 排山~海
　　~板 ~嚼 ~仓 ~嗓 ~戈 潦~
　②dào
悼 dào(统读)
纛 dào(统读)
凳 dèng(统读)
羝 dī(统读)
氐 dī(古民族名)
堤 dī(统读)
提 dī ~防
的 dí ~当 ~确
抵 dǐ(统读)
蒂 dì(统读)

缔 dì（统读）
谛 dì（统读）
点 diɑn 打～（收拾、贿赂）
跌 diē（统读）
蝶 dié（统读）
订 dìng（统读）
都①dōu ～来了
　②dū ～市 首～ 大～（大多）
堆 duī（统读）
吨 dūn（统读）
盾 dùn（统读）
多 duō（统读）
咄 duō（统读）
掇①duō（"拾取、采取"义）
　②duo 撺～ 掇～
裰 duō（统读）
踱 duó（统读）
度 duó 忖～ ～德量力

E
婀 ē（统读）

F
伐 fá（统读）
阀 fá（统读）
砝 fǎ（统读）
法 fǎ（统读）
发 fà 理～ 脱～ 结～
帆 fān（统读）
藩 fān（统读）
梵 fàn（统读）
坊①fāng 牌～ ～巷
　②fáng 粉～ 磨～ 碾～ 染～ 油～ 谷～
妨 fáng（统读）

防 fáng（统读）
肪 fáng（统读）
沸 fèi（统读）
汾 fén（统读）
讽 fěng（统读）
肤 fū（统读）
敷 fū（统读）
俘 fú（统读）
浮 fú（统读）
服 fú　～毒　～药
拂 fú（统读）
辐 fú（统读）
幅 fú（统读）
甫 fǔ（统读）
复 fù（统读）
缚 fù（统读）

G
噶 gá（统读）
冈 gāng（统读）
刚 gāng（统读）
岗 gǎng　～楼　～哨　～子　门～　站～　山～子
港 gǎng（统读）
葛①gé　～藤　～布　瓜～
　②gě〔姓〕（包括单、复姓）
隔 gé（统读）
革 gé　～命　～新　改～
合 gě（一升的十分之一）
给①gěi（语）单用。
　②jǐ（文）　补～　供～　供～制　～予　配～　自～自足
亘 gèn（统读）
更 gēng　五～　～生
颈 gěng　脖～子
供①gōng　～给　提～　～销

②gòng 口～ 翻～ 上～

佝 gōu（统读）

枸 gǒu ～杞

勾 gòu ～当

估（除"～衣"读 gù 外,都读 gū）

骨（除"～碌"、"～朵" 读 gū 外,都读 gǔ）

谷 gǔ ～雨

锢 gù（统读）

冠①guān（名物义） ～心病
　②guàn（动作义） 沐猴而～ ～军

犷 guǎng（统读）

庋 guǐ（统读）

桧①guì[树名]
　②huì[人名]"秦～"。

刽 guì（统读）

聒 guō（统读）

蝈 guō（统读）

过（除姓氏读 guō 外,都读 guò）

H

虾 há ～蟆

哈①hǎ ～达
　②hà ～什蚂

汗 hán 可～

巷 hàng ～道

号 háo 寒～鸟

和①hè 唱～ 附～ 曲高～寡
　②huo 搀～ 搅～ 暖～ 热～ 软～

貉①hé(文) 一丘之～
　②háo(语) ～绒 ～子

壑 hè（统读）

褐 hè（统读）

喝 hè ～采 ～道 ～令 ～止 呼幺～六

鹤 hè（统读）

黑 hēi（统读）
亨 hēng（统读）
横 ①héng ～肉 ～行霸道
　　②hèng 蛮～ ～财
訇 hōng（统读）
虹 ①hóng（文） ～彩 ～吸
　　②jiàng（语）
讧 hòng（统读）
囫 hú（统读）
瑚 hú（统读）
蝴 hú（统读）
桦 huà（统读）
徊 huái（统读）
踝 huái（统读）
浣 huàn（统读）
黄 huáng（统读）
荒 huang 饥～ （指经济困难）
诲 huì（统读）
贿 huì（统读）
会 huì 一～儿 多～儿 ～厌（生理名词）
混 hùn ～合 ～乱 ～凝土 ～淆 ～血儿 ～杂
蠖 huò（统读）
霍 huò（统读）
豁 huò ～亮
获 huò（统读）

J
羁 jī（统读）
击 jī（统读）
奇 jī ～数
芨 jī（统读）
缉 ①jī 通～ 侦～
　　②qī ～鞋口
几 jī 茶～ 条～

圾 jī（统读）

戢 jí（统读）

疾 jí（统读）

汲 jí（统读）

棘 jí（统读）

藉 jí　狼～（籍）

嫉 jí（统读）

脊 jí（统读）

纪 ①jǐ〔姓〕

　　②jì　～念　～律　纲～　～元

偈 jì　～语

绩 jì（统读）

迹 jì（统读）

寂 jì（统读）

箕 jī　簸～

辑 jí　逻～

茄 jiā　雪～

夹 jiā　～带藏掖　～道儿　～攻　～棍　～生　～杂　～竹桃　～注

浃 jiā（统读）

甲 jiǎ（统读）

歼 jiān（统读）

鞯 jiān（统读）

间 ①jiān　～不容发　中～

　　②jiàn　中～儿　～道　～谍　～断　～或　～接　～距　～隙　～续
　　　～阻　～作

　挑拨离～

趼 jiǎn（统读）

俭 jiǎn（统读）

缰 jiāng（统读）

膙 jiǎng（统读）

嚼 ①jiáo（语）　味同～蜡　咬文～字

　　②jué（文）　咀～　过屠门而大～

　　③jiào　倒～（倒嚼）

侥 jiǎo　～幸

角①jiǎo 八~ （大茴香） ~落 独~戏 ~膜 ~度 ~儿（犄~） ~楼 勾心斗~ 号~ 口~（嘴~） 鹿~菜 头~

②jué ~斗 ~儿（脚色） 口~（吵嘴） 主~儿 配~儿 ~力 捧~儿

脚①jiǎo 根~

②jué ~儿（也作"角儿"，脚色）

剿①jiǎo 围~

②chāo ~说 ~袭

校 jiào ~勘 ~样 ~正

较 jiào（统读）

酵 jiào（统读）

嗟 jiē（统读）

疖 jiē（统读）

结（除"~了个果子"、"开花~果"、"~巴"、"~实"念 jiē 之外，其他都念 jié）

睫 jié（统读）

芥①jiè ~菜（一般的芥菜） ~末

②gài ~菜（也作"盖菜"） ~蓝菜

矜 jīn ~持 自~ ~怜

仅 jǐn ~~ 绝无~有

馑 jǐn（统读）

觐 jìn（统读）

浸 jìn（统读）

斤 jin 千~（起重的工具）

茎 jīng（统读）

粳 jīng（统读）

鲸 jīng（统读）

境 jìng（统读）

痉 jìng（统读）

劲 jìng 刚~

窘 jiǒng（统读）

究 jiū（统读）

纠 jiū（统读）

鞠 jū（统读）

鞫 jū（统读）

掬 jū（统读）

苴 jū（统读）

咀 jǔ ～嚼

矩 ①jǔ ～形
　　②ju 规～

俱 jù（统读）

龟 jūn ～裂（也作"皲裂"）

菌 ①jūn 细～ 病～ 杆～ 霉～
　　②jùn 香～ ～子

俊 jùn（统读）

K

卡 ①kǎ ～宾枪 ～车 ～介苗 ～片 ～通
　　②qiǎ ～子 关～

揩 kāi（统读）

慨 kǎi（统读）

忾 kài（统读）

勘 kān（统读）

看 kān ～管 ～护 ～守

慷 kāng（统读）

拷 kǎo（统读）

坷 kē ～拉（垃）

疴 kē（统读）

壳 ①ké（语） ～儿 贝～儿 脑～ 驳～枪
　　②qiào（文） 地～ 甲～ 躯～

可 ①kě ～～儿的 （恰好,恰巧）
　　②kè ～汗

恪 kè（统读）

刻 kè（统读）

克 kè ～扣

空 ①kōng ～心砖 ～城计
　　②kòng ～心吃药

眍 kōu（统读）

矻 kū（统读）

酷 kù（统读）

框 kuàng（统读）

矿 kuàng（统读）

傀 kuǐ（统读）

溃 ①kuì ～烂
　　②huì ～脓

篑 kuì（统读）

括 kuò（统读）

L

垃 lā（统读）

邋 lā（统读）

啉 lǎn（统读）

缆 lǎn（统读）

蓝 lan 苤～

琅 láng（统读）

捞 lāo（统读）

劳 láo（统读）

醪 láo（统读）

烙 ①lào　～印　～铁　～饼
　　②luò　炮～（古酷刑）

勒 ①lè（文）　～逼　～令　～派　～索　悬崖～马
　　②lēi（语）多单用。

擂（除"～台"、"打～"读 lèi 外，都读 léi）

礌 léi（统读）

羸 léi（统读）

蕾 lěi（统读）

累 ①lèi　（辛劳义，如"受～"〔受劳～〕）
　　②léi　（如"～赘"）
　　③lěi　（牵连义，如"带～"、"～及"、"连～"、"赔～"、"牵～"、"受～"〔受牵～〕）

蠡 ①lí　管窥～测
　　②lǐ　～县 范～

喱 lí（统读）

连 lián（统读）

敛 liǎn（统读）
恋 liàn（统读）
量①liàng ～入为出 忖～
　②liang 打～ 掂～
踉 liàng ～跄
潦 liáo ～草 ～倒
劣 liè（统读）
捩 liè（统读）
趔 liè（统读）
拎 līn（统读）
邻 lín（统读）
淋①lín ～浴 ～漓 ～巴
　②lìn ～硝 ～盐
蛉 líng（统读）
榴 liú（统读）
馏①liú（文）如"干～"、"蒸～"。
　②liù（语）如"～馒头"。
镏 liú ～金
碌 liù ～碡（农具，用来轧脱谷粒或轧平场院。）
笼①lóng（名物义） ～子 牢～
　②lǒng（动作义） ～络 ～括 ～统 ～罩
偻①lóu 佝～
　②lǚ 伛～
瞜 lou 瞘～（眼睛深陷的样子）
虏 lǔ（统读）
掳 lǔ（统读）
露①lù（文） 赤身～体 ～天 ～骨 ～头角 藏头～尾 抛头～面 ～头（矿）
　②lòu（语） ～富 ～苗 ～光 ～相 ～马脚 ～头
栌 lú（统读）
捋①lǚ ～胡子
　②luō ～袖子
绿①lǜ（语）
　②lù（文） ～林 鸭～江

挛 luán（统读）
孪 luán（统读）
掠 lüè（统读）
囵 lún（统读）
络 luò ～腮胡子
落①luò（文）～膘（牲畜掉膘变瘦）～花生 ～魄 涨～ ～槽 着～
　②lào（语） ～架 ～色 ～炕 ～枕 ～儿 ～子（一种曲艺）
　③là（语），遗落义。丢三～四 ～在后面

M
脉（除"～～"念 mòmò 外，一律念 mài）
漫 màn（统读）
蔓①màn（文） ～延 不～不支 蔓草
　②wàn（语） 瓜～ 压～
牤 māng（统读）
氓 máng 流～
芒 máng（统读）
铆 mǎo（统读）
瑁 mào（统读）
虻 méng（统读）
盟 méng（统读）
祢 mí（统读）
眯①mí ～了眼（灰尘等入目，也作"迷"）
　②mī ～了一会儿（小睡） ～缝着眼（微微合目）
靡①mí ～费
　②mǐ 风～ 委～ 披～
秘（除"～鲁"读 bì 外，都读 mì）
泌①mì（语） 分～
　②bì（文） ～阳〔地名〕
娩 miǎn（统读）
缈 miǎo（统读）
皿 mǐn（统读）
闽 mǐn（统读）
茗 míng（统读）

酩 mǐng（统读）
谬 miù（统读）
摸 mō（统读）
模 ①mó　～范　～式　～型　～糊　～特儿　～棱两可
　　②mú　～子　～具　～样
膜 mó（统读）
摩 mó　按～　抚～
嬷 mó（统读）
墨 mò（统读）
糖 mò（统读）
沫 mò（统读）
缪 móu　绸～

N
难 ①nán　困～（或变轻声）～兄～弟（难得的兄弟,现多用作贬义）
　　②nàn　排～解纷　发～　刁～　责～　～兄～弟（共患难或同受苦难的人）
蝻 nǎn（统读）
蛲 náo（统读）
讷 nè（统读）
馁 něi（统读）
嫩 nèn（统读）
恁 nèn（统读）
妮 nī（统读）
拈 niān（统读）
鲇 nián（统读）
酿 niàng（统读）
嗫 niè（统读）
宁 ①níng　安～
　　②nìng　～可　无～〔姓〕
忸 niǔ（统读）
脓 nóng（统读）
弄 ①nòng　玩～
　　②lòng　～堂

暖 nuǎn（统读）
衄 nǜ（统读）
疟 ①nüè（文）　～疾
　　②yào（语）　发～子
娜 ①nuó　婀～　袅～
　　②nà　（人名）

O

殴 ōu（统读）
呕 ǒu（统读）

P

杷 pá（统读）
琶 pá（统读）
牌 pái（统读）
排 pǎi　～子车
迫 pǎi　～击炮
湃 pài（统读）
爿 pán（统读）
胖 pán　心广体～（～为安舒貌）
蹒 pán（统读）
畔 pàn（统读）
乓 pāng（统读）
滂 pāng（统读）
脬 pāo（统读）
胚 pēi（统读）
喷 ①pēn　～嚏　香喷喷 xiāngpēnpēn（形容香气四溢。）
　　②pèn　～香　（香气扑鼻）喷喷香（形容香味浓郁）
　　③pen　嚏～
澎 péng（统读）
坯 pī（统读）
披 pī（统读）
匹 pǐ（统读）
僻 pì（统读）

劈 pì（统读）
片①piàn　～子　唱～　画～　相～　影～　～儿会
　②piān(口语)　～子　～儿　唱～儿　画～儿　相～儿　影～儿
剽 piāo（统读）
缥 piāo　～缈(飘渺)
撇 piē　～弃
聘 pìn（统读）
乒 pīng（统读）
颇 pō（统读）
剖 pōu（统读）
仆①pū　前～后继
　②pú　～从
扑 pū（统读）
朴①pǔ　俭～　～素　～质
　②pō　～刀
　③pò　～硝(xiāo 质地不纯的硫酸晶体，由海水或盐湖水熬过沉淀而成，用来硝皮革，也可供药用)厚～　（树木的皮）
蹼 pǔ（统读）
瀑 pù　～布
曝①pù　一～十寒
　②bào　～光(摄影术语)

Q

栖 qī　两～
戚 qī（统读）
漆 qī（统读）
期 qī（统读）
蹊 qī　～跷
蛴 qí（统读）
畦 qí（统读）
萁 qí（统读）
骑 qí（统读）
企 qǐ（统读）
绮 qǐ（统读）

杞 qǐ（统读）

槭 qì（统读）

洽 qià（统读）

签 qiān（统读）

潜 qián（统读）

荨 ①qián(文)　～麻　（植物）
　　②xún(语)　～麻疹

嵌 qiàn（统读）

欠 qian　打哈～

戕 qiāng（统读）

镪 qiāng　～水（能起化学反应的酸）

强 ①qiáng　～渡　～取豪夺　～制　博闻～识
　　②qiǎng　勉～　牵～　～词夺理　～迫　～颜为笑
　　③jiàng　倔～

襁 qiǎng（统读）

跄 qiàng（统读）

悄 ①qiāo　～～儿的
　　②qiǎo　～默声儿的（方言,不声不响。）

橇 qiāo（统读）

翘 ①qiào(语)　～尾巴
　　②qiáo(文)　～首　～楚　连～

怯 qiè（统读）

挈 qiè（统读）

趄 qie　趔～

侵 qīn（统读）

衾 qīn（统读）

噙 qín（统读）

倾 qīng（统读）

亲 qìng　～家

穹 qióng（统读）

黢 qū（统读）

曲（麯）qū　大～　红～（亦作"红麴"。一种调制食品的材料。可供制造红糟、红酒及红腐乳等。中医入药,活血消食。）神～（中药名）

渠 qú（统读）

瞿 qú（统读）

蠼 qú（统读）

苣 qǔ ～荬 mǎi 菜

龋 qǔ（统读）

趣 qù（统读）

雀 què ～斑 ～盲症（夜盲症）

R

髯 rán（统读）

攘 rǎng（统读）

桡 ráo（统读）

绕 rào（统读）

任 rén（姓，地名）

妊 rèn（统读）

扔 rēng（统读）

容 róng（统读）

糅 róu（统读）

茹 rú（统读）

孺 rú（统读）

蠕 rú（统读）

辱 rǔ（统读）

捼 ruó（统读）

S

靸 sǎ（统读）

噻 sāi（统读）

散 ①sǎn　懒～　零零～～　～漫
　　②sàn　零～

丧 sāng　哭～着脸

扫 ①sǎo　～兴
　　②sào　～帚

埽 sào（统读）

色 ①sè（文）
　　②shǎi（语）

塞①sè(文)动作义。
　②sāi(语)名物义,如:"活~"、"瓶~";动作义,如:"把洞~住"。
森 sēn（统读）
煞①shā　~尾(收尾) 收~　（止住,收住）
　②shà　~白
啥 shá（统读）
厦①shà(语)
　②xià(文)　~门 噶 gá~（藏语"发布命令的机关",即中国原西藏地方政府,由噶伦四人组成,1959 年后解散。)
杉①shān(文)　紫~　红~　水~
　②shā(语)　~篙 gāo（杉树等去掉枝的树干,细长,用来搭架子或撑船）
　　　　　　　~木
衫 shān（统读）
姗 shān（统读）
苫①shàn(动作义,如"~布")
　②shān(名物义,如"草~子")
墒 shāng（统读）
猞 shē（统读）
舍 shè　宿~
慑 shè（统读）
摄 shè（统读）
射 shè（统读）
谁 shéi,又音 shuí
娠 shēn（统读）
什(甚)shén　~么
蜃 shèn（统读）
葚①shèn(文)　桑~
　②rèn(语)　桑~儿
胜 shèng（统读）
识 shí　常~　~货　~字
似 shì　~的
室 shì（统读）
螫①shì(文)　有毒腺的虫子刺人或动物。
　②zhē(语)

匙 shi 钥～
殊 shū（统读）
蔬 shū（统读）
疏 shū（统读）
叔 shū（统读）
淑 shū（统读）
菽 shū（统读）
熟①shú（文）
　②shóu（语）
署 shǔ（统读）
曙 shǔ（统读）
漱 shù（统读）
戍 shù（统读）
蟀 shuài（统读）
孀 shuāng（统读）
说 shuì 游～
数 shuò ～见不鲜
硕 shuò（统读）
朔 shuò（统读）
艘 sōu（统读）
嗾 sǒu（统读）
速 sù（统读）
塑 sù（统读）
虽 suī（统读）
绥 suí（统读）
髓 suǐ（统读）
遂①suì 不～ 毛～自荐
　②suí 半身不～
隧 suì（统读）
笋 sǔn（统读）
莎 suō ～草
缩①suō 收～
　②sù ～砂密（一种植物）
嗦 suō（统读）

索 suǒ（统读）

T
趿 tā（统读）
鳎 tǎ（统读）
獭 tǎ（统读）
沓 ①tà　重～
　　②ta　疲～
　　③dá　一～纸
苔 ①tái(文)
　　②tāi(语)
探 tàn（统读）
涛 tāo（统读）
悌 tì（统读）
佻 tiāo（统读）
调 tiáo　～皮
帖 ①tiē　妥～　伏伏～～　俯首～耳
　　②tiě　请～　字～儿(便条)
　　③tiè　字～　碑～
听 tīng（统读）
庭 tíng（统读）
骰 tóu（统读）
凸 tū（统读）
突 tū（统读）
颓 tuí（统读）
蜕 tuì（统读）
臀 tún（统读）
唾 tuò（统读）

W
娲 wā（统读）
挖 wā（统读）
瓦 wà　～刀
喎 wāi（统读）

蜿 wān（统读）

玩 wán（统读）

惋 wǎn（统读）

脘 wǎn（统读）

往 wǎng（统读）

忘 wàng（统读）

微 wēi（统读）

巍 wēi（统读）

薇 wēi（统读）

危 wēi（统读）

韦 wéi（统读）

违 wéi（统读）

唯 wéi（统读）

圩①wéi　～子　（四周具有高起的围岸的低洼地）
　②xū　～（墟）场　cháng（乡下的集市）

纬 wěi（统读）

委 wěi　～靡

伪 wěi（统读）

萎 wěi（统读）

尾①wěi　～巴
　②yǐ　马～儿

尉 wèi　～官

文 wén（统读）

闻 wén（统读）

紊 wěn（统读）

喔 wō（统读）

蜗 wō（统读）

硪 wò（统读）

诬 wū（统读）

梧 wú（统读）

牾 wǔ（统读）

乌 wù　～拉（也作"靰鞡"）　～拉草

杌 wù（统读）

鹜 wù（统读）

X

夕 xī（统读）
汐 xī（统读）
晰 xī（统读）
析 xī（统读）
皙 xī（统读）
昔 xī（统读）
溪 xī（统读）
悉 xī（统读）
熄 xī（统读）
蜥 xī（统读）
螅 xī（统读）
惜 xī（统读）
锡 xī（统读）
樨 xī（统读）
袭 xí（统读）
檄 xí（统读）
峡 xiá（统读）
暇 xiá（统读）
吓 xià　杀鸡～猴
鲜 xiān　屡见不～　数 shuò 见不～
锨 xiān（统读）
纤 xiān　～维
涎 xián（统读）
弦 xián（统读）
陷 xiàn（统读）
霰 xiàn（统读）
向 xiàng（统读）
相 xiàng　～机行事
淆 xiáo（统读）
哮 xiào（统读）
些 xiē（统读）
颉 xié　～颃
携 xié（统读）

偕 xié（统读）

挟 xié（统读）

械 xiè（统读）

馨 xīn（统读）

囟 xìn（统读）

行 xíng　操～　德～　发～　品～

省 xǐng　内～　反～　～亲　不～人事

芎 xiōng（统读）

朽 xiǔ（统读）

宿 xiù　星～　二十八～

煦 xù（统读）

蓿 xu　苜～

癣 xuǎn（统读）

削①xuē（文）　剥～　～减　瘦～

　②xiāo（语）　切～　～铅笔　～球

穴 xué（统读）

学 xué（统读）

雪 xuě（统读）

血①xuè（文）　用于复音词及成语，如"贫～"、"心～"、"呕心沥～"、"～泪史"、"狗～喷头"等。

　②xiě（语）　口语多单用，如"流了点儿～"及几个口语常用词，如："鸡～"、"～晕"、"～块子"等。

谑 xuè（统读）

寻 xún（统读）

驯 xùn（统读）

逊 xùn（统读）

熏 xùn　煤气～着了

徇 xùn（统读）

殉 xùn（统读）

蕈 xùn（统读）

Y

押 yā（统读）

崖 yá（统读）

哑 yǎ　～然失笑
亚 yà(统读)
殷 yān　～红
芫 yán　～荽 (yánsui)：一年生草本植物,通称"香菜"
筵 yán(统读)
沿 yán(统读)
焰 yàn(统读)
夭 yāo(统读)
肴 yáo(统读)
杳 yǎo(统读)
窈 yǎo(统读)
钥 ①yào(语)　～匙
　 ②yuè(文)　锁～　(开锁的器件,比喻成事的关键所在)
曜 yào(统读)
耀 yào(统读)
椰 yē(统读)
噎 yē(统读)
叶 yè　～公好龙
曳 yè　弃甲～兵　摇～　～光弹
屹 yì(统读)
轶 yì(统读)
谊 yì(统读)
懿 yì(统读)
诣 yì(统读)
艾 yì　自怨自～
荫 yìn(统读)("树～"、"林～道"应作"树阴"、"林阴道")
应 ①yīng　～届　～名儿　～许　提出的条件他都～了　是我～下来的任务
　 ②yìng　～承　～付　～声　～时　～验　～邀　～用　～运　～征
　　　 里～外合
萦 yíng(统读)
映 yìng(统读)
佣 yōng　～工
庸 yōng(统读)
臃 yōng(统读)

壅 yōng（统读）

拥 yōng（统读）

踊 yǒng（统读）

咏 yǒng（统读）

泳 yǒng（统读）

莠 yǒu（统读）

愚 yú（统读）

娱 yú（统读）

愉 yú（统读）

伛 yǔ（统读）

屿 yǔ（统读）

吁 yù 呼～

跃 yuè（统读）

晕①yūn ～倒 头～

　②yùn 月～ 血～ ～车

酝 yùn（统读）

Z

匝 zā（统读）

杂 zá（统读）

载①zǎi 登～ 记～

　②zài 搭～ 怨声～道 重～ 装～ ～歌～舞

簪 zān（统读）

咱 zán（统读）

暂 zàn（统读）

凿 záo（统读）

择①zé 选～

　②zhái ～不开 ～菜 ～席 （谓换个地方睡就睡不安稳）

贼 zéi（统读）

憎 zēng（统读）

甑 zèng（统读）

喳 zhā 喳喳～～

轧（除"～钢"、"～辊 gǔn"念 zhá 外,其他都念 yà）(gá 为方言,不审）

摘 zhāi（统读）

粘 zhān ～贴

涨 zhǎng ～落 高～

着①zháo ～慌 ～急 ～家 ～凉 ～忙 ～迷 ～水 ～雨
　②zhuó ～落 ～手 ～眼 ～意 ～重 不～边际
　③zhāo 失～（行动或方法有失误；失策）

沼 zhǎo（统读）

召 zhào（统读）

遮 zhē（统读）

蛰 zhé（统读）

辙 zhé（统读）

贞 zhēn（统读）

侦 zhēn（统读）

帧 zhēn（统读）

胗 zhēn（统读）

枕 zhěn（统读）

诊 zhěn（统读）

振 zhèn（统读）

知 zhī（统读）

织 zhī（统读）

脂 zhī（统读）

植 zhí（统读）

殖①zhí 繁～ 生～ ～民
　②shi 骨～

指 zhǐ（统读）

掷 zhì（统读）

质 zhì（统读）

蛭 zhì（统读）

秩 zhì（统读）

栉 zhì（统读）

炙 zhì（统读）

中 zhōng 人～（人口上唇当中处）

种 zhòng 点～（义同"点播"。动宾结构念 diǎnzhǒng，义为点播种子）

诌 zhōu（统读）

骤 zhòu（统读）

轴 zhòu　大～子戏　压～子
碡 zhou　碌 liù～
烛 zhú（统读）
逐 zhú（统读）
属 zhǔ　～望
筑 zhù（统读）
著 zhù　土～
转 zhuǎn　运～
撞 zhuàng（统读）
幢①zhuàng　一～楼房
　②chuáng　经～
拙 zhuō（统读）
茁 zhuó（统读）
灼 zhuó（统读）
卓 zhuó（统读）
综 zōng　～合
纵 zòng（统读）
粽 zòng（统读）
镞 zú（统读）
组 zǔ（统读）
钻①zuān　～探　～孔
　②zuàn　～床　～杆　～具
佐 zuǒ（统读）
唑 zuò（统读）
柞①zuò　～蚕　～绸
　②zhà　～水（地名）
做 zuò（统读）
作（除"～坊"读 zuō 外,其余都读 zuò）

附录 E 演讲的速度

演讲的速度

语速	内容	环境	心理情绪	句段	修辞手法
快速	叙述事情的急剧变化；质问斥责，雄辩表态；刻画人物机智、活泼、热情的性格	紧急命令，行动迅速，热烈争执	欢快、急促、紧张、激动、惊惧、愤恨、欢畅、兴奋	不太重要的句段	排比、反问、反语、叠声
中速	一般性说明和叙述感情变化不大	感情平静	平静、客观	一般句段	一般陈述
慢速	抒情、议论	叙述平静、庄重的事	幽静、庄重，安闲、宁静、沉重、沮丧、悲痛、哀悼	重要句段	比喻、引语、双关、对偶、拈连

附录 F 演讲的节奏

演讲的节奏

节奏类型	主 要 特 点	适 应 范 围
轻快型	轻松、欢快、活泼,语速较快	欢迎词、祝酒词、贺词
持重型	庄重、镇定、沉稳、凝重,语速较慢	理论报告、工作报告、开幕词、闭幕词
平缓型	平稳自如、有张有弛,语速一般	学术演讲、座谈讨论
急促型	语势急骤、激昂慷慨,语速快	紧急动员、反诘辩论
低抑型	声音低沉、感情压抑、语速迟缓	悼词、纪念性演讲

附录G "创想青春——2010全国高校世博辩论大赛"北京分赛区决赛(第二场)

正方:河北科技大学
反方:北京交通大学
正方观点:现代城市应该允许小摊小贩当街摆卖
反方观点:现代城市不应该允许小摊小贩当街摆卖

主席 让我们热烈欢迎本场辩论赛的评委老师,他们是成都分赛区主评委,西南财大唐晓勇老师,欢迎您;资深媒体人,知名电视节目主持人梁宏达,老梁;北京岳成律师事务所岳屾山律师。

有请双方辩手先入座。首先,我宣布本场比赛的辩题,现代城市应不应该允许小摊小贩当街摆卖,正方河北科技大学队的观点是现代城市应该允许小摊小贩当街摆卖。反方北京交通大学队的观点是现代城市不应该允许小摊小贩当街摆卖。

让我们进入今天的第一个环节,立论。请正方一辩阐述本方观点,同时容许用幻灯片,视频短片等多媒体手段,予以辅助表达,时间为3分钟,计时开始。

正方一辩 谢谢主席,问候各位来宾。现代城市应不应该允许小摊小贩当街摆卖,对于这个问题而言,是一个仁者见仁,智者见智的问题。有的人喜欢街边小摊方便实惠,从中淘货十分有兴趣。可是有的人也认为啊,这拥挤无序,根本就是一场灾难。但是如果我们从个人情绪出发去考虑这个辩题的话,那今天的辩题真的没得辩了。所以我们今天一定要站在一个很高的高度,从深层去挖掘这个辩题。我们要思考它的主体是谁。思考其目的何在,得出结论之后,我们如何将理论化为实践,只有这样,考虑清楚了这几个问题,我们的结论才有意义,我们的结论才能够去实践。所以,让我们来重新审视这个辩题。

小摊小贩当街摆卖的问题,它的思考者和结论的实践者,是现代城市的管理、规划和决策者。所体现的是现代城市发展规划和管理的精神与思路。而最终,当今管理者的决策要依靠法律行政等各种手段来实现。所以从这个基本立场出发,我方认为现代城市应该允许小摊小贩当街摆卖。首先,城市的发展,应该以人为本,了解人的需求,要尊重意识差异。伦理学研究表明,在一个民主开放的社会,意识的绝对统一是不可能的。换句话来说,一个社会应当允许我们每一个人有不同的价值观、兴趣爱好。并且致力尊重和维护这种不同,这才是民主的体现。我们不能因为有些人喜欢小摊小贩,就大肆的去摆小摊。同样也不能够因为某些人不喜欢,就一味的加以禁止,宽容差异,和谐共处这才是现代城市发展和管理应该秉持的一种基本精神。

  其次,小摊小贩当街摆卖的现象,是个人需求层次不一致和文化多元性的必然产物。有需求就有供给,小摊上产品价格低廉,品种繁多,满足了特定人的消费需求。但这同时,也体现出了一个城市的开放程度和文化成就。小摊小贩当街买卖不仅方便了我们每一个人的生活,也构成了城市文化一道亮丽的风景线。建立宜居城市,文化绿洲,这才是现代城市发展的方向。

  最后,禁止小摊小贩当街摆卖,既不合情理也难以执行。在法制社会城市管理要有法可依。综上所述,允许小摊小贩当街摆卖满足了人们的需求,也是商品经济和文化发展的客观要求。因此,现代城市应该允许小摊小贩当街摆卖,谢谢大家。

  主席 好,感谢正方一辩,下面就让我们有请反方一辩阐述本方观点,规则相同,计时开始。

  反方一辩 谢谢主席,大家好,今天对方同学的立论,基于这样一个原理,就是有需求就肯定有供给。但是我们要思考一下,需求跟供给的存在一定是合理的吗?有一些不合法的物品它也是有需求的哦,我们不允许它的存在啊。其次我们今天说小摊小贩,究竟是不是像对方同学所说的那样,大部分是弱势群体,大家跟我一起看一个现实的例子吧,对方同学的例子很美好,还是敌不过现实啊。现在大家看到的这个城市是交大一条街著名的夜市哦,这个街上是七十二个摊位将道路占据了三分之二,而这七十二个摊位中只有两个是像对方同学所说的那样是没有其他生活能力的孤寡老弱,那么是不是对方同学的两点立论假设也就是不会占用道路和最低生活保障的一些人也是不存在的呢。我们看看小商小贩他的特点是什么,就是流动性,自发性还有凝聚性。我们今天讨论的双方是代表了两种不同的观点,我们就要分析一下利弊,看看哪一种观点,哪一种方向,更有利于现代城市的发展。我方认为,小摊小贩不应该当街摆卖理由有三。

  首先,临街摆卖占用了道路功能,尽管满足了小部分摊贩的个人利益,但却是以牺牲公共交通为代价的。每条路上都有很多行人,这些人走过来不是为了买袜子,而是为了这条路的交通功能,购买只是顺便发生。那我们看到今天现实情况可以选择,我们究竟是选择顺畅的交通,还是选择在这样无穷无尽的小摊中,感叹一句行路难呢。其实小摊堵路的生活我们能够看到,给居民带来的并不一定是便利,而更多的是烦恼。

  其次,我们还不得不注意到,当街摆卖在食品卫生和安全方面有着不可忽视的隐患。小商小贩的流动性、自发性和无序性,导致我们对商贩的行为难以控制,对商品的质量难以监督。可能今天作为一个普通的市民,我们管不住嘴馋的孩子,我们也对毒奶粉的奶茶,地沟油的烧烤束手无策。可能今天我们从社会的安定和谐角度讲,商贩因为强占摊位,妨碍门市店营业而导致的冲突也不断发生。当街摆卖本身对于这种正常运行规划就产生了一个负面阻力作用。

最后,我们发现其实摆摊者本身的利益并不能像对方同学说的那样得到保证。恰恰是交通的保护之外的层次。我们看到很多摆摊的小商贩由于得不到有关部门的规范监管以及保护,极易成为不法分子的目标。而且自身由于争抢摊位和妨碍门市店营业,假币纠纷等问题,之间的摩擦和矛盾也不断发生,这样的效果根本无法保证小商小贩的人身和财产安全。这下我们就该思考了,对于社会来说我们发现,占用道路交通本身就是对城市正常运行规律的破坏。那么地摊产品的卫生和安全,给我们的生活带来的隐患众多。对于小商小贩,选择这种监管体系之外的行为本身就给自己的生命和财产安全埋下了隐患。我方认为,小摊小贩当街摆卖,隐患无法避免,而利处可以被替代。所以我方今天坚持认为,小摊小贩不应该当街摆卖,谢谢。

主席　时间到,好,感谢反方一辩,接下来的盘问环节,先由正方对反方一辩进行盘问,反方一辩只准回答不准反问。每次提问不超过 20 秒,每次回答不能超过 30 秒,总时间为 3 分钟,计时开始。

正方二辩　请问对方辩友,我方一辩刚才有说过小商小贩是弱势群体吗?没有。所以您提前准备的东西,不要在这里说。第一个问题,今天我们辩题是不是一个价值判断的问题?

反方一辩　对方同学我们辩题的确是价值判断,您的 PPT 也说了半天,什么人民的最低生活保障啊,什么这些人的最低生活安全,那这个是不是一个弱势群体的概念。

正方二辩　既然是 PPT 说的,不是我方一辩说的,你就不要说是我方一辩说的。还有什么是价值,价值判断应当基于什么,价值判断的基本功能又是什么?

反方一辩　对方同学受教了,原来您方一辩跟您的 PPT 没有关系。我们今天说价值判断,就要看它这个行为本身跟城市的发展目标是否一样。我们看到今天小商小贩的便利性,其实它后退到商店里,对我们的生活没有造成太大影响。但是面对危险的生活物品,我们就不能不提防了。

正方二辩　对方辩友今天口口声声谈价值,但是大家知不知道,今天对方辩友的立论却是最没有现实价值的。下面请听我问题,第一,价值是为实践确定方向目标和基本原则,对方辩友进行价值判断的依据是什么?

反方一辩　对方同学您也说了,它是靠实践来判断的。我们看到现在实践的过程中,我们就发现了,如果现代城市按照这个方向去发展的话,我们的小摊小贩越摆越多对于现代城市的发展是大大不利。一个现代城市应该有各自的城市分工。小摊小贩的功能可以被城市的规划和社区的辅助功能所代替,而它所产生的一些弊端就是我们今天无法避免的。

正方二辩 那对方辩友说您有代替的解决方案,那请你给出一个代替的解决方案好吗?

反方一辩 刚才同学您也说了,它是便利和低廉嘛。我们多盖几个超市,多盖一些水果摊,是不是当我们的社区辅助功能和城市的规划问题跟上之后,我们就可以解决这个问题呢?当年我们乱丢垃圾的时候,也说这个问题没有办法解决。后来我们设立了垃圾箱,还有可回收和不可回收之分,那这项我们是不是看到我们的问题解决啦。

正方二辩 感谢对方辩友提到了水果摊,看来水果摊确实不能避免。请问对方辩友,现代城市是不是应该以人为本,了解人的需求,尊重意识的差异?

反方一辩 对方同学的确是这样的。但是我们看到,现代城市应不应该允许,这绝对是一个集体性的判断。我们看到,我们不能因为有一些人有这个需求,我们就去进行这样的一种行为。对方同学今天说了,说有需求有供给就是合理的。那我想顺便提一句,海关的走私物品它可能也很便捷,也很低廉,也有很多人需要这种东西,那这种需求我们当然是不可能被允许的了。

正方二辩 那对方辩友嘴里说的小摊小贩,已经是完全非法让我们还怎么辩呢?请问对方辩友,是不是因为有人不喜欢小摊小贩当街摆卖就一律的加以禁止,这样做是不是太绝对,太武断了呢?

反方二辩 当然不是啦,您也不能因为有人喜欢小摊小贩就一定要让它合法化,一定允许它吧。我刚才只是举一个类比,就是告诉您有需求有供给,不能代表能够允许,请您方在接下来的环节中注意这一点。

正方二辩 对方辩友说的这个逻辑可是真好,可是小摊小贩本身是一种不合法的供给吗?请对方辩友论证这一点。

主席 好,时间到。感谢双方辩手,下面就让我们有请反方任意一位辩手,对正方一辩进行盘问,规则相同计时开始。

反方二辩 好,同学刚刚说小摊小贩当街摆摊违不违法,我告诉对方辩友啊,《城市管理条例》第十七条规定不允许小摊小贩是不是非法的?

正方一辩 对方辩友,我们这个问题的回答请您限定您这个《城市管理条例》是哪一个城市的。我可听说了,嘉兴这个城市它就专门为小摊小贩开辟了一个人行横道上,小摊小贩摆摊的地点,这说明什么?人的需求是我们这个城市发展的最重要的一点,更重要的是,我们在设立了这个城市发展思路之后,要考虑到,这个需求,这个发展是否具有可执行性。也就是说,我们今天讨论的价值辩题一定基于一个现实基础。

反方二辩 好,对方辩友,您说的人有需求,所以就应该允许。那我们大家对盗版有需求,它应该被允许吗?

正方一辩 我们所讨论的辩题一定要基于合法的前提下。我们在立论当中也说到了,我们要依法治国,树立一个法律高点。这说明了什么呢?如果我们今天讨论的辩题说小摊小贩是不合法的,请对方辩友您回答,我们的辩题还有讨论的意义吗?所以说啊,我们的这个小摊小贩是在政府的合理管理下进行的。就如同乌鲁木齐市所做的一样,它从医疗环境各个角度,都对小摊小贩制订了一定的监管制度。

反方二辩 其实对方辩友,今天是我们先讨论出,应不应该允许小摊小贩当街摆卖,才能推导出它合不合法,而不是您反着推过来的。我就请问对方辩友了,昨天早上我上课的时候,在大慧路那个街口,被两个卖菜的车堵了半个小时,所以迟到了,这问题如何解决?

正方一辩 那对方辩友,您来自交通大学,相信您对交通一定非常了解。那我们知道,这个城市的交通问题,它的根源是什么。根源是这个城市规划的不合理,请问有哪一个小摊小贩,天天会堵在机动车道上去影响行人的行走呢?

反方二辩 对方辩友城市规划不合理,的确会带来交通问题。就好像二环堵车,我方从来没有说过是小摊小贩,但是城市堵车一定就不是由小摊小贩带来的吗?您这个逻辑不合理吧。我们说小摊小贩会造成交通拥堵,会影响道路的使用功能,您说是还是不是?

正方一辩 那我们当然承认,小摊小贩他如果摆摊的话,一定会影响到城市卫生,城市交通等问题。但是我们今天强调的是什么呢?我们遇到问题,政府不是要回避掉,因噎废食。因为看到问题我就一刀切掉,如果照对方所言的话,我今天这个人站在这里,是不是说我不完美,您就把它切的成为一个残疾人了,当然不是了,我们面对问题要解决问题,并且这个问题一定要解决的实际、有效、可行性。

反方二辩 好,对方辩友,我方从来没有跟你说过一刀切的问题。现在给您谈解决,新加坡这个城市自1986年以来就把所有的小摊小贩结合到小贩中心市场中,它没有了街头摆摊现象,请问对方辩友它发展的合理吗?

正方一辩 我们当然说了,伦理学表明了这个人的需求是多样性的,人也是有多样性的。管理模式当然也会多样化。那我也听说过了,华盛顿它就专门给这个小摊小贩颁发了许可证。然后来考量这个马路上有多少摊贩,然后用科学的规划来管理这一切问题,那也就是说,我们的问题是可以解决,而并不是说我们一刀切掉,我们不管它,我们去回避它,就可以解决我们现在所有的问题。

反方二辩 好,对方辩友您刚刚说了,小摊小贩会影响交通,现在我方提出了解决方案,您说还有一种方案,那请问能解决问题的……

主席 对不起,时间到。好,感谢双方辩友,在经过紧张的盘问缓解之后让我们进入驳论环节。先由正方进行驳论,请正方任意一位未发言辩手,对反方进行反驳,时间1分30秒,现在计时开始。

正方三辩 对方辩友的思路有如下几个误区,我来一一澄清一下。

第一,对方辩友立论当中所阐述的不应该允许小摊小贩当街摆卖的地方,并不等于现代城市。而仅仅是现代城市的局部区域。也就是一般意义上我们所理解的市中心或者是主干道。对方辩友在这里犯了明显的局部替代整体的错误。

第二,对方辩友认识的现代城市还有另外一个误区,他们对现代城市描述的是一种主观臆断理想的。对理想城市的想象,这个我们脱离实际情况的虚构,只是乌托邦式的空中楼阁。按您的思维往下走,您完全可以说,等到了未来共产主义社会,连商品交换都不存在了,又哪来的小摊小贩,当街摆卖呢。也就是说啊,对方辩友所做出的是明显的伪价值判断。

第三,对方辩友只谈到了小摊小贩带来的一些局部问题,却对不允许小摊小贩当街摆卖将会带来的更多的问题避而不谈,对市民多元化和便利化的物质文化需求,以及小摊小贩的利益需求根本不予考虑。而对方所谓的集中管理,或者是菜市场等等好多实践,已经被实践证明行不通的做法。综上所述,对方辩友的观点,只是糖纸包着蜂窝煤,看上去特别美好,实则漏洞百出,谢谢。

主席 好,谢谢,现在由反方任意一位未发言辩手进行驳论,时间同样1分30秒,计时开始。

反方三辩 谢谢,对方同学今天有三大立论。第一,对方同学告诉我们,今天我们要以人为本,尊重地区差异。于是对方辩友说我们要以宽容的态度对待小商小贩。对方同学今天没有告诉我们,小商小贩会带来什么问题,有没有告诉我们,应该对他们如何监管。对方同学您单纯的以这种利益的方式来告诉我们,有需求就应该存在,对方同学合理吗?对方同学今天有需求就应该存在吗?我想请问我今天的需求一定是合理的吗?如果不合理的话,对方同学它为什么应该要存在呢?

第二,对方同学告诉我,今天应该尊重文化多元性,于是就给我推出来一个庞大的体系。告诉我们今天我们需要文化绿洲,对方同学没有错。文化的多元性体现在什么方面,今天我们需要小商小贩,但是需要小商小贩一定是要他们当街摆卖吗。今天我们需要有王府井,这样的情况不正是今天我们文化多元性的一种体现,所以我们才应该进行一种保护,而不应该让小商小贩当街摆卖来破坏我们这种文化吧。对方同学,两辆卖菜的三轮车堵了你一个小时,对方同学您告诉我这个是城市的亮丽风景线还是告诉我这个是城市文化的多样性呢。相信在座的各位,都不愿意成为那里的一员吧。

第三,对方同学告诉我们,不合情理。对方同学今天我们还没跟你谈监管,你就告诉我们用简单粗暴的形式执行。而这种执行力又非常低。对方同学是您在跟我方扣一个帽子吧。我方二辩其实告诉您,今天您带来的优点可以被替代,而您带来的问题不能够被解决,所以我们才要告诉你今天不允许当街摆卖,谢谢。

主席 时间到,再次感谢双方辩友精彩的辩论,下面是我们的攻辩环节。由正反双方各自保留一名的未发言辩手进行对辩,发言每次时间不超过20秒。由反方先开始。总时间是3分钟,计时开始。

反方三辩 对方辩友之前一直跟我们说管理,但是它一直拿不出一个成形合理的管理体系。那么我请评委和观众跟我一起来想一想,如何才叫合理的管理。

正方四辩 我觉得是应该的,但这种应该建立在我们的现实基础之上,那我想请问对方辩友了,您说我们的弱势群体,不包括我们的小商小贩,那我想请问小商小贩的主体是什么呢?

反方三辩 对方辩友,小商小贩的主体当然包括弱势群体和其他一些兼职的小商小贩的人。既然营业执照发了,对方辩友,那您要不要找专人来负责小商小贩的商区内的安保和卫生问题呢?

正方四辩 我觉得这当然是必要了。比如我们的乌鲁木齐市,当它的小商小贩如火如荼的时候,同样它的卫生,它的经营依旧很健康。那我想请问对方辩友了,我刚才问你,小摊小贩的主体是不是弱势群体,那我想告诉你,在我们石家庄市82%的小摊小贩都是弱势群体。

反方三辩 对方辩友,您的82%从何而来我不清楚,但是今天我方立论中那两个摊位弱势群体的调查确实是我做的。而且接下来第三个问题,您说之前的您都管理了,那么相关部门要不要负责他们的产品质量问题和食品卫生问题?

正方四辩 对方辩友今天一直在跟我们谈产品质量以及卫生许可,其实这些的确是社会问题,但这些社会问题是不是应该来源于我们的环保局和卫生局,这和我们的小摊小贩何干呢。那想请问对方辩友了,我方辩友已经查询各国法律,我们都没有找到任何一个相关条文,来证明它明令禁止了我们的小商小贩,对方辩友如何得知?

反方三辩 对方辩友,其实明令禁止的这些有成功的案例。而明令允许的却几乎没有成功的案例。我们来顺着对方悲天悯人的思路继续往下想,当刮风下雨的时候,监管体系是不是还要跟小商小贩盖一个遮风避雨的棚子呢?

正方四辩 对方辩友今天一直在说,小摊小贩当街摆卖,但我想请问对方辩友了,当街摆卖等于乱摆乱卖吗?

反方三辩 对方辩友,当街摆卖是一个非监管的时候进行的摆卖,这点您在立论的时候也承认了。而这个时候我跟您说监管,之所以跟您说了卫生许可还有产品质量问题,然后最后还给小商小贩盖起了一个遮风避雨的棚子,这个时候您给我分析一下,它跟集贸市场有什么区别?

正方四辩 对方辩友说得非常好,可是即便是像对方辩友所说的,难道我们的超市,我们的集贸市场就能代替我们的小商小贩吗。我们的城市是什么?是一个有血有肉的大家庭,而并非对方辩友所说的,我们缺什么去超市,又缺什么去集贸市场就可以了。

反方三辩 对方辩友其实说的是一个需求的问题。但是这个时候我们需求的是什么,是小摊小贩吗,不是。我们需求的是便捷,如果今天一个电话,能让我们所有买的菜直接送到我的家门口,那么我不需要小商小贩。对方辩友其实只是利用了偷换了小商小贩,便捷便宜的这一个特点,而不能代替小商小贩当街摆卖的问题。

正方四辩 对方辩友说得非常好,但我想承认的是,对方辩友说的这种快捷性,是不是在北京呢,您的现代城市难道只包括北京吗?

主席 好,时间到,感谢双方辩手,下面就让我们进入专家评审提问环节。首先让我们有请岳律师向正方提问,有请。

岳屾山 河北科技大学的朋友你们好。是这样,刚才我听了你们两边的辩论,确实很激烈。但是我觉得你们是不是应当更明确的解释一下什么是小摊小贩当街摆卖,这是第一个。

第二个我想问一下,就是说你们是支持小商小贩当街摆卖的,但是现实社会中确实是存在着扰乱社会治安,阻塞道路的情况发生。那你们能不能够从一个管理者的角度,或者提出一些可行性的建议,来支持你们说小商小贩可以当街摆卖的一个观点,好吧。

正方四辩 谢谢老师,首先我要说,对于小商小贩当街摆卖,我们查询了很多的专业书籍,并没有一个明确的定义。而在我方理解,我方就考虑到了,小摊小贩它指什么,既然它已经提到了一个摊贩的概念,就应该是从我国历史的一个传承来看。比如我们的清明上河图当中,各种商贩中一种繁华的气势也就是相当于我们今天的一种小商小贩了。而当街摆卖及在道路两旁有我们的吆喝文化等,这种都属于当街买卖。

岳屾山 第二个问题是能不能有些合理性的建议来支持你们的观点。

正方四辩 在第二个问题当中,也就是作为一个城市的管理者,首先我们采访了一下我们石家庄城管局的一名主任,他告诉我们的是,他们很同情这些小商小贩,他们只是不允许他们在城市的一些主干道,比如我们石家庄的玉槐路,谢谢。

主席 好,时间到。感谢岳律师。下面有请梁老师向反方同学提问,有请梁老师。

梁宏达 说实在的我上半场吧,算听到现在,我感觉双方你来我往,基本都是打的对方最没力量的地方,基本打到空气里去了。就是你给对方挖一个坑,他不往进跳,他躲着他又给你挖个坑,你也不往下跳。双方在坑边等于一次舞蹈,好像是一次以植树造林为主题的红五月联欢会。这里我想通过我对反方提问,我逼一下反方能不能亮一下刀。什么意思?就是你们双方辩论了这么半天,对于触及问题实质的核心的东西,没有一方能够拿出来,让大家感觉叹服的,基本上都是从现成的一些文件材料上,找的一些有关价值判断,有关社会治理,一些很空洞的东西。所以我想问一下反方,现在这就是一个实实在在的场景,你就是个城管,我就是个卖烤羊肉串,或者烤白薯的小贩。那么现在呢,我们家的情况呢,是我们两口子都下岗,就指着这个钱来供养自己的孩子。那么你作为一个,不支持在城市里头,当街摆摊的这样一个城管,你怎么样用你非常和气的执法方式,来把我劝退,而且让我一点都不恨你,并且能给我留出一定的生活出路,你现在就模拟一下这场景好吗?

反方二辩　好的,其实这个问题刚才我在向对方辩友讲的这个例子中已经很明确说明白了。但是对方辩友告诉我们说,你们对于小摊小贩集中式管理没有实干证明它成功。可是我很明确的说明了,新加坡在 1986 年就将所有的小商小贩集中到了这种小贩中心的集市中进行了统一管理。这好比今天具体的例子,我是一名城管人员,这是一名卖羊肉串的。我告诉你,你在街上卖东西只会占大家的交通因素,还会影响大家的出行安全。那么今天我免费请你去一个人流量比较大的集贸市场,这集贸市场叫做小贩中心,专门是为了你这种当街摆摊的人所设立的。它不收摊位费,只收很少的清洁费和手续费,这时候他的人流量保证了你还是有原来的客流收入,但是它解决了你占用道路,解决了你这种污染城市环境等这一切的问题。我想只要是有一个理智抉择的小贩,他都会应该选择去集贸中心而非固执的挡在街上挤占大家的道路的,谢谢。

主席　好,感谢评委老师的提问。下面让我们进入自由辩论环节,由双方四辩先发言,双方交替发言,每方 4 分钟,计时开始。

正方四辩　对方辩友我想请问,城市让生活更美好,这种美好包括我们小商小贩的生活吗?

反方四辩　对方同学,当然包括,但是您觉得小商小贩生活得更美好,真的是由原先成功躲避一次突击,在那暗自庆幸,到他们可以安然在风吹日晒下摆摊吗。显然不是。对方同学请问了,建设部门报道显示,由于占道经营,道路的保用年限,由原先的十年降到了三至五年,对方同学您怎么解决这个问题?

正方二辩　对方辩友说得好,你说小商小贩要躲避突击,那不突击它不就幸福了吗?

反方三辩　对方辩友就好像这个样子,您不能因为小商小贩有他们自己的权利,就允许他们用自己的权利去影响别人的权利。对方辩友你一直跟我大谈允许,却一直无法解决小摊小贩由于自发流动两点特性所造成的种种弊端。那么这个时候,他的基本特性您解决不了,其实所有的问题您都解决不了。

正方三辩 对方辩友刚才提到过,就是说允许小商小贩当街摆卖没有一个成功的案例,可是我方一辩立论里面已经提到了,华盛顿就是一个很成功的案例,对方为什么对这个问题避而不谈呢?

反方二辩 对方辩友,我方何时说过没有成功的案例,恰恰是您方说我方的成功案例不算数吗?

正方一辩 对方辩友一直在说,如果我们把这些小商小贩给他盖个棚子,他就不风吹日晒了,这岂不很美好吗?可是对方辩友您是不是希望把我们城市建成一个工业流水线上的模式化产品,所有的世界都是一个大花园,可是却没有人去逛这个花园呢?

反方一辩 对方同学请问您了,今天您地摊上买了一个打火机,它的液体容量是普通打火机的三倍,但很不小心这个小贩没有告诉您,这个打火机点燃15秒以上就有爆炸的可能,您会不会恨他啊?

正方四辩 对方辩友说的这个问题,无非就是想表示,不法分子里面都是从小商小贩出的,那我想请问对方辩友了,您一再关心我们城市的脏乱差问题,那您有没有关注过我们民生问题呢,我们小商小贩生存问题怎么解决呢?

反方四辩 对方同学我不是告诉您不法分子,而是告诉你,今天由于您对这个产品质量无法监管,所以您无法有效合理保护消费者合法权益,谢谢。

正方三辩 那么无法监管的仅仅是小商小贩吗,我想如果按照对方这个概念来说,自从三聚氰胺事件之后,中国人都不应该喝牛奶了。

反方三辩 对方辩友我们不是说彻底取缔小商小贩这个职业,而是我们说小摊小贩不应当当街摆卖。对方辩友从占道经营到地沟油食品安全,再到危险的打火机其实都没有给出我们一个合理的解决方案。如果说当我们的种种权益都得不到保障的时候,而且小摊小贩便捷便宜的优点可以被替代的时候,对方辩友您为什么还要告诉我们。

正方三辩 我退一步来说,就算我们承认,现在有更好的解决方案,那有了更好的道路可走,就一定要否定原来走的不错的道路吗?对方辩友是不是走自己的路让别人无路可走呢?我退两步说,暂承认你方所主张的管理方式,现在就可以实施。那为何小摊小贩依然在当街摆卖。既然您说的那个方式那么好,那么能保护他们,那么给他们利益,那大家为什么不去您方所说的伊甸园去摆摊呢。我退三步说,我方暂且承认你方主张的方法可实施,大家也很喜欢。那大家自然而然就服从你的管理去了呀。那又何谈禁止小摊小贩当街摆卖呢,我退了三步都论证不出来你方论证的必要性,真的不知道你们的逻辑合理性从何而来。

反方四辩 对方同学,您退了三步却没按照我方的标准走。您今天退了三步,无非是告诉我们,今天我们需要解决问题。好,对方同学我来告诉你,2008年以来农村社会保障体系的建立和不断完善,这已经正在解决老年人的问题啊。

正方一辩 对方辩友,我们要来说这个标准,不是您定的不是我定的,而是这个社会发展趋势所定的。您刚才说了地沟油的问题,三聚氰氨各种乱七八糟的这些问题。请问对方辩友,如果这个小商小贩就算进了棚子里,这些问题是否依然还会消灭或者说是否依然会存在呢?

反方三辩 对方辩友我方从来没有说过三聚氰氨,为什么呢?因为三聚氰氨是正规厂家弄出来的事情。它出了问题可以查出来啊,我在地沟油得了病我查谁去啊。而且还有一点对方辩友,现在农村的青少年正在普及免费的义务教育。这个时候孩子们真的要到城市里去摆地摊吗?

正方四辩 对方辩友说得非常好,但是我们的小摊小贩从我们的宋朝就已经开始了,那我想请问对方辩友了,既然小商小贩的问题这么多,为什么延续了几百年它依旧存在呢?

反方二辩 对方辩友赌博也延续了几百年,赌博也应该允许吗。经我们发现,北京市的低学历人才缺口达到了35%,对方辩友您真的觉得摆摊的那些人他没有别的职业可以选择吗?

正方三辩 对,他有别的职业可以选择。但是他也可以选择做小摊小贩,你没有必要就是说这不是唯一选择,但是它是我们可以的选择。

反方一辩 对方同学您说的可以的选择,恰恰妨碍了别人的权利啊。今天我方辩友告诉您了,我们现在社会应该有的就是老有所依、少有所长、壮有所用。那我们看到了小商小贩不是必须去摆摊不可,而摆摊的弊处无法避免,对方同学您到底怎么解释这个问题?

正方二辩 那对方辩友说,它不是说非去摆摊,非要当街,那为什么现在又有这么多当街的,对方辩友说这是一个价值判断,我看还真是一个空洞的价值判断。

反方二辩 对方辩友解决问题也不是一朝一夕,今天出个政策今天就能解决了吧。对方辩友一直在说,路不止一条,所以我们可以走很多条。但明明有一条康庄大道,有一条湿了鞋的道,您为什么非要走湿鞋之道呢?

正方一辩 乌鲁木齐给我们一个很好的例子就是说,我们现在小摊小贩当街摆卖的问题是可以举的,对方辩友只是看到了一点问题,看到了管出了那么一个黑点就认为这个全部都是黑的,那请问对方辩友了,这些地沟油的问题,它的根本是什么?根本是制造商,而不是小商小贩。

反方一辩 对方辩友,制造问题要管,流通渠道要不要管。80%的地沟油都通过小商小贩流通到我们的生活中,您还是不要管吗。您今天说乌鲁木齐那个叫小商小贩,请问刚才我方PPT放上的那些占道的叫不叫小商小贩?

正方四辩　对方辩友说了那么多问题,但是有没有想过,为什么政府费了这么多力气,来堵一直没有堵成功,是不是我们的思路错了呢,应该换一个方式来疏通它呢?对方辩友。

反方四辩　对方同学您说对了,所以我们要一方堵一方疏通。今天我方告诉您,不应该允许应该让他们干什么,让他们走进市场,走进庙会,走进集市对方同学这不正是疏导措施吗?谢谢。

正方三辩　确实有那么多的市场,也有王府井。可是有王府井,为什么还是有那么多小摊小贩在当街摆卖呢,说明这个社会需要他们当街摆卖啊。

反方一辩　对方同学您今天就一句话存在即合理,您没有任何的事实论据,您也没有任何的逻辑道理。请您告诉我我方所提出的小商小贩几大问题,您到底如何解决,谢谢。

正方二辩　我方辩友已经说得很清楚了,既然你方说的那个管理方法那么好,为什么大家不选择呢?

反方二辩　好,对方辩友,我国治安条件那么好,为什么有犯罪呢?我国禁毒禁的这么厉害,为什么还有贩毒呢?是不是有存在的,就一定应该允许有需求呢?

正方一辩　对方辩友问题是一定要解决的。我们一直在强调,解决问题的这个思路是不是具有可实践性。如对方辩友所言,我进了棚子就有可实践性的话,那到最后的话,为什么还有这么多人没去呢,我们的城市不是工业流水线。

反方四辩　对方同学,今天,王府井,金五星的例子您告诉我们,这种方式可以合理地解决,对方同学没有实践性从何而来。

正方四辩　对方辩友说了这么多,那我想请问了,为什么我们的浙江省省长告诉我们,小商小贩是块宝我们要抓好这块宝呢?

反方一辩　对方同学这就是说,水能载舟亦能覆舟,你把握好了它才是块宝啊,对方同学今天就说有需求就可以允许,那对方同学我今天买不起房,你能不能允许我睡马路边呢?

正方三辩　就像对方辩友说的,只要把握好了那么就解决问题了吗。那么我们完全可以把握好当街摆卖的小商小贩啊。

反方二辩　对方辩友我告诉您,我们把握好小商小贩,是把他们把握进市场,而不是当街摆卖阻碍交通,谢谢。

正方二辩　对方辩友今天的逻辑很简单,那就是从交通卫生利益保护三个角度论证辩题,那请问只看弊病不看优势的局部眼光,能论证对方辩友的观点和充分性吗?

反方一辩 对方同学,弊病解决不了吗?谢谢。

主席 时间到。感谢双方辩友给我们带来的精彩的自由辩论。接下来是本场辩论赛最后一个环节,双方总结陈词,有请反方四辩。

反方四辩 谢谢,今天对方辩友提出,小商小贩当街摆卖是块宝。其实说明一个什么问题?我们现在的社会需要小商小贩,这只是告诉我们文化的多元性需要他们的参与。有没有告诉我们,需要他们来当街摆卖,来破坏这种多元性呢?其实对方同学今天展出了三个论点,对方同学首先告诉我们今天道路拥挤,是因为城市规划的不合理,这跟小商小贩没有关系。对方同学您今天跟我论证是吧,您今天告诉我们,今天二环和三环的路会堵,这个是由于城市规划不合理造成的,它真的不是和小商小贩有关,对方同学我方承认。我方也从来没有拿这个去难为你啊。但是我方今天想跟您讨论的真的只会像(大会四路)这样,由于几辆卖菜的三轮车,造成了每天晚上各一个多小时的拥堵问题。对方同学,您还告诉我这样的问题它是城市规划不合理造成的吗?您是不是要告诉我们,今天在每条街道规划的时候,它都应该考虑到小商小贩当街摆卖的问题。那我想请问对方同学了,如果他们都考虑的话,街边的店铺应该到哪里呢。对方同学今天跟我们争论的焦点就是对小商小贩的监管问题。然而对方同学谈来谈去都只是告诉我们可行性,从来没有告诉我们一套合理的监管措施。其实啊,我们说今天是不是说小商小贩往后挪一点这个问题都解决了,当然不是。所以我们才要问对方同学,今天产品的质量问题,要不要解决。今天食品的安全卫生问题要不要解决。今天消费者与销售者的利益要不要得到维护。如果今天这些问题,您给出的答案都是要的话,那我们发现,其实您今天告诉我们的就是,我们要对小商小贩进行那种规范的管理,要规范他们的经营。其实也就是告诉我们要给他们一个固定的经营场所,要给他们颁发营业执照。

对方同学按照您方之前告诉我们,他们不应该在机动车道上摆摊,他们不应该占用道路的资源问题,对方同学我们其实发现,您方今天解决方法跟我方一样,就是今天让他们走进店铺,走进庙会,走进市场。对方同学,这样的态度难道不是说我们不应该允许小商小贩当街摆卖吗。其实对方同学今天就是想告诉我们,存在这种需求就应该是合理的。但是您方这种论调真的合理吗?为什么今天需求的存在一定是合理的呢?难道人就没有一种不合理存在的需求吗?我方通过全场的论证其实已经告诉你了,今天小商小贩,他们有许多可以选择的生存权利,但是今天小商小贩,他们选择在这里摆摊,这真的是一种合理的需求吗?对方同学合理性您从来没有跟我们论证啊。

其实啊今天应该和不应该我们发现都只是两个端点上的态度。而今天我们讨论价值判断,其实就是应该看哪种态度能够指导我们的现实生活。那么现实是什么?现实就是把握在这两个极端之中的一种灰色的地带。于是我们今天如果要抛开今天应该不应该两种态度的话,我们当然看一看,假如说没有应该和不应该两种态度,小商小贩当街摆卖会发展成什么情况。请问在座的各位,您觉得如果我们抛开这两种态度,今天小商小贩当街摆卖,是会发展的井然有序,还是说这个地方的交通越来越堵?显然是后者。于是我们就明白了,为什么我们要采取不应该允许小商小贩当街摆卖的态度。其实就是因为要进行一种正规的管理。希望通过这种管理,来让他们走进市场,走进店铺,走进庙会。这些做法不都是希望我们今天能让街边的小商小贩越来越少,能还我们道路一些畅通,还我们的生活一些舒适吗?今天王府井的小吃一条街,它的确应该是我们生活中不可缺少的一部分,所以我们才应该对其进行大力的保护,而不应该让乱摆乱卖,让今天小商小贩当街摆卖造成的社会问题,破坏了我们今天的这种和谐的文化。其实我方今天真的不是想去剥夺某些人的生存权利。我们只是想站在一种理性的角度,今天去告诉大家,因为今天小摊小贩当街摆卖您带来的利处可以被替代,而弊处却无法解决,所以我们才要说不应该允许,谢谢。

主席 时间到。感谢反方四辩。好,正方四辩时间同样为4分钟,计时开始。

正方四辩 谢谢主席,问候各位来宾。纵观全场,对方辩友的逻辑无非有两点。第一,小商小贩存在着各种坏处,影响着我城市的脏乱差。第二,对方辩友说,小商小贩的商品质量存在着很多质量的问题,危害着我们人民的健康。但其实这两点根本原因在于哪呢?这是一个社会问题。我们众所周知,社会问题它的原因是很多元化,很复杂的。单单一个小商小贩能造成这么大的问题吗?所以,对方辩友,我们一起来跟着想一想。假如说我们城市规划具有一种前瞻性,具有一种可靠性,具有一种统筹规划性,我们的小商小贩会造成这么大的恶劣后果吗?显然这是不可能的。

对方辩友说,小商小贩无论是集中市场管理,也就是都进我们的超市,还是引导就业转变。也就是说,不干小商小贩这一行了,他都是有条件限制的,对方辩友您能辐射的人又有多少。我们的小商小贩又有多少呢?我们小商小贩的存在,完全是基于和满足一种社会需求和我们的人的需求而客观存在的。今天,对方同学在这里告诉大家,小摊小贩当街买卖带来了城市的种种冒犯,但是对方同学,将心比心,你们有没有真正的站在小摊小贩的立场想一想,他们为什么要冒着城管执法,为什么要冒着我们的汽车尾气,为什么要冒着我们的风吹日晒,而依旧风雨无阻的,每天出现我们的街头巷角啊,因为他们要生存啊,因为家里有孩子,家里有老人在等着他们呀。即使对方辩友所说的一切行得通,那我想请问对方辩友了,众多的超市和农贸市场,我们的城市就够了吗?那您是不是说我们城市的就好像工业流水上线的一个商品,我们今天去一线车间加工,明天去二号车间包装一下,这样的城市您敢住吗?

对方辩友,其实今天站在这里,我真的很无奈。我早就想到了,对方辩友一定会用各种各样的逻辑来说小商小贩有多么的不好,对方辩友一定会说各种各样的技巧,以及各种各样的数字,告诉我们小商小贩有多么的不好。但是,没有了小商小贩,我们的城市又怎么办呢。我们不考虑我们的城市,我们的小商小贩又应该怎么办呢。我们作为辩手,我想我们关注的并不仅仅是这些辩论,还有我们的用词语言以及我们的技巧。我们作为一个理性的大学生,我们是不是应该对我们的民生民意更关注一些呢?

我还想请问对方辩友了,今天我们讨论的这个辩题,不在于争论谁对谁错,而是要探讨一个现实社会下残酷的问题。以及我们小商小贩和我们弱势群体的生存问题。对方辩友想了很多的办法,但您这些办法是不是太遥远了,根本行不通呢。其实小商小贩们,他们恳求的真的很简单,他们就是想挣一点钱,他们为什么要想挣一点钱,他们想给他们家里的孩子多吃一个鸡蛋,想给他们的老人多喝一杯牛奶,难道这么一点简简单单的愿望,对方辩友您都要剥夺吗?我真是难以理解,您的同情心,您的责任心何在呢。我国正在处于构建社会主义和谐社会的进程当中,现代城市应当以大局为出发,如果站在执政为民,以人为本的高度,如果在有条件的地方,我们为什么不能允许小商小贩的生存呢。如果我们给他一个合理的管理,小商小贩和市容问题其实是不存在矛盾的。我想请问了,我想告诉对方辩友,允许小商小贩当街买卖,不仅于情而且于理,都是社会发展的要求,人民生活的希望。在社会主义阶段的今天,和谐共处,宽容差异才是我们城市发展应秉承的精神,给小商小贩一个平台,生活会让城市更美好。

主席　各位观众欢迎回来,这里是"创想青春——2010全国高校世博辩论大赛"北京分赛区夺冠赛的比赛现场,我是本场的主席白晨阳。在过去的近一个小时,来自正方河北科技大学的同学以及来自反方北京交通大学的同学为我们呈现了一场精彩的辩论。现在我宣布,本场比赛的最佳辩手是反方一辩,高静晨;创想青春——2010全国高校世博辩论大赛北京分赛区冠军是反方北京交通大学。

参 考 文 献

[1] 叶柏廷.决战谈判桌[M].台北:远流出版社,1996.
[2] 张颂.朗读学[M].长沙:湖南教育出版社,1983.
[3] 高振远,邵守义.演讲学教程[M].北京:高等教育出版社,1993.
[4] (美)卢卡斯 S.演讲的艺术[M].李斯,译.海南:海南出版社,2002.
[5] (美)凯瑟琳,M.高曼,等.演讲的原理[M].16 版.杨立健,译.北京:企业管理出版社,2007.
[6] 吕钦文.演讲论辩技巧[M].长春:东北师范大学出版社,1993.
[7] 朱光潜.谈美书简[M].北京:人民文学出版社,2001.
[8] 李华荣,杨广耀.演讲与口才教程[M].北京:中国经济出版社,2002.
[9] 康德.卡耐基演讲学[M].西安:山西旅游出版社,2002.
[10] 江左浩.中外巧言精粹[M].北京:石油工业出版社,2004.
[11] 王杭,云丽春,杨嵩.历史上最伟大的演说辞[M].天津:天津社会科学院出版社,2004.
[12] 李成谊.实用沟通与演讲教程[M].武汉:华中科技大学出版社,2005.
[13] 包镭.演讲与口才技能实训教程[M].北京:北京大学出版社,2007.
[14] 谢伯瑞.实用演讲与口才教程[M].2 版.武汉:华中科技大学出版社,2007.
[15] 蒋红梅,杨毓敏,等.演讲与口才实训教程[M].北京:清华大学出版社,2009.
[16] 李元授.口才训练[M].武汉:华中科技大学出版社,2006.